大絲路行紀

漫遊草原絲路

張信剛 著

商務印書館

目　錄

綜論篇

緒言篇

第 1 章
草原絲路解析

絲綢與絲綢之路

中國黃河流域和長江流域的先民早在 5000 年前就已經利用蠶繭製造出輕柔、鮮豔且耐用的絲織品。雖然中國位於亞洲大陸東部，受到喜馬拉雅山脈和帕米爾高原的阻隔，與南亞的古印度文明、西亞的兩河流域文明以及北非的古埃及文明來往並不多，但是絲織品最遲在公元前 2 世紀就已經通過陸上的道路和海上的航線傳到了遙遠的異域。

古代希臘人稱中國為「賽里斯」（Seres），是從「絲」字的諧音而來，意為「絲之國」。他們猜測，絲的纖維是來自中國的某一種樹木。

公元前 50 年左右，在羅馬的上層人物中，特別是婦女們，非常流行可以顯露身材的絲衣。因為絲綢需要經過長途運輸，而各地商人又逐一加碼，因此運到埃及、希臘和羅馬的絲綢十分昂貴。據說在羅馬境內，一兩絲值一兩黃金。凱撒時代的政治家、演說家和作家西塞羅（Cicero）曾經寫文章，提醒羅馬人不要偏愛絲綢服裝，以免耗盡國家的財富。

1870 年前後，德國地理學家李希霍芬（F. von Richthofen）受普魯士政府委託，到中國以及亞洲各地多次考察，其目的包括研究修建一條連通歐洲與東亞的鐵路的可行性。他注意到，中國在漢朝時與中亞的河中地區（指今阿姆河與錫爾河之間的地帶），以絲綢貿易為主要動力形成了幾條交通路線。在他 1877 年出版的《中國：親身旅行和據此所作研究之成果》（China: Ergebnisse eigener Reisen und darauf gegründeter Studien）一書中，使用了之前已有學者提出但是當時少有人知的「Seidenstrasse」（絲綢之路）這個名詞。

時至今日，「絲綢之路」在全世界已經是家喻戶曉。總體而言，它是指數千年來聯繫歐、亞、非三大洲的交通體系，可以很自然地分為「陸上絲綢之路」（以下簡稱「陸上絲路」）和「海上絲綢之路」（以下簡稱「海上絲路」）這兩個使用不同交通工具，卻又相互連接的交通網絡。

「陸上絲路」可以再分為：

（1）本書詳細介紹的草原絲路──由貫穿歐亞大陸北部的幾大草原連接而成，長約一萬公里──東端是大興安嶺和呼倫貝爾草原，西端是第聶伯河下游的南俄草原（即黑海─裏海之間的草原）；這一個東西向的狹長區域地勢大致平坦，氣候比較乾旱，其亞洲部分的北部與西伯利亞的針葉林區（Taiga Zone）相接。用今天的國名與地方名來看，草原絲路通過了：(a) 中國的內蒙、寧夏、新疆；(b) 蒙古國；(c) 哈薩克的東南部、中部與西北部；(d) 俄羅斯聯邦的布里亞特共和國、伊爾庫茨克州、圖瓦共和國、阿勒泰共和國、巴什科爾托斯坦共和國、韃靼共和國、楚瓦什共和國、薩拉托夫州、卡爾梅克共和國、達吉斯坦共和國以及北高加索其他地區；(e) 烏克蘭；(f) 羅馬尼亞。

（2）我將會另外寫書介紹的綠洲絲路──穿過歐亞大陸中央地帶，

連接中國、中亞、西亞和東歐的道路網——經過許多溫帶農業區的城鎮，其中還包括不少沙漠中星星點點的綠洲。

（3）南方絲路——兩個南北走向，大致平行但又部分交錯的道路網，沒有明顯的起點與終點，其中部分道路也被稱作「茶馬古道」。

至於「海上絲路」，其範圍極為廣泛，是連通亞、歐、非三洲的海上交通網絡，涵蓋日本海、渤海、東海、台灣海峽、南海、爪哇海、馬六甲海峽、安達曼海、孟加拉灣、阿拉伯海、阿曼灣、波斯灣、亞丁灣以及印度洋的北部，還包括紅海和地中海東部。我計劃另寫一冊我探索海上絲路的專書。

本書自東而西依次介紹草原絲路上具有地理、歷史、文化和現實意義的地點。套用李希霍芬的書名，本書的內容主要是我「親身旅行和據此所作研究之成果」，涉及各地的文化特色和歷史掌故，當然也包括我旅遊時的觀感和回憶思考後的再認知。

希望通過這些篇章，讀者們能對草原絲路有一個鮮活而全面的認識。

體驗「絲綢之路」

我對絲綢之路的興趣，始於小學教科書裏「班超投筆從戎」這篇課文。二十世紀六十年代在美國讀工程博士時，我在舊書店裏買到一本 1940 年出版的拉鐵摩爾（O・Lattimore）所著《中國的亞洲內陸邊疆》（Inner Asian Frontiers of China），並且抽空讀了它的大半。這本書開啟了我對中國北部與西部邊疆的認識過程。半個世紀以來，我多次到亞洲內陸各地去旅行，也為此看了不少書，積累了相當的認識。

初次親身體驗絲路風情是 1987 年夏天。我和妻子從蘭州穿過河西走廊到敦煌，再到吐魯番、烏魯木齊和「絲路明珠」喀什。此後的三十多年中，我多次沿絲綢之路旅遊考察。三十多年的旅遊與閱讀使我認識到，「絲綢之路」是貨物貿易的通道，也是人口遷徙的途徑，更是文明傳播的網絡：它對東北亞、東亞、東南亞、南亞、中亞、西亞、東歐、東北非和東非之間的文明交往起到過至關重要的作用。

我與草原絲路相關的旅行可以羅列如下：

1978 年	初次到呼和浩特
2002 年到 2015 年	七次去新疆北部
2009 年到 2015 年	五次到哈薩克斯坦
2000 年和 2010 年	兩度去莫斯科及其附近郊區旅遊，並特別到喀山參觀
2005 年	訪問羅馬尼亞
2011 年	訪問烏克蘭
2012 年及 2015 年	訪問蒙古國、俄羅斯的布里亞特共和國、伊爾庫茨克州和圖瓦共和國
2018 年夏秋兩季	三次到內蒙古各地
2019 年秋	從莫斯科乘船全程遊覽伏爾加河
2019 年秋	遊覽俄羅斯的卡爾梅克共和國

張騫、希臘水手、遊牧部族

張騫於公元前 119—115 年把絲綢帶入中亞各國，於前 115 年又帶領一隊西域的官員和商人以及西域的貨物回到長安。他把絲綢帶入位於今日伊犁附近的烏孫國，開創了李希霍芬所認定的「絲綢之路」。如上所述，我兩千年前的同宗張騫所開闢的道路，其實是廣義「絲綢之路」中的「陸上絲路」，再具體點說，就是綠洲絲路。

公元前 3 世紀，希臘托勒密家族統治埃及的時代，原來侷限於地中海的希臘水手得以通過紅海進入印度洋。他們發現了印度洋中「季候風」的規律——夏季的風自西向東吹，而冬季的風則是自東向西吹。因此，只要按照「季候風」的規律行船，就可以不必拘謹於貼近海岸線航行，而能利用季候風（又稱「貿易風」）每年穿越印度洋兩次。這個發現大有利於阿拉伯半島南部、波斯灣地區以及非洲東岸與印度之間的交往，也間接地有利於東南亞以及東亞近海地區與南亞、西亞的海上交通。這便是海上絲路的肇始。

二十幾年前，在廣州珠江岸邊的南越王宮殿裏出土了秦漢之交時南越王趙氏父子藏有的埃及琉璃珠和波斯銀盒。它們的存在說明：在張騫通西域之前一個世紀，紅海北端的埃及和阿拉伯海西部的波斯灣地區與珠江之間已經有人員與物品交流的海上航線。

然而，全部「絲綢之路」的歷史並非始自上述希臘水手於公元前 3 世紀開創的海上絲路，而要再上溯將近兩千年——到距今大約四千多年前（公元前 20 世紀）。遊牧部族開通的草原絲路，才是「絲綢之路」真正的發端。

馬匹、草原與遊牧

　　草原絲路始於遊牧部族在歐亞大陸北方草原上東西向的活動，當時他們主要的交通工具是馬。

　　大概 6000 年前，人類最早在黑海之北的草原上馴化了馬匹。馴化野馬原本是為了吃牠的肉，但後來發現馬有不少特長，就改變了牠的用途。

　　馬的耳朵很長，還能轉動方向，聽覺十分靈敏；兩隻眼睛在頭的兩側，所以視角很寬；脖子很長，頭高昂時能夠看得很遠。一般而言，人沒有馬高，兩隻眼睛只能向前看，側視範圍不廣，因此視覺遠不如馬。馬的記性很好，能認路，所以我們常說老馬識途。馬被馴化後不久，人就發明了車輪，於是馬又有了拉車的作用。戰車出現後，馬對人的重要性就更為凸顯了。再後來人類發明了馬鐙，用馬鐙騎馬衝鋒陷陣，可以騰出雙手彎弓射箭，是軍事戰爭史上的重大躍進。

　　僅靠雙腿走路的牧民，即使有牧羊犬幫助，也不能照顧超過一百隻羊，且放牧的區域也被侷限在他的步行範圍之內。騎在馬上的牧民，則可以同時照顧幾百頭牛羊，也便於轉換草場。牧民們夏天和冬天在不同的地方放牧，一則使草場得到輪休，二則為牲畜覓得更充足的食物來源。可見，遊牧的三個要素是牛羊、馬匹和草原。

　　沒有到過草原的讀者可能不清楚，不是所有大片的草地都可以稱作草原，真正的草原也不都是「風吹草低見牛羊」。事實上，只有濕地中的草才能長到超過一人高。根據植被的不同，草原有不同的類型。其植被的多寡與種類（諸如草，真菌、灌木、樹；一年生和多年生的草；細葉和圓葉的草等等）取決於土質、海拔、日照和降雨量等多個因素。

一般來說，年平均降水量在 500 毫米以下的地方算是乾旱區，不適於耕作，但可以放牧。全世界的草原大都在乾旱區。降雨量從 500 毫米到 350 毫米的，叫草甸草原，是草原中最濕潤，也是產草量最多的類型，適於放牧。降水量在 350 毫米左右的叫典型草原，不好也不壞。如果降雨量在 150 毫米以下，就屬於荒漠草原，不適於放牧。草原上的植被與動物共同形成迥異於農耕文明的生態系統，也就是說，一方水土養一方駝、馬、牛、羊、狼、兔、鼠等。

遊牧文明

早期人類一般幾十人至多百餘人為一羣，根據自然環境不同來找尋食物，以採集果實為主，兼有漁獵補充。大約一萬年前，生活在溫帶地區的人類出現收集植物種子進行種植的有意識行為，大約同時期，人類開始馴養家禽與家畜。這就是歷史學家所謂的「農業革命」。從此定居的人口出現了，房屋和城鎮也因而逐漸出現，後來人類社會進一步發展出廟宇和文字（今日以色列和土耳其境內都有超過八千年的城鎮遺址）。

在北方較乾燥地區的人口主要以放牧（牛羊）為生。自從六千年前馬匹被馴化為交通工具之後，遊牧文明出現了。既然是遊牧的生活方式，民居當然就不能是固定的房屋，而是容易拆卸搬遷的帳篷。

遊牧部族為了找尋合適的草原，因而聚散無常，難以形成人口龐大且疆域固定的國家；遊牧者的政權形式一般是以某個強大部落為主導的部落聯盟（漢文史籍有時稱這些部落聯盟為「行國」）。同理，遊牧部族的血統和語言也難以保持長期連續性。由於他們居無定所，行跡廣大，有機會接觸到各種不同的礦物，因此煉金術、青銅器以及鍛鐵等技

術極可能是由遊牧者發明並傳播的。

手工業（如紡織絲綢）在遊牧文明中較難發展，所以遊牧者的生活用品無法自給自足，必須依賴定居人口。這就促使遊牧民族更傾向於從事對他們而言比較容易的長途販運之類的活動。將開闢歐亞大陸上貿易通道的首倡之功歸於遊牧民族，似乎並不為過。

遊牧人口的社會組織基本上是半軍事化，動員和搬遷均很容易，而且其大部分人口都善於騎射。不言而喻，相對於定居人口，遊牧人口有明顯的軍事優勢。因此，歷史上無論是東歐、西亞、中亞或東亞，遊牧民族都經常南下擄掠搶劫定居人口的城鎮。

歷史中的草原行國

根據中文史籍、波斯碑文和希臘人的記錄，以及最近一個半世紀的考古發現，最早進行長途遷徙的遊牧民族是吐火羅人（月氏人）。他們大約在 4000 年前從黑海之北向東移動到今天新疆與蒙古之北的阿爾泰山地區，然後南下到新疆的東北部與甘肅的河西走廊。他們的後裔在塔里木盆地裏建立了數個綠洲城邦，遂改為定居。考古學家認為，小麥大約就是三千多年前，由進入新疆及河西走廊的月氏人傳入中原的，青銅器和馬車也是如此。

大約距今 3000 年前，另一批源自裏海北部的遊牧者——「斯基泰人」（希臘史家稱他們為 Scythians）——在今日西亞和中亞北部建立了歷史上第一個草原帝國。大約 500 年之後，他們在中亞的後人曾敗於波斯的阿契美尼德王朝，並向其稱臣進貢，這批後人被稱為「薩卡人（Saka）」；漢文史書則稱他們為「塞人」。近 100 年來，考古學家在哈薩

克斯坦西部、俄羅斯西伯利亞地區以及蒙古國的西北地方發現了超過一百個斯基泰人留下的墓葬羣，出土了極為精緻的金製裝飾品，其中大都是以動物搏鬥為主題。根據史學家推斷，馬匹及馬車最可能是由斯基泰人從東歐傳入中亞和蒙古地區的。

繼斯基泰人的草原帝國之後，伊朗高原出現了半遊牧的安息（帕提亞）帝國（公元前 3 世紀中葉到公元 3 世紀初）。幾乎同時，在蒙古高原東北部也出現了世界歷史上赫赫有名的匈奴人。他們不但威脅到南部的秦漢帝國，勢力範圍還向西伸展到今日新疆和中亞地區。繼匈奴帝國之後，北亞草原上先後崛起了鮮卑、嚈噠、柔然、突厥、回鶻、契丹和蒙古等一系列遊牧政權。

這些遊牧民族在不同時段中推動了歐亞大草原交通系統的繁榮。如果沒有他們開拓的道路系統以及對東西文化交流作出的貢獻，我就不可能從 1978 年開始，持續漫遊草原絲路長達 45 年。

第 2 章
「陸上絲路」的歷史線索：人口遷徙

經緯、線索與「陸上絲路」

「陸上絲路」主要經過歐亞大陸的中央地帶，這是一片在人類文明發展中至關重要的區域。這個地區情況非常複雜，要想瞭解這個地區的今日，必須對它那紛繁的歷史有一個整體的把握。

為此我讀了不少有關絲綢之路的著作，有一天「頓悟」出一條「線索」來。這條線索可以說是歐亞大陸中央地帶的人文歷史之「綱」。綱舉則目張，一旦發現其中的「經」與「緯」，歷史之「網」就清晰可辨了。

在說明這些「經」與「緯」之前，先說幾句閒話。歐亞大陸中央地帶的歷史和「絲綢之路」（主要是指「陸上絲路」）無法分割，而華夏民族和鄰近民族的關係也一如絲綢製品的經緯般緊緊地「糾纏」在一起。中國曾享有絲綢這項「知識產權」長達三千餘年。根據唐玄奘所說，如果不是一位嫁到于闐的中原公主偷帶蠶和繭出境，被有組織的粟特商人祕密運到今天的烏茲別克斯坦，中國對中亞、西亞和歐洲的巨額絲綢出口壟斷可能還要持續多個世紀。

在以上三段文字中，「經緯」、「線索」、「紛繁」、「網」、「綱」、「絲綢」、「糾纏」、「組織」、「關係」、「續」這 17 個字都屬於「糸」部，可見絲綢對中華文化的影響之深。今天中國人談「絲綢之路經濟帶」和「海上絲綢之路」時，除了要修建 21 世紀的「路」，還要拿得出匹配 21 世紀的「絲綢」才行！

地理決定歷史

我對人類歷史的認識之一是：「地理環境是歷史發展的基本要素」。

在歐亞大陸中央地帶的北部，大約北緯 45—50 度之間（烏魯木齊在 44 度附近），橫亙着一片西起多瑙河、東至大興安嶺的歐亞大草原，其由烏克蘭草原、南俄羅斯草原、哈薩克大草原、準噶爾草原和蒙古大草原、呼倫貝爾大草原等組成。這一片廣闊無垠的空間自五千年前起就是遊牧和半遊牧民族生活的地方，也是連接歐亞大陸東西部的第一條通道。由於中國的絲綢等貨物是遊牧民族經由這條草原通道傳入西亞，所以這一條路線也被稱為草原絲路。

公元前 2 世紀張騫通西域，開啟了穿過沙漠與綠洲的更為人所熟悉的綠洲絲路，其主幹大約在北緯 35—40 度之間（喀什在 39.5 度）。綠洲絲路上的居民主要是定居的農業人口，當然也有工匠和從事長途貿易的商人。這兩條大致平行的東西向通道使歐亞大陸中央地帶成為各種文明相互交往的軸線和樞紐；歐洲、中東、印度和中國的文明在這個區域匯集並得到發展，再向不同方向擴散。因此，瞭解這個地區的民族形成、語言變化、宗教思想、政治制度、經濟活動的根本線索就是不同時間段的人口遷移。

歐亞大陸人口遷移的「經」與「緯」

現代智人（Homo sapiens）在約十萬年前就從東非進入歐亞大陸，並開始向歐亞大陸各個方向擴散。大約四萬年前有少量人羣偶然從東南亞進入了大洋洲的澳大利亞；一萬多年前，又有零星人羣從東北亞進入了北美洲的阿拉斯加。但這不屬於本書討論的範圍。本書所說的「人口遷移」是指始於距今大約 5000 年前，大規模有意識的人口長途遷徙。馬是那個時代人口遷徙所仰仗的主要交通工具。

彼時，在南俄羅斯草原上有一批淺膚色、深目眶、高鼻樑，操印歐語系諸語言的遊牧部落；在蒙古北部的草原上有一批棕黃皮膚、黑頭髮、寬面頰，操阿勒泰語系諸語言的遊牧部落。這些草原部落自距今 4500 年起，一批又一批地或自西向東，或由東往西遷徙。這就是歐亞大陸上人口遷移的「緯」。其實北部草原遊牧者和南部定居農業人口在更早的年代即有交往的記錄，但是有目的且大規模的人口遷移要從 4000 年前開始計算。這一時期的人口遷移多數是北方遊牧部落南下，偶爾也有南方農耕居民北上。這些南北方向上的移動構成人口遷移的「經」。歐亞大陸中央地帶的歷史和人文地圖就是由上述「經」和「緯」交織而成。

本書旨在介紹草原絲路。但是如第 1 章所述，在北方草原上的遊牧人口與溫帶農業區定居人口的交往中，商品貿易、文化交流以及武力衝突無法截然分開——我們不能只看絲綢之路上人文地理之「緯」而無視其自然地理之「經」。故此，本章所敍述的人口遷移包括草原絲路與綠洲絲路這兩個大致平行而又相互穿插的陸上道路網絡。

從希臘史書、波斯碑文，特別是漢文的記載來看，兩千多年前的學

者們對這些「經」和「緯」就已有了初步的認識。通過比較與綜合，19世紀的語言學家和人類學家們進一步掌握到印歐語系和阿勒泰語系各個民族的情況，捋清了各族遷徙史的基本脈絡。20世紀以來，大量考古發現使我們對這幅繽紛多彩的歷史織錦有了更為清楚的認知。下面我按照三個時段，敍述中央歐亞地區的人口遷移。

距今 4500—2300 年前：
印歐語系部落
前後四批自西向東的遷移

· **月氏人**（吐火羅人）——一批操西部原始印歐語的族羣在大約 4500 年前東移到阿爾泰山北麓；另一批操原始印歐語的族羣大約在 4200 年前越過阿爾泰山進入天山北麓，之後又由此進入河西走廊。早期月氏人的部分後裔在公元前 2 世紀被匈奴擊敗後進入伊犁河流域，又被烏孫人驅趕而遷到今天的阿富汗，他們被近代歐洲學者稱為吐火羅人，在漢文史籍中則被稱作大月氏人。這些印歐語系族羣帶來了家馬和青銅器。部分月氏人在大約 4000 年前進入此前可能沒有人類活動的塔里木盆地，建立了樓蘭、焉耆、龜茲等綠洲國，並轉為定居農民。據考證，正是這些說印歐語的東來人口把西亞的小麥帶到了東亞。

· **雅利安人**（Aryans）——操東部原始印歐語系語言（後來演化為印度—伊朗語）的部落於大約 3800 年前駕着牛車馬車進入伊朗高原、中亞草原與阿富汗，他們被稱為雅利安人。約 3300 年前，一批淺膚色的雅利安人從阿富汗穿過興都庫什山脈的隘口南下到印度河流域和恒河流域，逐漸征服了深膚色的本地原居民達羅毗荼人（Dravidian），把雅利安人的信仰和經文傳給達羅毗荼人，並與他們逐漸融合而形成了我們今天所知道的印度教文明。早期雅利安人有口傳的長篇史詩，分別

是祆教（Zoroastrianism：又稱瑣羅亞斯德教，俗稱拜火教）和婆羅門教（Brahmanism：即印度教的前身）古典經文的來源，因此古典波斯文明和印度文明的同質性頗高。

・**斯基泰人**（Scythians）——這是古希臘史學家使用的名詞，指操東部伊朗語（印度—伊朗語分化成伊朗語後，又分化為西部和東部伊朗語）的一個分佈非常廣的人羣。他們從距今約 2900 年到 2100 年之間在黑海和裏海的北部與阿爾泰山北麓之間頻繁移動，其中的一個部落曾經因把持了草原之路的貿易而聚集了大量的財富，建立了人類史上第一個草原帝國。考古發現證明，斯基泰人在許多地點都修建過王陵，收集了大量精緻的黃金飾品。距今約 2500 年前，操西部伊朗語的波斯阿契美尼德王朝建立後，斯基泰人曾向波斯稱臣。波斯人的銘文中把斯基泰人稱為薩迦人（Saka），而後來中國的《漢書・西域記》則稱他們為塞人。張騫通西域之後，漢帝國與幾個由斯基泰人建立的王國都有往來，其中有我們所熟悉的烏孫（今伊犁河流域）、康居（錫爾河流域，今哈薩克斯坦東南部）等政權；東漢時的疏勒（今喀什）以及于闐城邦國（今和田）也是斯基泰人建立的綠洲王國。隋唐時代活躍在絲綢之路上的粟特人（Sogdians）和斯基泰人在血緣和語言（都是東部伊朗語）上的關係頗為接近。

・**希臘人**（Greeks）——亞歷山大東進到今天的塔吉克斯坦時，於公元前 327 年迎娶了粟特公主羅珊娜。他在亞洲的十年間建立了許多以他為名的城市，班師時又在各地留下了不少希臘官兵。其中一些希臘人在今天阿富汗建立了大夏國（Bactria）。此時正值印度的阿育王（Ashoka）以武力推行佛教，中亞的希臘—大夏人（Greco–Bactrians）也因此轉奉佛教。但他們對神祇的看法與早期佛教徒迥異，因此他們根據希臘神像

的造型和雕塑工藝為佛陀塑像，創造了著名的犍陀羅（Gandhara）佛教藝術，這種藝術後來更是遠播中國、韓國、日本和越南等地。這部分希臘人口數量很少，不久就消失在當地人以及日後的移民浪潮中。

．**匈奴人**（Xiong-Nu）——匈奴人起源於今天的蒙古高原（那時「蒙古」一詞尚未使用，此處是借用近代名詞），是一個遊牧民族。現時已經發現的匈奴人墓葬大多在貝加爾湖之南，色楞格河之西和杭愛山脈之北的地區。他們的語言屬於阿勒泰語系的蒙古語族。匈奴之東是

公元前 2 世紀—公元 8 世紀：
阿勒泰語人口
分三期由東向西遷移

東胡，之西是屬於印歐語系的月氏人以及斯基泰人，這些人都是遊牧者。蒙古高原之南是華夏族（後稱漢族）農耕人口，而農耕文明與遊牧文明的互補性很高，因此漢地對匈奴人的吸引力很大。戰國時期，匈奴利用華夏各國相互征戰無暇北顧之際，漸次向南推移，度過陰山，直逼河套地區。秦亡後，匈奴又進一步發展，將力量伸展到河西走廊與天山北麓。漢武帝時，國力充足，將士用命，將匈奴勢力擊敗並使之分裂；南匈奴後來降漢，北匈奴退回大漠。東漢時，北匈奴再度被驅趕，於是逐漸向西移動。他們的西遷開啟了許多遊牧部族波浪式的大遷徙，以至於歐洲受到來自烏拉爾山區的「蠻族」入侵。此為中央歐亞歷史之一「緯」。而在今日中亞五國的區域，匈奴的出現迫使一部分原來的居民向南遷徙，對今日的阿富汗、巴基斯坦和印度西北部造成了衝擊，可視此為亞歐大陸中亞地帶歷史中的一「經」。

．**嚈噠人**（Hephthalites）——中國史籍中的嚈噠人原屬於蒙古語族，後來移居中亞，因此很可能與操東伊朗語的當地部族聯合並且通婚。公

元 2 至 6 世紀，他們在中亞地區極為活躍，擊敗由大月氏（吐火羅）人所建的貴霜（Kushan）帝國，佔領了今天阿富汗和烏茲別克斯坦的大部分地區之後，他們又曾經深入印度西部，建立王國。公元 5 世紀時，中國南梁曾遣使與其聯繫。這時嚈噠人的統治地區東起葱嶺（帕米爾高原），西至裏海。突厥人興起後，西突厥進入嚈噠人統治的地區，雙方發生衝突，後來西突厥人聯合嚈噠人之西的波斯人，共同擊潰了嚈噠。自此，嚈噠人將自己在歐亞大陸中央地帶的舞台讓給了突厥人。

・**突厥人**（Turkic peoples）——突厥人起源於蒙古高原北部葉尼塞河上游，5 世紀時是阿勒泰語系突厥語族的柔然人所組建的部落聯盟中的一員，因為善於鍛鐵而被柔然人稱為「鍛奴」。他們於 6 至 7 世紀時建立了自己的汗國，分為東西兩部。東突厥在與隋和唐的交往中，經歷了從強勢一方到被征服成為附庸者的歷史過程。西突厥則在擊敗嚈噠後持續向西和南兩個方向遷移，成為影響歐亞大陸中央地帶的新力量之一。其中一部進入了烏拉爾山地區與伏爾加河流域，另一部分突厥語部落則南渡錫爾河進入了波斯人的世界。最西的一部分突厥語部落於 11 世紀末進入小亞細亞和高加索地區，逐漸在軍事上征服並且在語言上同化了那裏的原居民，建立了 15 到 19 世紀雄視東歐、北非與西亞的奧斯曼帝國，其主體後來成為今日的土耳其民族。從 10 世紀開始，散佈中亞、西亞各地的突厥語族裔逐漸放棄薩滿教信仰而皈依伊斯蘭教。他們持續向錫爾河以南地區和帕米爾高原以東地區的人口發動戰爭，致使中亞的大部分地區和中國的新疆逐漸突厥化和伊斯蘭化。今天中亞五國中有四國的主要人口屬於操突厥語的民族，只有塔吉克斯坦的主要人口操波斯語（屬於伊朗語支）。在中國新疆，原來主要信奉佛教的居民於 10 世紀後逐漸被從蒙古高原進入天山南北麓的信仰摩尼教以及佛

教的回鶻人（突厥語族人口的一支）所征服，加上後來因西征滯留本地的蒙古人，融合成為近代維吾爾民族的先民。這個使用維吾爾語（近代的回鶻語）的新民族在語言上和宗教上都經過了頗為長期的（11—15 世紀）的融合與衝突。在時間上，現代土耳其和新疆的突厥化和伊斯蘭化過程頗為相似。然而在這兩個地理區域所形成的兩個新民族的血統和文化底色卻頗為不同。土耳其民族是烏古斯突厥人與希臘人、亞美尼亞人以及某些巴爾干民族和高加索民族長期融合而成；維吾爾民族則是回鶻與葛邏祿突厥人與吐火羅人、斯基泰人、羌人、漢人以及蒙古人融合所形成。這兩個民族大多數人信奉相同的宗教，而語言方面既有歷史淵源，也有明顯的差異。

・**阿拉伯人及波斯人**——阿拉伯人在征服波斯之後，於公元 7 世紀進入中亞。這時遷來的人口主要是軍人和宗教上層。雖然在總人口上屬於少數，但由於伊斯蘭教的緣故，外來的少數人口在文化

> **公元 8—20 世紀：**
> **阿拉伯人、波斯人、蒙古人、**
> **俄羅斯人先後入侵**

上卻對這一地區產生了深遠的影響。由於伊朗人素來有自己的行政體制，阿拉伯人的政治力量自 9 世紀起便逐漸勢衰。公元 751 年，中亞的石國（今塔什干）內亂，唐朝駐龜茲（今新疆庫車）的安西節度使高仙芝率軍前往平息。唐軍在怛邏斯（Talas）與阿拉伯軍遭遇，此役唐軍大敗。被阿拉伯軍俘虜的唐朝軍人中有造紙工匠——這是中國造紙工藝外傳的起源，也奠定了阿拉伯—伊斯蘭文明後來得以燦爛發展的物質基礎之一。安史之亂時，唐朝廷於 755 年請中亞的大食（阿拉伯人以及波斯人）軍人東來協助平亂，這應該是阿拉伯人和波斯人羣體首次穿過河西走廊

進入中國的中原地區。

‧**蒙古人**——13 世紀蒙古人三次西進，建立了世界歷史上幅員最為遼闊的帝國。兩個世紀後，成吉思汗為蒙古各部族所訂的律法仍然存在，但是西征的蒙古人本身卻逐漸突厥化和伊斯蘭化。以今日烏茲別克斯坦的撒馬爾罕為首都，於 14、15 世紀之交雄霸中央歐亞西部的帖木兒自稱是蒙古貴族，他的先人乃出身蒙古別部的巴魯剌思部（Barlas Tribe），他本人說中亞地區的突厥方言和波斯語，並信仰伊斯蘭教。帖木兒的第六世孫巴布爾的母系是成吉思汗的苗裔。16 世紀初，巴布爾亡國被逐，逃亡到費爾干納盆地，之後再南下阿富汗，最後進入北印度，創建了著名的莫臥兒（Mughal，波斯與印度對蒙古的稱呼）帝國；而原來帖木兒帝國的核心地區（今烏茲別克斯坦）則出現了數個由從欽察草原南下的遊牧民族建立的汗國，其祖先都追溯到成吉思汗之孫拔都——這是歐亞大陸中央地帶移民歷史中的又一「經」。中國新疆部分地區、吉爾吉斯斯坦和哈薩克斯坦東南部在幾個世紀裏連續被成吉思汗之子察合台的後裔統治。從 13 世紀直到 20 世紀，成吉思汗後裔（「黃金家族」）的政治力量在這個地區一直保持絕對優勢，甚至有「非黃金家族後裔不得稱汗」的傳統。最後的兩個有黃金家族背景的汗王是 1920 年被蘇維埃政權廢黜的布哈拉（Bukhara）的埃米爾（Emir）和 1930 年被民國政府軍人廢黜的第九代哈密王。

‧**俄羅斯人**——俄羅斯人（包括由不同斯拉夫人口組成的軍事化殖民者哥薩克人）自 15 世紀在伊凡大帝（伊凡三世）領導下擺脫蒙古—韃靼人的控制之後，逐漸向東擴張。他的孫子伊凡四世（伊凡雷帝，即「恐怖的伊凡」）16 世紀擊敗喀山汗國後，俄羅斯的東擴進入新的階段，至 17 世紀已進入外興安嶺；18 世紀沙俄征服今哈薩克斯坦大部分地區，

19 世紀征服新疆以西和阿富汗以北的中亞地區。蘇俄革命之後不久，在中央政府主持下，今天中亞五國的範圍內開啟了大規模的民族識別和劃界工作。蘇俄當時的（也是第一任）民族事務委員會委員斯大林在此項工作中起到了重要作用。這次識別與劃界奠定了今天中亞五國的疆界和民族分佈。1991 年蘇聯解體，剛獨立的中亞五國境內都有相當高比率的俄羅斯人口，雖然許多俄羅斯人在獨立後陸續遷離，但俄語仍然是該地區重要的族際交流語言。蘇聯解體之後，俄羅斯在西邊失去了面對歐洲的縱深，在南高加索地區也失去了與伊朗和土耳其之間的傳統緩衝帶，直接面對衝突不斷的格魯吉亞與亞塞拜然。2014 年起，克里米亞的歸屬問題成為俄羅斯與同宗同源的烏克蘭公開決裂的導火索。2022 年初，俄羅斯與烏克蘭發生戰爭，使它與北約及歐盟國家進入尖銳的對抗。無論歐洲的局勢如何演變，俄羅斯的東部地區仍然會是草原絲路的重要部分，也會是「陸上絲路」的關鍵地區。

第 3 章
草原絲路上的族羣和語言

種族與族羣

當今大多數人類學家都同意，在 5 至 10 萬年前，現代智人走出非洲。之後，至少在距今 4 萬年前他們就已經能夠用語言彼此溝通。到了距今 2 萬年前，已經有許多說不同語言以及有不同體貌特徵的現代智人在亞非歐大陸的各個地方聚居。

19、20 世紀的體質人類學曾經認為草原絲路的北部、中部、東部和東南部主要是膚色不深不淺、中等鼻樑、少體毛的「東亞（蒙古）人種」，而西部主要是膚色較淺、深眼眶、高鼻樑、多體毛的「歐羅巴（高加索）人種」。

從 21 世紀初經過多國合作完成的人類基因圖譜來看，今日歐亞大陸上的大多數人都有混雜的基因來源。從現代遺傳學的角度來看，決定鼻樑、眼皮、目眶、毛髮和膚色的基因只是人類身體中幾萬個已知基因中的很小一部分。因此，根據膚色、眼、鼻、毛髮、額頭等作出的「人種」或「種族」劃分，並沒有生理學上的重要意義。然而，在政治和社

會動員中，這種分類卻往往能夠起到相當大的作用。絕大多數東亞的人口都自認為是「黃種人」，絕大多數的中國人口自認並且彼此認同是漢族。然而，目前超過 12 億的漢族人口之間並不必然有共同生物學意義上的遠祖，他們共同具有的是經過長期融合而產生的族羣歷史經歷與文化認同。

無論如何，體質表徵不是區別族羣的主要因素。語言、宗教、風俗、共同的歷史經驗是構成一個民族或族羣的更重要的具體依據。在族羣形成中，較難確定但卻頗為重要的是心理認同。一個不使用蒙古姓氏、不會說蒙古語，不信奉佛教也不尊奉薩滿教的人，完全有可能出於家庭歷史或其他原因而自認為是蒙古人。

從以上提及的諸多因素來看，「陸上絲路」地區的族羣分佈情況極為複雜。如我在第 2 章所指出，把草原絲路與綠洲絲路的人口斷然分開很不合理。同時，族羣分佈的地圖和行政區的地圖雖然有關係，但一般而言，二者非但不一致，而且經常會因人口遷移或政治因素而改變。同樣，語言分佈地圖和行政地圖也大多不一致，而且會隨時間而改變。

族羣的形成與語言當然有緊密的關聯。但如上所述，族羣的界別還包括了主觀心理因素。族羣的識別在盛行「認同政治」的今日，無疑具有超過學術討論的政治意義及社會敏感性。因此，以下簡介首先涉及與族羣形成密切相關的語言問題，主要聚焦於 21 世紀初「陸上絲路」的語言分佈。

草原絲路地區的主要語言

今日的「陸上絲路」包括了歐亞大陸的眾多族羣與語言。整體而

言，「陸上絲路」地區的人口所說的語言，主要可以分為五大類：(1) 漢藏語系；(2) 阿勒泰語系；(3) 印歐語系；(4) 烏拉爾語系；(5) 高加索語系。

漢藏語系

全中國的漢族和以漢語為母語的回族人口，西藏、雲南等地的非漢族人口，以及不丹和緬甸主要人口的語言都屬於漢藏語系（Sino—Tibetan language family）。其主要分佈在中國和緬甸，也包括印度、尼泊爾、不丹、孟加拉等國的部分地區。使用漢藏語系語言的人口在 13 億以上，是世界上除印歐語系之外使用人口第二多的語系。

漢藏語系語言的特點是每個音節都有特定的音調；每個字都是單獨存在，文法的表達（如時態、單複數）需要用另外的字，而不是把這個字變形或變音。2021 年發表的一項科學研究顯示，漢語與藏語大約於 5000 年前出自黃河流域，因為農業技術的傳播而逐漸傳播到各地，並且出現了各自的分支。

但是，學者對於這個語系的定義和分支有爭議。多數中國學者認為漢藏語系包括四個語族，即漢語族、藏—緬語族、苗瑤語族、壯侗語族。而有些西方學者則根據對語法與詞彙的分析，認為苗瑤語族和壯侗語族應該屬於南亞語系。

也有學者認為，泰語、老撾語、緬甸東部撣族的語言以及中國境內傣族的語言非常相似，而且和壯語及侗語關係很密切，所以這些語言都應該屬於漢藏語系的壯侗語族。也就是說，中國南方的非漢語人口的語言和緬甸、泰國、老撾的語言都屬於漢藏語系。

總之，漢藏語系和南亞語系的許多語言處在相近的地理區域，有不

少類似的特質，所以它們很可能在 8000—5000 年前是同源。此外，還有一種「南方語假說」認為，南亞語系以及漢藏語系的語言與東南亞和大洋洲極普遍的許多種「南島語系」語言也屬於同源。

阿勒泰語系　　　　語言學家估計，至少在 5000 年前已出現於亞洲北部的許多語言，都源自阿爾泰山脈的現在已經無法考據的「原始阿勒泰語」，因此這些語言被稱為阿勒泰語系（Altaic language family）。這個語系語言的共同特點是：文法語義的表達是在一個詞根上粘着不同的詞綴。這就是語言學家所稱的粘着性語言（Agglutinative languages）。近幾個世紀以來，阿勒泰語系語言在中央歐亞地區的分佈極廣，東起太平洋之濱，西至多瑙河畔都有說阿勒泰語言的人羣，總數應該超過 2 億人。

由於人口的分散，阿勒泰語系分為四個語族：(a) 滿—通古斯語族；(b) 蒙古語族；(c) 突厥語族；(d) 高麗語族（有爭議）。

為了方便瞭解中央歐亞地區的語言狀況，我根據自己的理解作出以下雖不算科學卻有助於理解記憶的分類：

(a) 滿—通古斯語族的使用人口少，大致可分為南北兩支，南支有滿語、錫伯語（近 200 年來其主要人口主要分佈在中國新疆）和赫哲語；北支有鄂溫克語，鄂倫春語等，都在西伯利亞和中國黑龍江省。

(b) 蒙古語族的使用人口目前大約有 1000 萬，地理分佈廣泛。其大致可以分為北部的布里亞特蒙古語，東部的達斡爾語和科爾沁語，西部的衛拉特（在新疆）—卡爾梅克（在伏爾加河下游）蒙古語，東南部的察哈爾蒙古語（內蒙古標準語）和中部的喀爾喀蒙古語（蒙古國標準語）。另外，阿富汗、新疆、青海、甘肅也有一些人口使用規模較小的

蒙古方言。

（c）突厥語族分佈地區極廣，從黃河上游直到多瑙河下游都有使用人羣。由於多世紀以來許多突厥語民族的混居、遷徙、融合，其語種十分龐雜。大致可以分為：烏古斯突厥語支（土耳其語、亞塞拜然語、土庫曼語、薩拉爾語等）；察合台突厥語支（烏茲別克語、維吾爾語等）；欽察（「克普恰克」）突厥語支（哈薩克語、吉爾吉斯語、卡拉卡爾派克語、韃靼語、巴什基爾語等）；西伯利亞語支（阿勒泰語、圖瓦語、西部裕固語等）。

（d）今日在朝鮮半島和中國境內接近鴨綠江和圖們江的地區普遍使用的朝鮮語也是粘着性語言，並且也遵循主詞—賓詞—謂詞（SOV）的次序，因此被多數語言學家認為是阿勒泰語系的一支。但是，朝鮮語的許多詞彙是由漢語轉借，某些語音的規律受到漢語的影響。

必須強調的是，語言學不是民族學，更不是遺傳學。說近似語言的人未必有相近的血緣。語言傳播和借用是通過生活上的相互接觸，而非經過基因交換完成的。

印歐語系

印歐語系（Indo–European language family）是全世界覆蓋面最廣和使用人口最多的語言，據估計有 30 億人。語言學家認為這個龐大的語系大約在 6000 年前源自黑海以北，即今日南俄羅斯及烏克蘭地區，後來向東擴展到今日伊朗、阿富汗、巴基斯坦、印度、尼泊爾、孟加拉和斯里蘭卡，向西則擴展到幾乎全部歐洲。近幾個世紀，通過歐洲人的海外殖民，印歐語系的幾種語言又傳播到美洲、非洲和大洋洲。

為瞭解陸上絲路，我根據自己的理解對印歐語系作出以下的簡述。

許多語言學和人類學的學者都支持一個「原始印歐語」假說：所有印歐語系的語言（現存的和已消失的）都是從同一個地區的同一羣人逐漸散佈和演變而來。如上一段所說，最早的地點很可能是生活在黑海和裏海之北的草原上的「高加索人種」（儘管嚴肅的科學家已很少使用這一名稱）。因為南俄草原上的居民首先馴化了馬，後來又學會了駕馭馬車和牛車，所以開始四處遷徙，其移動的速度和距離遠超過去任何其他部族。他們的遷移分為三波：

　　第一波是在距今約 6000—4000 年前。說「原始印歐語」的人分批離開黑海以北的家鄉，向各方遷徙，其中一批在距今 4200 年前到達阿爾泰山南北麓，被 19 世紀的學者稱為吐火羅人（Tokharians）。大約同時，另一部分人遷往安納托利亞，這就是最早在今日土耳其境內建立王國的赫梯人（Hittites）。如果是這樣，吐火羅人和赫梯人的語言應該有相似之處，現有的證據證實了這一點。

　　第二波大約出現在 3800 年前。一批操印歐語系語言的人羣向南遷移到了裏海之東，他們所說的語言因為時間的推移已經與第一波外移人口的語言有所不同，這就是印度—伊朗語的開端。這些人和希臘人、意大利人、日爾曼人的祖先差不多同時離開黑海—裏海草原，因而彼此的語言應該有很多相似之處，現有證據也支持這個推測。

　　第三波發生在大約 3000 年前。這批人口的故鄉不同於第二波外移印歐人口，他們進入了歐洲西北部和東北部。這就是凱爾特（Celtic）語族、波羅的語族和斯拉夫語族的源起。

　　總之，印歐語系包括：(a) 吐火羅語族（已不存在）；(b) 安納托利語族（已不存在）；(c) 印度—伊朗語族；(d) 希臘語族；(e) 意大利語族；(f) 凱爾特語族；(g) 日爾曼語族；(h) 波羅的語族；(i) 斯拉夫語

族；(j) 其他少數語族（如阿爾巴尼亞語、亞美尼亞語）。

印度—伊朗語族分為印度語支與伊朗語支。印度語支又包括從古代梵語和巴厘語衍生的印地語、烏爾都語、旁遮普語、古吉拉特語、孟加拉語等。伊朗語支有東伊朗語族和西伊朗語族之別，前者包括（阿富汗和巴基斯坦的普什圖人說的）普什圖語言、（塔吉克斯坦少數人口說的）帕米爾語等；後者則包括今日伊朗的官方語言 —— 波斯語（源於波斯灣東岸地區），以及幾個世紀以來在阿富汗通用的達利語（與波斯語非常近似）、塔吉克語（原來與波斯語有異，10 世紀起受到在中亞建立的波斯貴族薩曼王朝的政治影響而改變，目前與波斯語幾乎無差別）、俾路支語、庫爾德語等。

19—20 世紀歐洲學者從考古文本中破解了已經消逝多年的吐火羅語族文字。北大已故的季羨林教授在德國學習的就是吐火羅文字和梵文。我有幾位曾得到季羨林教授親炙的朋友，都成為了當今研究古代西域文明的資深學者。

現存吐火羅文的文本大多是 6—8 世紀時遺物，出土地點主要在新疆。目前多數學者們傾向把吐火羅語歸為三類：吐火羅語 A（新疆塔里木盆地東北部的焉耆語）、吐火羅語 B（新疆塔里木盆地西北部的龜茲語）、吐火羅語 C（新疆塔里木盆地東南部的樓蘭語）。十分可惜，今天大多數新疆人，無論是維吾爾族還是其他族裔，都不認識甚至不曾聽聞這些對人類文明起過重要作用的新疆古代語言和文字。

烏拉爾語系

烏拉爾語系 (Uralic language family) 以俄羅斯境內的烏拉爾山脈而得名，因為許多學者認為該地區就是「原始烏拉爾語」的故鄉。其實，各種

烏拉爾語系語言早就在歐亞大陸不少地方傳播，包括北俄羅斯和西伯利亞。它們還影響了屬於印歐語系的波羅的語族語言及斯拉夫語族語言。今日屬於烏拉爾語系的語言包括 9 世紀時由馬吉爾人帶到中歐的匈牙利語（即馬吉爾語）以及波羅的海地區的芬蘭語和愛沙尼亞語。烏拉爾語言的特色是名詞、代名詞在文法上有眾多的格（Case）。梵文有 6 個格，拉丁文有 6 個格，印地語有 3—4 個格，德語有 4 個格，現代英語的名詞已經不分格，代名詞有 3 至 4 個格，而今日的芬蘭語還有 15 個格，匈牙利語有 17 個格！

高加索語系

在裏海與黑海之間橫亙着長約 1000 公里的高加索山脈。這裏的原住民數目雖然不多（不超過 1000 萬），卻說幾十種差異極大的語言，而這些語言又不屬於上述的語系。所以語言學家們無可奈何地將它們統稱為高加索語系（Caucasian language family）。今天南部高加索的語言被稱為卡爾特維利語羣（Kartvelian），其中最主要的是格魯吉亞語。西北部高加索的主要語羣是切爾克斯語羣（Circassian），包括阿布哈茲（Abkhaz）語、尤比克（Ubykh）語、卡巴爾甸（Kabardian）語等。東北部高加索的主要語言是達吉斯坦尼語（Dagestani），此外還有車臣、印古什等語言。

敍事篇

第 4 章

呼倫貝爾草原的召喚

天蒼蒼，野茫茫

我中學時就知道呼倫貝爾草原，當時認為草原就是「天蒼蒼，野茫茫，風吹草低見牛羊」的地方，因此對草原產生了一種浪漫的感情。隨着對絲綢之路研究的不斷深入，我才認識到，草原在人類文明上的意義。

歐亞大陸上有一條從東到西，長達一萬公里的草原地帶。從交通的角度講，在相對平坦的草原上來往比在乾旱沙漠裏或高山峻嶺中行走要方便得多。人類馴服了馬匹以後，大約在 4000 多年前這條狹長的草原帶就形成了東歐與東亞之間的交通主幹道，即今人所稱的草原絲路。

橫貫歐亞大陸的草原絲路的東端就是位於大興安嶺西北部的呼倫貝爾草原。

呼倫貝爾草原東西寬約 350 公里，南北長約 300 公里，屬於草甸草原。其域內水源很豐富，有幾千條河流和許多湖泊（「呼倫貝爾」的名字就來自境內的「呼倫湖」與「貝爾湖」），是中國最大而且最適於放牧的草原，也是世界四大草原之一。呼倫貝爾草原和同樣位於內蒙古境內的

錫林郭勒草原（屬於典型草原，也是世界四大草原之一）相連接，而這兩個草原和蒙古國東部的大草原也是相連的，可以統稱為東亞大草原。

令人遺憾的是，中國大部分的草原都在退化。一方面是人口增加，城鎮和礦場的興起擠佔草原的面積，另一方面是氣候的變化令草原植被普遍減少，趨向荒漠化。所以內蒙古的牧業在逐漸甚至是急劇衰退中。當然，蒙古國草原退化的程度就更是令人擔心。

北方民族的搖籃

以呼倫貝爾草原為主的東亞大草原在不同時代孕育了諸多牧人羣體，他們是草原絲路的重要開拓者。這個地區也是匈奴、鮮卑、柔然、突厥、回鶻、契丹和蒙古在興盛之前遊牧過的地方，是這些民族崛起的「龍興之地」。這些牧人們所組成的「行國」，以少數人口統治過中國北方的眾多人口，參與了今天中國性格的形成過程，也深刻影響了歐亞大陸的歷史進程。

公元前 3 世紀匈奴崛起，前 2 世紀後被漢帝國遏制。公元 1 世紀，漢帝國的力量到達塔里木盆地和天山北麓，並且屢次出兵漠北，匈奴被迫逐漸向北向西遷徙，或是南遷內附。公元 4 世紀，慕容鮮卑和拓跋鮮卑先後崛起於大興安嶺，各自建立起自己在中國北方的政權；後者從前者那裏奪得了山西北部後，建立了統治中國北方約 150 年的「魏」（北魏及其繼承者北齊、北周），推行佛教，並且主動漢化，與南方的宋、齊、梁、陳共治當時的華夏文化區。5 世紀，與拓跋鮮卑有淵源而且臣服於拓跋魏的柔然，開始活躍於大漠南北，在北方對拓跋魏進行騷擾進逼，雙方發生了多次戰爭。6 世紀，被柔然人稱為「鍛奴」的突厥人在蒙古

高原興起，建立突厥汗國，繼而分裂為東、西兩部：東突厥南下陰山，被唐降服，西突厥各部越過蔥嶺（帕米爾高原），繼續西進，並且重組為統治西域的西突厥汗國。8 世紀，回紇人進入漠北，取代突厥，與唐友善，自請改名為回鶻。

契丹人早先在大興安嶺以東半農半牧，臣服於回紇人。其原本分成八部，9 世紀初形成統一的聯盟，首領每三年選一次。10 世紀初，迭剌部酋長耶律阿保機當選首領後，改變規矩，自己稱汗，定國號為「契丹」；10 世紀中葉改稱「遼」，政治中心遷移到呼倫貝爾草原和蒙古高原，進而統治中國北方大片地方。公元 1125 年，大興安嶺之東的女真族所建的「金」取代了統治中國北方將近兩百年的遼國。1234 年，與南宋隔淮河而治的金朝亡於從呼倫貝爾草原崛起的蒙古。

13 世紀，蒙古帝國勃興，先後滅金、西夏、大理、宋。四十年間蒙古人又三次西征，他們統治的區域包括長達一萬餘公里的全部草原絲路，領有今日中國、中亞各國、伊朗、高加索、部分土耳其、俄羅斯、烏克蘭和白俄羅斯的領土，覆蓋了今日敍利亞之外的全部「綠洲絲路」。14 世紀，統治穆斯林地區的蒙古人紛紛皈依伊斯蘭教，其中統治突厥語民族所在地區者則自我突厥化，但蒙古上層（特別是成吉思汗的「黃金家族」）維持政治力量長達五百餘年。16 世紀，歐洲人經海路到達亞洲東部，「陸上絲路」逐漸衰落。16 至 18 世紀，俄羅斯征服伏爾加河流域的韃靼人及西伯利亞草原的哈薩克人。大約同一時期，滿清先後控制東三省、蒙古高原、內蒙古與天山南北路。

呼倫貝爾市 / 海拉爾區

過去十多年裏，我曾幾次計劃去呼倫貝爾參觀，可惜每次都因為臨時生變而沒能成行。我一直想把多年來在絲綢之路上的經歷與心得寫出來，所以就不能不對地理位置和歷史作用都很重要的呼倫貝爾草原有直接的觀感。四年前，我下決心一定要完成多年的心願——2018 年 8 月，我終於去了呼倫貝爾。

我的運氣很好，廣西師範大學出版社（理想國）的負責人劉瑞琳女士恰巧是呼倫貝爾人。通過她和一位老同學的聯繫，我獲得了熱情的接待和專業的導覽。

呼倫貝爾市是內蒙古自治區的一個地級市，面積約 26 萬平方公里（與英國差不多大），人口只有 250 多萬，每平方公里還不到 10 個人！大興安嶺縱貫全境，把呼倫貝爾市分為三部分：西部是呼倫貝爾草原，中部是大興安嶺林區，東部是低山丘陵和河谷平原。大家到呼倫貝爾都希望能看看草原，事實上，就我的經歷而言，呼倫貝爾市轄下多個旗、縣級市和鎮都各具特色，其風貌不止於草原。

呼倫貝爾市政府位於海拉爾（區）。海拉爾是一個相當繁盛的都市，街道寬闊整齊，中心區有高樓大廈，也有一個很大的成吉思汗廣場。市郊建有主題公園，還有一個頗具規模，四通八達的飛機場。

令我印象最為深刻的是呼倫貝爾民族博物館。這個博物館共三層，每層的展廳都有地域特色和民族特色。我最感興趣的是「中國北方古代民族搖籃」展廳——本文上一節的標題得自這個展廳。

呼倫貝爾市——海拉爾區有很多特色建築。

「金帳汗」蒙古部落

　　酒店裏的旅遊小冊子介紹，呼倫貝爾草原最美的地方就是位於草原腹地的莫爾格勒河，而最著名的旅遊景點是那附近的「金帳汗蒙古部落」。

　　既然離海拉爾不遠，當然要去參觀。這裏河流彎彎曲曲地流淌在如茵綠草之間，見者心曠神怡。被河流切割成多塊的草原形成不少起伏有

致的緩坡，感覺很「養眼」（粵語，意為「看起來很舒服」）。雖然還是八月天，但在這裏一點也感受不到暑熱難耐。然而，如果我有更好的預見能力，應該在觀罷美景之後，就立刻拍照走人。這樣省錢，省時間，還省事——最重要的是不會破壞目前為止對這裏堪稱完美的印象。

但是在好奇心的驅使下，我買了景區的門票。進去方知，這裏的確是不折不扣的旅遊熱點。景區有許多帳篷，大都有金黃色圓錐形的頂，建築很現代很堅固，和我以前去過的「蒙古包」大不相同。不遠處還有一個超大型金色帳篷，像是個表演場所。許多遊客在帳篷前面嬉笑拍照。這些景象和遊客的談笑聲把我買票入場之前的悠閒興致掃掉大半，所以決定隨便看兩眼就走。

沿着原路回頭，到入口時，那位收票的中年婦女見我剛進去就出來，就很友善地問：「老大爺，怎麼不多看看呢？待會兒還有表演呢！」

我很不好意思地說了一聲「我還要趕路」，就出了門。

重返剛才自然美景的位置，眼睛又是一亮，心裏也暢快了，剛才的失望一掃而空，便跟自己說：「單憑這個風景，也絕對能充抵剛才的票價！」

晚上在酒店上網一查，發現成吉思汗的確可能在這一帶的草原上駐紮過，而且正因為他先在呼倫貝爾草原秣馬厲兵，才會有後來的節節勝利。但是沒有人知道他當時駐軍的準確地點究竟在哪裏。

大約二十年前，旅遊業在內蒙古開始興盛，一批開辦旅遊景點的人選了這個美麗景區，建起現在遊人如織的「金帳汗蒙古部落」。從商業上看，這完全是合理的選擇！我看到的情況也證實了，他們不止有眼光，還有營運能力。但他們絕沒想到，有一天，一個對呼倫貝爾草原近乎崇拜的愛較真的「老大爺」居然沒有被這些金帳篷吸引，連對這個景

點的名稱也不能認同。

「欽察汗國」，是成吉思汗之孫拔都帶領包括許多說突厥語的軍隊征服了位處歐亞大草原西部的欽察草原（Kipchak Steppe）後，於 1243 年在伏爾加河地區所建。中國歷史上稱之為「欽察汗國」，而西方人一般稱它作「Golden Horde（金帳汗國）」。統治東歐的歷代汗王才是「金帳汗」。「鐵木真」在呼倫貝爾草原時還沒被蒙古部落選為蒙古人的「成吉思汗」，當然不會料到，他的一個孫子日後會在東歐的欽察草原上建立一個被歐洲人稱為「金帳汗國」的政權。那麼，何以一個 21 世紀在呼倫貝爾草原重建的「蒙古部落」巨型帳篷竟然以「金帳汗」為名？

第 5 章

額爾古納河右岸

尼布楚條約

十七世紀後半葉，中國清朝的康熙皇帝和俄羅斯的彼得大帝同時在位。此時滿清力量早已向西進入蒙古中部，俄羅斯勢力則到達蒙古之北的貝加爾湖。不久俄羅斯勢力再次東擴，進入黑龍江流域，並在江北修建尼布楚與雅克薩兩城，引起了康熙帝的注意。1685—1687 年康熙派數千人出征，兩次攻陷雅克薩，擊斃俄軍多名，俘虜數百名。之後經過多次談判，清朝與俄羅斯於 1689 年在尼布楚城簽訂了《尼布楚條約》。

這是中國第一次根據在歐洲方興未艾的所謂國際法的精神簽訂的國際條約。其正本是拉丁文，另有滿文與俄文副本。尼布楚條約第一次用「中國」一詞代表清朝所統治的國家。條約容許雙向貿易但不許私自越境；最重要的是該條約劃定了兩國國界——其一是外興安嶺以北屬俄羅斯，以南屬中國（中國獲得了外興安嶺和黑龍江之間的領土，因此摧毀了雅克薩城）；其二是額爾古納河以西為俄羅斯領土，以東為中國領土。外興安嶺的陸上邊界線不易勘定，雙方屢有爭議，而後來中方指控俄國人

經常私下移動界碑 (刻有拉丁文、俄文、滿文、漢文)，爭端更多。這些爭端持續到 1860 年的《璦琿條約》：俄羅斯終於得到他兩百年來所覬覦的領土——雙方邊界南移到黑龍江，外興安嶺全部歸俄羅斯所有。

但是額爾古納河三百多年來一直是中俄之間的界河。因為這條河是自然的分界線，不需要界碑，也不易越界，所以雙方 300 年來基本上相安無事。

額爾古納市

額爾古納市是呼倫貝爾市下轄的一個縣級市，在呼倫貝爾市的西北部；其西面的界線就是整條額爾古納河的右岸，從南到北約 1500 公里，之後與俄羅斯境內的石勒喀河 (Shilka) 交匯而合為黑龍江。這個縣級市也很大，面積將近 3 萬平方公里，但人口只有 8 萬左右。

額爾古納是蒙古文，意為「捧呈」或「敬獻」，可見額爾古納河流域確實是受蒙古文化影響的地方。成吉思汗 (鐵木真) 剛當上乞顏部的汗的時候，就在這一帶活動過。後來他向西發展到今天的蒙古國，在那裏被各部落的代表推選為蒙古大汗，從此就以「成吉思汗」聞名於中外歷史。

額爾古納市轄有不少市鎮，其中最大者當屬市政府所在的額爾古納市區，距離額爾古納河右岸大約有 60 多公里。雖然這裏地廣人稀，但是市區的人口相對集中，一排排六七層的住宅樓頗成規模。市區的近郊還有一個工業園。我沒看到甚麼工廠，卻看到了一個俄羅斯民族文化景區。

俄羅斯民族文化景區的存在顯然不是因為俄羅斯民族的文化在這

額爾古納市區的商店，俄羅斯風情建築。

裏生了根，而是因為最近內地人們對於到內蒙古這樣的邊區旅遊產生很大興趣，在無需越過國境的情況下如果能再欣賞到一河之隔的俄羅斯的異國風情，豈不是有更強的吸引力？旅遊業的收入對額爾古納地區非常重要，所以在距離俄羅斯邊境還有六七十公里的國道上，我就見到一處紅色的俄羅斯式建築羣。

　　這個園區中令我頗有興致的是一個列巴文化館。列巴就是形似山丘的大麵包，直徑一般大約 20 厘米。至於「山丘」的高度，各地不等。這種沉甸甸的麵包是俄羅斯的飲食文化特色之一。它的來源可能是東正

教徒在宗教典禮中將象徵耶穌聖體的麵包給信眾分吃，而且有時還需要蘸着鹽。我去過七八次俄羅斯，也沒真正吃過這種列巴。在額爾古納市的列巴文化館，不外乎是讓遊客可以現場感受一下所謂的俄羅斯風情。這個文化館的許多女服務員看起來像是俄羅斯人。我觀察了一陣之後確認，她們的主要任務並不是向參觀者講解文化，也不是售賣列巴，而是應邀與來體驗異國情調的遊客一起拍照。

這個列巴文化館在列巴製作方面確實頗為正宗，遊客可面對面觀看大型開放式廚房如何現場製作列巴。民以食為天，在呼倫貝爾大草原上的鄂爾古納市，享受舌尖上的俄羅斯，何樂而不為呢？

鄂溫克人

鄂溫克人（意為住在大山裏的人）早期在貝爾加湖以東、外興安嶺以南的各處過着遊獵生活，並以馴鹿為主要生活資料來源和交通工具。幾百年前，他們並沒有國家和邊境的觀念，自從中、俄以額爾古納河為界之後，一部分鄂溫克人留在俄羅斯，另一部分住在中國，成了不能隨意跨界的「跨界民族」。目前在俄羅斯境內的鄂溫克人大約有六萬人，在中國境內則略少於四萬人。近一百多年中，額爾古納河右岸的鄂溫克人先後被幾個不同的政權（清政府、東北軍閥、日本佔領軍、偽滿、國民政府、人民政府）統治，也曾遭受過不少迫害和歧視。

清朝初期，一部分鄂溫克人參加了清軍，有些人還立了戰功，成為高級將領。平定新疆準噶爾和台灣林爽文事件（天地會掀起的大規模抗清活動）的海蘭察就是其中最著名的代表。乾隆時代，部分鄂溫克人被調到新疆北部駐防，所以今天還有一些鄂溫克人在新疆，但他們大多數

已經和錫伯人融合為一了。

在俄羅斯境內的鄂溫克族人現在多半說俄語使用俄文，還有極少數說自己的語言並使用西里爾字母拼寫鄂溫克文，他們的信仰也多半從薩滿教改為俄羅斯正教。中國境內的鄂溫克族沒有自己的文字，以前有一段時間曾經用滿文的字母拼寫鄂溫克語。鄂溫克語是滿─通古斯語族，通古斯語支的一種，所以使用滿文字母不乏理由。

在呼倫貝爾市的鄂溫克人，有的在大興安嶺，也有不少在額爾古納河右岸。我去了內蒙古鄂溫克族區自治旗的行政中心巴彥托海鎮（在呼倫貝爾市中南部），目的是去看鄂溫克博物館。博物館建築頗新，也很有規模。展品可謂豐富，文字解說也言簡意賅。剛進去的時候沒有甚麼人，我買了一本紀念畫冊預備慢慢地消化那幾個展廳。還沒看多久，有一批 VIP 在眾人的簇擁下進入我所在的展廳。一位打扮入時的工作人員用揚聲器背誦了一段歡迎套語加上一些解說詞。此時我才明白，原來內蒙自治區為了慶祝鄂溫克族自治旗成立 60 周年，從首府呼和浩特派出一個代表團前來祝賀。於是，我這個獨行俠就被捲入到這場官方的祝賀活動中了。

鄂溫克人在 100 年之前主要捕獵並飼養馴鹿，但也以獵熊、鹿等野生動物為生。他們在追蹤獵物的過程中發明了一種在樹木上刻寫的符號系統──與其說這是文字，不如說更像是一種指示路線的信號。

最近二十年來鄂溫克人在國際上頗受注意。首先是一些人類學家、語言學家和文化學者，到內蒙古與黑龍江對鄂溫克人做田野調查，特別是研究他們生活方式的轉變。第二就是得益於一本獲得茅盾文學獎的描寫鄂溫克人的小說。小說的作者是黑龍江籍的女作家遲子建，她花了好幾年的功夫做了深入研究，寫了一本對鄂溫克人原有生活方式充滿感情

的《額爾古納河右岸》。本篇文字題為《額爾古納河右岸》，固然是因為我要討論的主題就在此地，另一個原因就在於這本我十分喜歡的獨特小說。

「我是個鄂溫克女人」

遲子建的小說以第一人稱自敍，主角是一位鄂溫克酋長的女人，年已 90 歲。小說裏自述的第一句是：我是個鄂溫克女人。第二句話是：我是我們這個民族最後一個酋長的女人。

2005 年前後有一條頗受注意的新聞，是關於最後一批在山中的鄂溫克人搬到草原上，居住在整齊的屋子裏，開始過城鎮生活的報導。

《額爾古納河右岸》其實是鄂溫克民族的史詩兼鄂溫克民族文明轉變的調查報告。作者沒有使用文明史的名詞術語，也沒有引用人類學理論，而是用很多人的遭遇和命運編織了一個引人入勝的故事，藉以說明人與自然密不可分的關係，以及人類各族裔發展過程的差異。

開章不久，這位老年婦女就自述道，她生下來那天父親獵獲一頭黑熊，得到了寶貴的熊膽。對鄂溫克人來說，能夠得到熊膽是非常可慶的事，同一天又有一個女兒誕生，這實在是個吉祥的日子。

書中還提到，鄂溫克人很崇拜黑熊。他們吃黑熊的肉時，特意模仿烏鴉的叫聲，想讓死去的熊誤以為吃牠肉的是一羣烏鴉，而不是鄂溫克人。這個可愛的細節反映出，當時一些鄂溫克族的生活還處在半原始的遊獵階段。

而今天鄂溫克人所面對的困境就是，如何既保存原有的生活方式，又能避免被周圍的已進入後工業時代，並且正在高速資訊化的人口邊緣化。

第 6 章
從室韋到滿洲里

　　2018 年 8 月中，我包車沿着中俄邊境在額爾古納河右岸走了近
1000 公里的路。這一路印象深刻，收穫豐富，心情愉快。

在從室韋向南行的路上。

在本書第二部分——敍事篇的頭三章裏，我用了一個俄羅斯套娃的方法陳述了我對呼倫貝爾的認識，希望讀者們也能從中得到一些體會。這個「三層套娃」的外層是介紹呼倫貝爾市的整體面貌和它的首府海拉爾區以及一個旅遊景點；第二層寫我在額爾古納河右岸的觀察，包括對額爾古納市的介紹，還特別提到額爾古納河右岸的鄂溫克族。本文是第三層，我把注意力集中到額爾古納河邊上的幾個市鎮，並且抒發一些感想。

室韋的友誼橋

室韋是一個小鎮，也是一個國際口岸。它位於呼倫貝爾市的西北部，接近整個呼倫貝爾草原的最北部。這個小鎮歷史悠久，從 2 世紀開始就有東胡和其他民族在這裏聚居，隋朝的史書稱之為室韋。室韋和鮮卑差不多同時興起，後者是單一民族的名字，前者則更近似一個對東胡衍生族羣的泛稱。

今天的室韋鎮，整個市容都是俄羅斯風格，雖然商店的招牌、酒店的名字都是中文的，街上也幾乎看不到歐洲人的面孔。它的另一個特點是那座跨越額爾古納河的「友誼橋」，橋邊所立的石碑記錄了額爾古納市與對面的俄羅斯地方合作建橋的原委。

室韋之南大約六七十公里處有一個很別緻的地方——「恩和俄羅斯族民族鄉」。這是全中國唯一俄羅斯人佔多數的行政單位，人口大約兩千多。據朋友講，這裏住的是十月革命後來華的俄羅斯人的後代，雖然有不少人已經和本地人通婚，但是還大致保留了俄羅斯人的血統和生活方式。對我來說，聽到俄羅斯人說流利的普通話並不新奇，但是和俄羅

斯長相的人用東北口音「嘮嗑」，確實很夠勁兒。

從室韋向南行車不遠，可見四個聳立於公路和額爾古納河之間的大型方牌，上面分別寫着「蒙兀室韋」四個字。這就勾起了我的歷史興趣。

蒙兀室韋作為一個部族，在隋唐時期就已經進入史冊，其可以說是契丹人的祖先，也可以算是鮮卑人的別支。到了 12 世紀，聚居在室韋鄰近的部落建立了「蒙兀室韋」認同，後來他們成為成吉思汗時代開始形成的「蒙古人」的組成部分。當今的地方政府希望借此歷史淵源來引起遊客的興趣，所以就把大字招牌建在路邊。

黑山頭口岸

沿着額爾古納河南行，在室韋和滿洲里之間有一個黑山頭口岸，這個口岸雖然有少量邊境貿易，但是最近這幾十年來，更多是作為中俄兩國官方商洽事宜的地點。室韋的口岸和友誼橋我都領略過了，所以對這個口岸興趣並不強烈。可是黑山頭口岸附近的黑山頭古城，卻引起了我的興趣。

成吉思汗成為大汗之後，就把這一帶封給他的大弟弟——尤赤·哈薩爾。他在根河、得爾布干河、額爾古納河、哈烏魯河四河交匯處的東部台地上建了一座城，其遺址就是黑山頭古城。古城附近的濕地非常好，風景怡人，距離根河濕地（即額爾古納濕地）不算很遠。這塊濕地裏有超過一人高的草，理論上「風吹草低見牛羊」在這裏是可能的，但因為濕地四周多水，所以就算是站在高地也壓根兒見不到甚麼牛羊。

其實，黑山頭古城就是一座很小的方城，四面都有城牆、城門，城牆外有護城壕溝，其他沒有特別好看的地方。只是因為大家認為成吉思

黑山頭口岸。

汗的弟弟在這裏住過,乃是此城的建城者,所以今天愣是把它打造成了一個旅遊景點。

除了呼倫貝爾草原之外,最能讓我想到「風景如詩如畫」這幾個字的地方,非根河濕地莫屬了。一望無垠的大草原固然讓人有一種開闊的心情,但是其視覺的組成往往過於單調。草原的濕地則完全迥異,尤其是根河濕地——一大片有坡有水的草原,既有高度的區別,又有不同顏色的植被,還有從樹林和灌木叢中蜿蜒流過的溪水。據說這裏的河道有一處可見九曲十八彎,我沒有數出來,但相信這個數目傳達出來的迷人畫面我已經領略到了。

滿洲里今昔

在近現代的呼倫貝爾地區，地理位置和歷史意義最為重要的應該是滿洲里。滿洲里地理位置優越，首先，它距離呼倫湖很近，而呼倫湖是中國第五大湖，內蒙第一大湖；第二，滿洲里是中東鐵路的起點站，也是中俄交通的要道。

李鴻章與沙俄的外交大臣及財政大臣於 1896 年簽訂了《中俄密約》。1897 年俄羅斯開始施工興建從滿洲里到綏芬河的中東鐵路，

迷人的根河濕地。

1903 年通車。之後，俄國人又修建了由哈爾濱到大連的鐵路。自修建中東鐵路時起，大批中國人就聚集滿洲里，並進入俄羅斯境內打工或是做小生意。我祖父的一位堂兄就離開了遼寧老家，來到滿洲里附近做小買賣。

我父親的家族是在 19 世紀從山東招遠闖關東，落戶到了遼寧遼陽的。前三代都在遼陽縣城附近一個鄉村裏種菜。家中的男子每天清早推着車到城裏賣菜，婦女則在家裏織造裝穀物的麻袋。我曾祖父是第三代，家境逐漸小康。1905 年廢科舉之後，清政府開辦了公立學校，有些年輕人因此有機會上學。我的祖父就念了小學和師範學校，成年後又考入日本人開辦的南滿醫學院，從此改變了他和他後人的生活方式。

民國成立的前一年，滿洲里爆發瘟疫，許多人都搭乘新建的鐵路南下，疫情迅即傳到東北各地，甚至進入了華北地區。清政府派了一個畢業於劍橋大學的廣東籍醫生伍連德到滿洲里指揮防疫。他在滿洲里做了中國第一例屍體解剖，確定瘟疫影響肺部，最初是由西伯利亞的旱獺（其皮毛可以製成衣帽）所致，可以人傳人。所以他下令封城、焚屍、燒毀病人衣物。不知道我父親的那位堂伯父在這次鼠疫中的遭遇如何？

我和滿洲里還有過一次擦肩。2012 年夏，我到俄羅斯的布里亞特共和國首府烏蘭烏德訪問，原計劃是從那裏坐飛機到滿洲里，參觀呼倫貝爾草原。但是每三天才有一班的飛機臨時取消了，三天後的飛機也未必有位置，因此我改變了行程，乘坐 15 小時的長途汽車去了蒙古國的烏蘭巴托。如果那時就來了滿洲里並參觀了呼倫貝爾地區，或許會看到更為原生態的邊境，但是一定沒有這次本地朋友為我安排的介紹和導覽。塞翁失馬，焉知非福？

2018 年的滿洲里從市面上看，簡直就是一個俄國城市。雖然沒有

正教大教堂，但是火車站、商店、酒店、幾乎都是俄羅斯風格，其中也包括不少俄文招牌。這些建築很明顯是最近這些年才蓋的，且多為刻意模仿俄式建築，並非原生如此。

這一切都很容易解釋：許多自駕到滿洲里的國內遊客未必有簽證或是語言能力去俄羅斯那邊旅遊（而且據說也沒甚麼好看的），所以滿洲里（還有額爾古納市區和室韋）的商人就設法創造了幾個讓遊客們享受「異國情調」的地方，買一點俄羅斯紀念品（哪怕是中國製造的）聊以安慰。對於內蒙古這樣一個本來是靠牧業，後來是靠礦業和農業，現在寄希望於綠色旅遊來提高經濟增長的地區，在中國境內創造一個俄羅斯風格的城市，是完全可以理解的。

在一條繁華大街上，我在一個自稱是正宗俄國餐館的門前徘徊了幾趟，又翻閱了門前的餐牌和照片，決定進去吃我在滿洲里的唯一一頓晚餐。餐館裏面的服務人員居然不少都是俄羅斯人，雖然他們不會說中文，但有些能說英文。進餐時，有俄羅斯樂手演唱俄文歌曲、演奏俄羅斯音樂。整個餐廳確實頗有俄羅斯氛圍，味道也算正宗而可口。可是一走出這個餐廳，再和附近的一些「俄羅斯餐廳」對比，就知道滿洲里「具有中國特色」俄餐還是居大多數。事實上，國內的遊客真正吃過或是能「欣賞」俄國大餐的未必很多，所以各個餐廳有他們自己的目標顧客羣也完全合理，這就叫做「市場經濟」。

總之，滿洲里是個絕對值得一去的地方。它的表面是俄國的，裏子是中國的，表裏合一之後，就是一次頗有意思的旅遊體驗。

第 7 章
赤峯的兩堂課

偶遊赤峯

2018 年 6 月，我邀請內蒙古師範大學的陶格圖教授到香港做一個專題演講。當時我提到我兩次計劃去呼倫貝爾草原都未能成行，已經打了「是否絕對該去」的退堂鼓。他答道：「當然非去不可，可我老家赤峯也很值得看！」說老實話，我之前沒有這樣的打算。我知道赤峯的名字，也知道它的大概位置——赤峯位於遼寧之西與河北之北，在我心中那不算是草原地區，而是農耕的平原地帶。我多年來想去呼倫貝爾，主要是想見識一下它的草原之美，也因為它是草原絲路的東端起點——而赤峯和草原絲路似乎無關。但是，陶教授接下來的話立即就打動了我：「紅山文化主要就集中在赤峯！」2001 年我在瀋陽的博物館裏看到過紅山文化的展品，深知紅山文化在中華文明中的重要性。

陶格圖教授回到內蒙之後，給我介紹了他的一位中學同學——赤峯日報社的攝影記者呼格先生。所以 2018 年 8 月我在去呼倫貝爾之前，先去赤峯參觀了三天。

設計新穎、藏品古老的赤峯市博物館。

　　赤峯新市區確實很新，而老城區也不老。雖然主人一家請我吃了一頓可口的蒙餐，但整體來說，在赤峯的街道上，蒙古文化不佔主流。直到主人帶我去看了設計新穎，藏品古老的赤峯博物館之後，我才醒覺到，我之所以會萌生赤峯蒙古文化不足的印象，是因為近百年來人口的變化，以及中國近年來經濟的高速發展使這裏原有的蒙古文化被遮掩了。

　　赤峯市博物館的內容十分精彩，我在裏面仔仔細細地看了兩個多鐘頭。展覽分四個部分：第一部分是「日出紅山」，介紹以紅山文化為代

表的新石器時代文化；第二部分叫「古韻青銅」，介紹一些北方青銅文化；第三部分叫「契丹王朝」，系統性地介紹了遼代的種種；第四部分叫「黃金長河」，展示赤峯地區從遼、金、元到清的文物和民族風情。

此外，我還去了同樣新穎的契丹博物館，裏面的收藏很多，極富歷史和教育價值。

在參觀這兩個博物館時，我意識到，當初我以赤峯與草原絲路關係不大為由而不考慮來訪是不正確的。契丹人（可能是鮮卑的後裔）是源自呼倫貝爾的一個部落羣，後來發展到了赤峯附近，建立了遼國，統治了半個中國。當時的宋和西域的聯繫被西夏阻斷，而遼在漠北（蒙古高原）的勢力很強大，能夠通過天山之北的草原與西域甚至歐洲進行貿易。女真人（金）滅遼之際，許多契丹人並沒有歸順於金。遼的一部分皇族從漠北向西遷徙；宗室重臣耶律大石在天山之西的楚河流域建立了統治中亞長達八十餘年的中國式王朝，史家稱為「西遼」（即 Kara Khitai 或「黑色契丹」）。遼國把宋朝每年進貢的絲綢、茶葉、糖等中原物產販賣到波斯甚至歐洲等地，形成了固定的貿易路線，對西方認識中國產生了很大的影響。斯拉夫人一直到今天還把中國叫做 Khitai，因為他們最初認識的中國人就是契丹人。今天，總部在香港的國泰航空公司的英文名是 Cathay Pacific Airline。「Cathay」是西歐人對「Khitai」的發音，是馬哥勃羅在他的書裏開始使用的。如果沒有草原絲路的聯繫，東歐人和馬哥勃羅絕不會用契丹（Khitai）來稱呼中國。

紅山文化

紅山文化是指距今 6000—5000 年前，在內蒙自治區東部，遼寧西

部的廣闊區域上發展出來的母系社會部落羣的文化。經過幾十年的考古發掘，目前找到了確切的證據，足以界定紅山文化的東、南、西、北界限——最東到遼河的西岸；最南可以到渤海灣的沿岸；最西到燕山山脈，進而到華北平原，即河北張家口一帶；最北到西拉木倫河以北，逐漸深入到內蒙古草原。也就是說，紅山文化和內蒙古的草原之間沒有明顯的界限。其生產方式主要是農耕，但是也兼有畜牧、漁獵等。根據最新的研究，紅山文化發掘的人骨 DNA 與今天在西伯利亞北部的雅庫特人（操阿勒泰語系突厥語族中的雅庫特語）類似。也就是說，紅山文化的創造者和今天西伯利亞與中國境內的某些遊牧民族的祖先有一定的聯繫。

對於紅山文化的來源以及它和中原文化的關係，學者們目前還沒有準確和一致的看法。紅山文化可能是由黃河中游的仰韶文化（距今7000—5500 年）與赤峯附近的興隆窪文化（距今 8000—7500 年）以及趙寶溝（距今約 7500 年）文化接觸後碰撞而來，也可能是直接由興隆窪文化和趙寶溝文化發展而來。目前還難下結論。但可以確定紅山文化有以下幾個特徵：母系社會；農耕為主；住在半地穴式的房子裏；器物屬於新石器時代，有造型非常生動的優質彩陶和紋陶。

而紅山文化最富特色的文物當屬精緻的玉器。學者們認為這些玉器為祭祀所用，同時確也發現了祭壇、廟宇等遺址。最讓我吃驚的是，紅山文化裏一系列的動物玉雕中，有一種不曾存在，或者是從來沒被真實描述過的龍的形象。紅山文化考古發掘出的最珍貴的文物，就是一個形似拉丁字母 C 的龍型玉雕——專家認為這是一件禮器。它半具象半抽象，有龍的鼻子，但是也有某種動物的鬃毛。這條龍還不是我們今天所熟悉的龍形，專家根據其形象，將其命名為玉豬龍。

石 雕 人 像
興隆洼文化（距今 8150 年～7350 年）
赤峰市林西縣西門遺址出土

興隆窪文化遺址中出土的石雕人像。

玉之成為禮器，體現了紅山文化的發展程度，而龍形玉雕則打破了前人對龍之來源的認知。漢族往往自稱是龍的傳人，那麼在漢族還沒有出現、沒有定型的上古時代，仰韶文化裏就已經有龍形象的存在——那裏的龍是 S 型，而不是 C 字型的。我們現在常見的龍的造型，已經混合了多種動物的特徵，包括牛的頭、鹿的角、蛇的身、魚的尾等。從混合造型這一特點上看，華夏民族在本源上可謂多元，華夏民族的龍興象徵，也融合了不同部族的圖騰而逐漸成體。從多元一體這個角度來看，紅山文化並沒顛覆我們對華夏文明本質的認識，而是作出了極有意義的補充。

遼上京與遼朝

　　從赤峯市中心上高速公路向北行駛約兩小時，過西拉木倫河後，向東北繼續走，就進入巴林左旗（林東鎮）。林東鎮的南郊（距赤峯市中心約 270 公里）有一大片荒涼的斷壁殘垣，就是享國祚近 210 年的遼國的上京遺址。

　　遼上京的所在地水草豐足，地勢易守難攻。耶律阿保機在當地最早建立了一座龍眉宮。公元 918 年，遼朝以龍眉宮為基礎建造了一座城池，名為皇都，是遼代的第一座都城。938 年，皇都更名為「上京」，其治所名為「臨潢」，所以上京又稱臨潢府。

　　上京遺址在河水的沖刷下已頹塌不堪，僅能看出它是南北相連的兩座城，呈「日」字形，周長 12 公里。北城有四個門，城外有護城河，是契丹皇族居住的地方。南城是漢城，現在還殘存三段城牆。這裏是漢人和商賈聚居的地方。公元 1120 年，遼上京被金兵攻佔；元代時，這裏

被廢棄。關於這個遺址，有一個歷史細節值得記錄在此。

公元 1120 年，金太祖完顏阿骨打帶兵攻打遼國北部，兵勢旺盛。遼遣使求和，準備談判。此時宋也派出趙良嗣出使金國，希望能與金協力攻遼。

趙良嗣的本名是馬值，世代為遼國大族，曾任光祿卿。女真建立金國後，宋派使臣童貫訪遼上京。馬值私下求見，陳說遼國上層如何腐敗，亡國乃是必然，並獻上「聯金滅遼」之計，以便宋可以收復燕（幽）雲十六州；於是童貫私下把馬值帶回宋京。馬值事宋之後，改名李良嗣，並有機會覲見宋徽宗。徽宗賜他姓趙，於是他又改名趙良嗣。1120年，趙良嗣奉派使金，金太祖完顏阿骨打正領兵攻遼上京，就請遼與宋的使臣一起看他演兵。金兵表現得驍勇善戰，於是遼上京守將投降獻城。勝利後，完顏阿骨打高興地邀請趙良嗣同入皇城西偏門，並置酒款待。趙良嗣在席間即興詠詩一首：「建國舊碑胡月暗，興王故地野風乾。回頭笑向王公子，騎馬隨軍上五鑾。」末句很自鳴得意地說他隨着金軍登上遼國的五鑾大殿。這首詩現在刻於石碑上，豎立在原來遼皇城的西偏門附近。《貳臣傳》裏是否列入了趙良嗣，我沒查過，但他後來被宋廷貶到郴州並被處死，卻是事實。

遼上京遺址是國家重點文物保護單位。在它附近還有一個新建的規模龐大而設計別緻的「遼上京博物館」。博物館的正廳有八根漢白玉柱子，代表契丹八部；館徽是鎮館之寶——契丹銀幣的造型，銀幣上刻着「天朝萬歲」四個契丹大字。我去參觀時，有機會仔細地看了「遼上京歷史文物陳列」中多不勝數的漢文、契丹文原件，以及服飾、壁畫、浮雕等。

遼朝幅員廣闊，民族成分複雜，主要生產方式大致有漁獵、遊牧和

農耕三類。契丹人與北方各民族以遊牧為主，漢族與渤海國民則主要從事農耕。在開拓疆域的同時，遼的統治者吸收各族的治國經驗，以完善遼朝的統治機構。耶律阿保機早就定下「因俗而治」的國策，即「以國制治契丹，以漢制待漢人」的基本原則，其統治機構的設置與此相適應。遼朝的政治體制是融合契丹體制與唐宋體制而形成南北院制，即北面官制和南面官制。北面官治理宮帳、部族之事，南面官管治漢人州縣、租賦之事。

遼朝的法律也使用雙軌制度。對契丹人用屬人主義，對漢人用屬地主義。早期存在民族歧視——契丹制度較為寬鬆，而漢地由於繼承歷代法律，法例較為綿密。立國大約 100 年後，契丹人犯法也用漢律來斷，反映了漢人地位的提升。

我原本對於遼代的政法制度和學術成就所知甚少。經過赤峯三日的熏陶，我愈發相信，不同文明的互相借鑒與相互適應是人類文明發展的根本規律。

大氣別緻的遼上京博物館。

第 8 章

呼和浩特今昔

初飲青城曲酒

1978 年夏天，我回國講學，一家四口也順便到各地探親、訪問、旅遊一個多月。在北京和許多親戚見面之後，又到呼和浩特探望我的一位舅舅。

我舅舅是在上海長大的。 1948 年夏天他和我在我外祖父家裏同住

1978 年時的呼和浩特民居。

過一段時間。那時他在清華大學讀書，放暑假回家，而我才讀完小學二年級。1978 年，他在內蒙水利廳任處長。我們四口人在舅舅家吃了一頓舅媽做的晚飯。

那個時候中國大陸的居住條件普遍相當簡陋。他是一個處長，全家五口住在一間獨門獨院的平房裏，雖不寬敞，也不特別擁擠。但是屋子裏沒有廁所，只有一個牆外幾家共用的公廁。很小的前院左方種了幾株玉米，右邊還養了幾隻母雞。我們吃飯之前，恰有一隻母雞下了蛋嘎嘎叫，讓我五歲的兒子興奮莫名。

晚飯時，我舅舅特別開了一瓶呼和浩特產的青城曲酒，非常烈，可能有 60 度。我已經記不得我喝了多少，只記得喝得很興奮。我舅舅興致也很高。他在文革期間，因為一樁政治冤案被關在水利廳的「牛棚」裏一年多，然後又下放到鄂爾多斯的一個農村裏好幾年。他提起早期在內蒙的工作情況和文革時的坎坷經歷，不免唏噓。舅甥二人三十年後重見，誰能怪我們多喝了一些呢？

即使如此，我們還是談了不少關於內蒙和呼和浩特的歷史與文化。畢竟我是第一次到呼和浩特，而他在呼和浩特已經 27 年了。我記得最清楚的莫過於他解釋青城曲酒的來歷：「呼和」就是蒙古語「青」的意思；「浩特」，就是「城」，所以青城曲酒就是呼和浩特的麴酒。

給我留下深刻印象的另一點是我舅舅談到呼和浩特的地理位置——位於蒙古高原的南緣，也就是說不在真正的蒙古高原，戰國時趙長城的位置都要比呼和浩特更北。

這些年來，通過我自己的閱讀和觀察得知，呼和浩特這一帶在漫長的歷史上其實是漢族和北方民族長期共存並且相互拉鋸的地方。直到最近這幾百年，呼和浩特建城，才成為蒙古民族最重要的聚居地。

歸綏與呼和浩特

今天的呼和浩特城承自明清，只有幾百年的歷史，但早在拓跋鮮卑建立北魏之前，其始祖拓跋力微就將都城定在了今天呼和浩特之南，離呼和浩特不到 30 公里的盛樂。而到了契丹建立遼朝時期，這裏就有一座相當規模的豐州城，至今仍有當時的一座白塔寺作為歷史的見證。明朝取代元朝之後，蒙元朝廷重返蒙古高原。但一百多年後，蒙古政權（北元）分裂為二：東部叫韃靼，西部叫瓦剌。雙方鬥爭很激烈，最後甚至取消了國號，恢復到部落的狀態。16 世紀中葉，一位成吉思汗黃金家族的後代在年紀很輕的時候，被他的嬸嬸擁立為汗，這就是達延汗。達延汗長大以後按照草原收繼婚制的風俗娶了嬸嬸，很有作為，帶領軍隊統一了東部蒙古的全部地區。再過幾代，他的一個後人俺答汗，帶領本來住在今天呼和浩特一帶的土默特的農耕部落，統一了明朝之北幾乎所有的蒙古地區。也就是說，明朝的北部疆域從東到西所面對的都是俺答汗統治的地方。而俺答汗在位多年，請漢族工匠在今天呼和浩特的位置修建了很壯觀的城市，並且建了蒙古地區第一座黃教的喇嘛寺——蒙古人真正成為藏傳佛教的信奉者始自俺答汗。

蒙古出於經濟發展的需要，一直希望跟南方的明朝進行貿易。明朝因為可以自給自足，所以往往以拒絕貿易，甚至以拒絕朝貢為手段，遏抑北方的蒙古。因此貿易的摩擦也往往引起軍事的摩擦。

明朝萬曆年間，蒙古人在俺答汗所建城市的基礎上修建了一座城，稱為歸化。清朝乾隆年間，這裏已經完全歸清朝所屬了。清政府在歸化的邊上又修築了一座新城，叫做綏遠。民國成立後，於 1928 年把歸化和綏遠合成為一個新的城市，叫做歸綏市，是內蒙古最重要的城市；其

1978 年的呼和浩特城。

當時所在的省是綏遠省。（綏遠、察哈爾、熱河是國民政府在內蒙古地
區所設的三個行省，都在今天內蒙古自治區的中部。）

　　我 1978 年看到的呼和浩特，就是從歸綏演變而來的內蒙自治區首
府。易名之後又經過了幾十年，此地還是灰濛濛的，雖然它叫做青城。

　　時隔好幾十年，我於 2015 年又去了呼和浩特。這一次我的舅舅年
事已高，住在醫院裏——他曾經腦溢血，血壓一直很高。這些年我跟他
在美國、香港和台灣都見過面，只是沒有到呼和浩特重逢。這一次我做
了錄音，跟他又談了一些他的經歷、他對呼和浩特以及內蒙的一些見

解。自 1951 年清華大學畢業至 2015 年，他已經在呼和浩特生活了超過一個甲子的歲月。我對青城以及內蒙的認識，許多都來自我舅舅和表弟。

青城之南的青塚

中國人幾乎無人不知王昭君到匈奴和親的故事。但是王昭君為甚麼被送去和親？她身後埋葬在哪裏？她和親的歷史作用又是甚麼？

王昭君是湖北人。她去北方和親之後，與夫君呼韓邪單于感情很好，並不是很幽怨。但有一句詩在我心中仍然留下了深刻的印象，就是杜甫的「獨留青塚向黃昏」，這裏說的青塚就是昭君墓。

王昭君的墓在呼和浩特之南，我當然去參觀了。為甚麼她的墓叫做

今天的呼和浩特。

青塚呢？據說在秋天草木枯黃的時候，只有昭君墓上面還草木青青，因此叫做青塚。這個現象是後人捕風捉影附加的還是真的歷史現實，我也不清楚。但是「獨留青塚向黃昏」這句詩從盛唐到今天已經流傳了一千兩百多年，絕非近來互聯網上的「標題黨」用手指頭敲鍵盤杜撰出來的。

王昭君是漢元帝竟寧元年（公元前 33 年），被送到北方嫁給匈奴單于的。許多人會覺得這是漢朝以和親換取和平，但我認為這次和親並不是如此。

漢朝對匈奴有三個政策：一是動用軍隊，二是籠絡他的同盟，三是和親。漢武帝時，三策混合並用。漢武帝派了他的姪女劉細君到烏孫去嫁給烏孫王，目的是要中立烏孫，削弱匈奴在西域的力量。劉細君年方二十，卻要去嫁給年逾七十的烏孫國王。不久老國王去世，她又按照當地習俗嫁給老國王的孫子，因此感到非常不堪，心中幽怨，思念故里，寫下「吾家嫁我兮天一方，遠託異國兮烏孫王…… 居常土思兮內心傷，願為黃鵠兮歸故鄉」這樣的詩句，流露她自己的心聲。

幾十年之後，漢武帝又派了另一位他本家的解憂公主，帶着一位名叫馮嫽的侍女前往烏孫和親。解憂公主是一位政治家和外交家；而她帶去的侍女馮嫽後來嫁給烏孫的一位大將軍，幾次在關鍵時刻顯露她的機智、勇敢和對漢朝的無比忠誠。這兩位古代女子在西域發揮了漢朝軍隊難以起到的作用。

到了王昭君的時代，漢和匈奴的力量對比已經逆轉，與高祖劉邦白登山之圍的情況完全不可同日而語。因此，昭君出塞與其說是去和親以求安寧，不如說是予匈奴以獎勵。其實，呼韓邪單于也是想用求娶漢朝公主這個方法表現他對漢朝的親善。

你中有我，我中有你

實際上，王昭君做到了這一點。所以當今人在論及漢胡關係時，要分清楚，不同時間段的南北力量對比有所不同，關係親疏也有所不同。更重要的是，經過長時間的衝突與和平共處，許多對立勢力都會進入「你中有我，我中有你」的融合過程。

許多漢人感覺歷史上的北方民族很野蠻，攻下城池後經常擄掠燒殺，這並不等於北方民族就沒有自己的法律和行為準則。《史記・匈奴列傳》裏面介紹了匈奴的法律，其中一條就是：「拔刃尺者死。」在《漢書・匈奴傳》裏面也有類似記載。這句古文並不難理解：兩個人如果有衝突，先拔刀出鞘超過一尺的人，就要處死，理由是意圖殺人。所以唐朝的杜佑編的《通典》，宋朝鄭樵編的《通志》，都沒有對這一條特別加注。可是到了當代，也許是因為一般人古文讀得少了，竟然有所謂的「學者」對「拔刃尺者死」做了很不同的解釋。一位研究匈奴史的教授把「拔刃尺者死」解釋為「拔刀殺人，傷痕超過一尺的就太兇殘了，所以要判死刑」。這位學者在翻譯中加了一些自己的想像，比如，假定刀已「出鞘」，並且有「傷痕」。而司馬遷寫的是「拔刃尺者」，不是「傷人尺者」。

因此，王昭君和親乃是增加彼此的瞭解。今天，只有增加彼此的瞭解，才能夠看清歷史的真相。否則，讓偏見和誤解傳播下去，既不忠於歷史，也無助於當前社會。

昭君墓，位於呼和浩特之南。

第 9 章
包頭與鄂爾多斯

包頭市簡介

　　我最早知道包頭是在中學時代地理書上——「包頭位於河套地區，地處黃河之北、蒙古高原之南，是一個皮毛貿易的中心」。包頭歷史悠久，秦始皇修建了著名的從咸陽到九原的秦直道。所謂九原，就在今天包頭東河區。包頭有座著名的寺廟，叫做五當召，是北方地區藏傳佛教的最高學府，頗具盛名。

　　我第一次去包頭是 1978 年到包頭市郊的一個揚水站。那是一個不大不小的水利工程項目，目的是把黃河一條支流的水泵上來，澆灌附近的農田。揚水站的蓄水庫像一個小湖，裏面養了很多魚。負責人招待我們一家吃全魚餐。時值夏天，房間裏蒼蠅非常之多，所以主人建議我們每個人拿一把蒼蠅拍，把蒼蠅先解決掉，再開始吃魚餐。故此我對這一餐印象非常深刻。另一個印象深刻的原因是這個揚水站的設計和預算是我在內蒙水利廳的舅舅負責批准的。這是我對包頭的第一個印象。

　　包頭——原來是個蒙古名字，漢語的訛音讀成包頭，其實在蒙語中

是鹿的意思，所以包頭又被稱為鹿城。今天在包頭市中心有一個雕塑，上面就是一隻鹿。

我對包頭的第二印象，是最近幾十年，包頭從一個以牧業貿易為主的城市，變成了重工業中心，建設創立了包括包頭鋼鐵廠、內蒙古第一機械集團在內的諸多重工業設施。

最近，我聽說包頭的金屬礦藏非常豐富，尤其是稀土礦藏的儲藏量特別多。但是，包頭的稀土礦藏在過去幾十年裏沒有被清楚認識而分別提取利用，卻形成了破壞環境的龐大的「礦尾」。這些「礦尾」極可能就是當今全世界最大的稀土礦藏。這應該是我的第三個印象！

2018 年我又去了一次包頭，這次看到的是一個逐漸走向現代化的大都市，是交通樞紐、重工業中心、商業中心，以及城市裏方興未艾的文化旅遊和綠色旅遊服務業。重工業在包頭仍然有相當的地位，但是由於開採稀土的污染實在太厲害，早前相應的技術也沒具備，所以直到最近才逐漸提高發掘程度。包頭的稀土要開採其實不難，但要有效且不破壞環境地開採就非常難。

走西口到包頭

包頭和呼和浩特是內蒙古自治區最大也最重要的兩個城市。由於 200 多年來人口結構的改變，漢族目前佔包頭總人口的 95% 左右。經過清朝早期幾代皇帝的治理，也由於沒有大規模的內戰，清朝人口增長得很快。乾隆時期，全國人口已超過 3 億，而可耕地的面積和土地承載力卻完全沒有以相應比例提高。在這樣的情況下，人口密集的區域出現了朝三個方向的自發疏散：一是闖關東；二是走西口；三是下南洋。

所謂走西口，就是山西、陝西，加上小部分河北的人口迫於生活需要，在沒有政府組織和勸說的情況下，自發向北面遷徙。西口就是今天內蒙一帶，在趙武靈王的時候這裏本就是華夏族的居住區。這一帶在唐朝的時候被稱為朔方地區。到了宋以後，由於契丹人、女真人和蒙古人的統治，才出現了北方民族大量南遷的現象。

總體而言，明清兩代漢族人口增加很快，在沒有工業化之前，養育人口的耕地和糧食的增長是不成比例的。因此，15—19 世紀的中國印證了 18 世紀經濟學家和社會學家馬爾薩斯的「人口論」，即人口按幾何級數增長，而生活資料（如糧食）則按算數級數增長。由此可見，貧窮是人類共同的而且必然的一段命運。中國各地的農民們根本不知道有甚麼人口理論或是政治經濟學，只知道家鄉沒飯吃，就到有飯吃的地方討生活。除了走西口的陝西和山西人之外，還有山東人、河北人闖關東，福建、廣東人去台灣、下南洋，兩湖兩廣的人大量向雲貴高原遷徙。

除了向邊疆遷徙外，內地省份的人口也有大規模的相互流動。例如四川就因為明末戰亂人口損失太多，所以在清康熙的時代，曾經有「湖廣填四川」的號召——今天四川人口非常之多，多半是最近兩三百年才去的。古時候以修建都江堰的李冰父子為代表的四川人口的後代，在今天的四川可能並不多見。湖北、湖南人口向雲貴高原和廣西移動，把今天的貴州、雲南、廣西變成主要是漢族的人口聚居地。這些人口的移動都有些自然地理和經濟的元素。人口移動的結果必然形成不同文化的相互交叉，起初可能是隔閡和衝突，後來則從通婚變成交融，最後融合到不能分出彼此。

包頭鋼鐵廠集團。

重遊包頭，城市已經逐漸走向現代化。

驢肉火燒

在包頭看了很現代化的街道以後，我決定去老包頭的所在尋找一些舊物。據表弟說包頭舊城有一家非常有名的小餐館，經營全包頭甚至在全內蒙都屬名聲響噹噹的驢肉火燒。我很小的時候在山東濟南吃過驢肉，但直到 2018 年之前都沒再吃過。終於，我們在一條舊街道上找到了那家驢肉餐館。除了吃到驢肉火燒，還叫了一碟炸蝗蟲——目前，驢肉和蝗蟲恐怕還沒有被認為是危險的食物。值得一提的是，在伊斯蘭教的規定裏，驢肉、馬肉是不能吃的，整個歐洲世界也幾乎沒有吃驢肉的習慣。但是在中國北方，驢肉、馬肉是司空見慣的食品。蠍子、蝗蟲也有很多人願意吃。在廣東更是甚麼都吃。有一個說法：四條腿的，廣東人只不吃桌子；水裏游的，廣東人只不吃潛水艇。這當然是個笑話。但也說明作為一個長久的農業社會，在經常有災荒或者是食物供給不夠的情況下，中國各地的人們不免就開始嘗試不同的食材，也就有了吃各種各樣奇怪的動物或植物的習慣，並且往往還把它們變成珍品，比如說燕窩、魚翅。這個習慣究竟好不好，很難斷定，對近來大家正在擔心的流行病學有何影響，也沒有足夠的證據。但是，我知道驢肉火燒絕對好吃。下次如果有機會去包頭，我還希望再去吃一次。

鄂爾多斯草原

鄂爾多斯草原是在一個高原上。鄂爾多斯是蒙古文「很多的宮帳」的意思。書本告訴我，這一地區以前叫做伊克昭盟，唐朝時本隸屬於朔方區，最著名的朔方節度使就是郭子儀。而安史之亂的時候，唐肅宗也

曾經逃到今天的鄂爾多斯避難。

最近這十幾年來，鄂爾多斯的名字經常在媒體上出現，都與嶄新的城市建設有關。主要說的是一些經營煤礦賺了錢的商人用大手筆打造了一個新的鄂爾多斯城，新城名叫康巴什新區，請了非常好的建築師建造了很多住宅和辦公大廈，還有一些雕塑和博物館。鄂爾多斯的新城區在老城區的南邊，老城區叫東勝，設立於清朝。我兩個都去了，當然新城區是比老城區要好。但是有一點，房子是用來住的，不是用來炒的。前幾年風聞的空空沒人住的「鬼城」我沒見到，我去的時候，喝到了裝在保溫桶裏的免費雀巢咖啡，還吃了一次味道很棒的阿爾巴斯山羊肉。傳聞中的「鬼城」的空蕩景觀，似乎並不明顯，也絕對不希望以後再見到。

成吉思汗陵

據說成吉思汗在世的時候有一次經過鄂爾多斯草原，覺得這裏水草豐美，就說：「將來我死了，希望葬在這裏。」公元 1227 年，成吉思汗在遠征西夏的路上逝世，他的後人祕而不宣，把屍體運回蒙古某地，但又在今天的鄂爾多斯替他修了一座陵墓。還來不及正式建靈堂的時候，繼承成吉思汗的窩闊台就把成吉思汗的靈柩和他以前用過的遺物放在白顏色的帳篷裏面供奉。這個就叫做「八白室」——八個白顏色的帳子。忽必烈繼位以後把「八白室」變成了一個祭祀他兩代先人的地方，又規定了很多祭禮的細則，一年四季都要進行祭祀，從此「八白室」就被看成是蒙古民族朝拜的聖地，誰掌握了「八白室」誰就等於是蒙古民族的正統領導人。「八白室」於 15 世紀搬遷到鄂爾多斯，16 世紀初回到成吉思汗第 15 代的孫子手上，至此「八白室」再次歸於成吉思汗的黃

金家族。

從成吉思汗去世以後，就有一些經過精心挑選的忠貞之人替他守靈。守靈的人慢慢就成為一種特殊的羣體，被叫做達爾扈特人。他們在大殿裏面主持各種各樣的祭祀，扮演不同的角色。有的奏樂，有的唱誦。今天的成吉思汗陵在鄂爾多斯偏南地方，裏面的工作人員仍然是達爾扈特人，拿公務員標準月薪。2018 年我去參觀的時候，的確感到成吉思汗的影響力之大。這一個最近才重新建起來的成吉思汗陵，非常的宏大、莊嚴而有威儀。

十字蓮花

20 世紀初，中國還沒有保護文物的意識，許多在中國境內的傳教士或者其他歐美人，已經開始從事考古的研究。他們在包頭找出來一枚幾萬年前舊石器時代的人齒，在鄂爾多斯也發現了許多枚金屬做成的裝飾品。經過辨認後，這種裝飾品被賦予「十字蓮花」之名，相信是一部分蒙古人信仰了基督教的分支——景教之後留下的。十字是基督教的代表和象徵，它被襯在一個蓮花的背景上刻下來。這部分信仰景教的蒙古人用繩子把這種飾品綁在腰上，作為裝飾，也是一個吉祥物。

世界上各種宗教中彼此共存的也不少，但能夠融合的不多。在印度，後起的印度教（或稱新婆羅門教）把佛教的一些教義融入自己的宗教去了，此外佛祖和一些重要的佛教神靈如觀音等，也進入了印度教的神靈體系。蒙古人的十字蓮花應該是類似的現象——這些信仰基督教的蒙古人並不排斥蓮花這個佛教或者是印度教的象徵。我 2018 年參觀成吉思汗陵的時候，腦中就閃出這個以前所熟悉的十字蓮花符號。

鄂爾多斯新區，建築很美。

　　成吉思汗在征戰四方的時候，經常召集一些有宗教信仰的人在他面前各自陳述自己的宗教觀點。比如丘處機（長春真人）就向他宣講道教，耶律楚材這位信仰佛教的契丹人就宣講佛教。成吉思汗也請過不少的基督教的教士在他面前宣講基督教。其實，蒙古集團中的汪古部和克烈部都信仰基督教中的東方教會（即景教）。所以從宗教史和比較宗教學上來講，成吉思汗是有容乃大的人物。雖然成吉思汗的巨大影響不容懷疑，但是他對宗教本身（教義、宗教發展）的影響並不大。可是後來的

鄂爾多斯的成吉思汗陵。

成吉思汗陵留念。

蒙古戰士們在「八白室」停居的鄂爾多斯草原上，應該是無意間散落了許多枚十字蓮花來陪伴着他老人家，也是對這位「世界征服者」別有意義的祝福和致敬吧！

第 10 章
不教胡馬度陰山

　　在唐朝的詩人裏，杜甫、李白自不用說，除他們之外还有我很喜歡的一位詩人——王昌齡。他許多詩作所描寫的就是我很感興趣的邊塞風物人情，其中有兩句非常引人，就是「秦時明月漢時關，萬里長征人未還」。這兩句詩視野廣闊，跨越千年，把時間的先後雜糅起來，虛實融會，描繪出一幅萬里征人邁向無限遙遠，消失在未知的天涯的畫卷，極富文學張力，對讀者有很強的啟發力和感染力。有時我自己寫文章或做演講，也是一下「秦時明月」，一下「漢時關」，一下又「萬里長征」，讓自己的思緒遊走於不同的地方和事件之間。所以我曾自詡我的演講和文章是「昌齡體」。（其實這段破題文字就屬於「昌齡體」。）

　　但是王昌齡這首七言絕句的下兩句就切中本篇主題了：「但使龍城飛將在，不教胡馬度陰山。」不論是初唐、盛唐、中唐、晚唐，許多詩人都寫有關於征戰、關於胡人的作品。這說明唐朝的胡漢關係密切而複雜，處於對峙而又相會相知的時代。

陰山在哪裏？

陰山，嚴格說來是由一系列的山峯所組成的東西走向的山脈。它橫亙在蒙古高原的南緣，河套平原的北邊。其特點是北麓比較平緩，從北方的草原登上山脊很方便；南麓則比較陡斜，兵馬如果從山上衝下來就很難阻擋。從經濟地理來看，陰山北邊比較乾旱，只能供遊牧；而陰山的南麓，面對河套平原，進而連接華北平原，農牧皆宜。所以北方胡人冀求到陰山之南放牧，自有其邏輯。說到「胡馬南牧」，最早在文字裏提出這個概念的人應該是漢朝的賈誼。他在《過秦論》裏面寫道：「胡人不敢南下而牧馬。」從漢唐以降直至明朝的中原政權（元朝除外）都要面對這個問題，因此歷代政府才會修建新長城和修補舊長城。

誰才是胡人？

既然秦漢唐宋明，歷代歷朝都要在北方佈置防禦設施，防止胡馬越境南牧，那麼究竟誰是胡人呢？從秦到明，歷時 1800 年左右，胡人究竟是指哪些人？

胡人，是從漢人的角度出發的稱謂，即是華夏區域以北或以西的人口。他們曾經多次以騎兵南下，佔領長城以內的華夏地區。那麼，胡人的根源在哪裏？胡人的生活形態如何？漢文的史籍裏有相當多的記載。一般的漢族學者都是依賴這些漢文史料來構建自己心中的胡人形象，或者是構建一套某個北方民族的族源以及他們興起後的遷徙路線。

在人類的事務中，每一個部落或是民族都有自己的敍事取向。在持續將近兩千年的胡漢關係中，漢族人都認為：漢就是「我」，胡是「他

者」。漢人的一個說法——「非我族類，其心必異」，就是這種思想的反映。這當然是一種對「他者」的思想假設。

可是，「漢」又是誰呢？胡和漢的區別到底在哪裏？如果以種族體徵的區別為標準，以「黑眼睛、黑頭髮、黃皮膚」為漢人特徵，中國歷史上絕大多數的胡人也是這樣的。如果是以語言為標準，那麼漢族的南方跟北方語言也有相當大的區別，何況還有許多「入於漢」的胡人以及「漢兒學得胡兒語」的情況。如果是生活方式的區別，不少漢人也從事牧業，而不少胡人族羣也屬於半牧半農的生產形態，甚至如渤海國和「熟女真」基本上就是農業社會。因此，民族的區分，最主要的還是心理認同。早在春秋時代，孔子就提出「入於華夏者則華夏之，入於夷狄者則夷狄之」。他還說：「微管仲，吾其披髮左衽矣！」他沒有提出眼睛顏色和鼻子高低是「華夏」和「夷狄」的差別，只覺得披髮左衽的就是夷狄。這說明，他老人家是以生活方式和心理狀態來區分「我」和「他者」。

如果古代也能驗血的話，唐代漢人的 DNA 跟孔子時的「華夏」之人一定有區別。其原因就在於魏晉南北朝這四百年：五胡十六國佔據了包括孔子老家山東在內的中國北方，人口大量流動，胡人與漢人大量通婚。胡人遷到平原地帶自然不會繼續遊牧，而是改為農耕；跟漢族來往增多，自然就會說漢語，並使用漢字。因此「漢族」的內涵會隨時間而改變。在「胡馬南牧」現象非常突出的時代，也就是遼，金、元時期，胡漢之間的 DNA 區別進一步縮小，而此時的「漢人」與唐代的「漢人」肯定也有不同的 DNA（以及生活習慣與語言表達方式）。

不論「胡」還是「漢」，從賈誼寫「胡人不敢南下牧馬」的時代，到明朝土木堡之變，雙方都有了變化，雖然彼此仍有區別，但縱觀歷史，這些區別趨於減小，而彼此的生活方式與心理狀態則逐漸趨同。

為何不能「度陰山」?

從秦漢時期開始,一直到明朝末年,漢人的皇帝、官員、學者、一般百姓都有一個概念:胡人總是想搶佔漢人的土地,經常要建立他們的政權來統治漢人。胡人確實屢屢南度陰山,擄掠財物和人丁。所以中原國家上下一致的態度就是要阻止他們這樣做。

事實上,牧民和農民是互相需要的。即使農民定居耕田,農業社會仍然需要馬匹、皮革、肉類。而北方遊牧民族需要農業民族的紡織品、手工藝品、藥材、茶等等。所以其實雙方互相展開貿易很自然,且對彼此有益。但總體而言,牧民對農民的需求和依賴大於農民對牧民的需要和依賴。中原政權的統治者因此就往往以拒絕貿易作為要脅北方遊牧民族的手段。而遊牧民族此時只有兩個選擇;第一是循別的方向去找尋機會,第二就是強行「胡馬度陰山」。

胡馬不能度陰山的結果

任何一種政策都有成功和失敗兩種可能。在近兩千年的胡漢交往中,「不教胡馬度陰山」兼有成功與失敗。

假如胡馬度了陰山,中原政權就受到衝擊,華夏民族的生活方式,甚至語言、服飾都會有所改變。最明顯的當屬南北朝時期,彼時出現了所謂的「五胡亂華」,即整個北方由一系列的少數民族主政的局面。其中扮演了很重要角色的是鮮卑族。慕容鮮卑建立的前燕,是最早把自己的制度和華夏族的制度統一起來的北方民族政權。後來在更北方的拓跋鮮卑建立了代國,開始採取二元的統治和生活方式。之後拓跋鮮卑統

一了前燕，在大同建立了魏，再把都城南遷到洛陽，統治中國北方達到一個世紀。

後來契丹人所建立的遼、女真人所建立的金，和蒙古人建立的元（以及其後的蒙古政權集團），都是「胡馬度陰山」的結果。

但在更多的時間裏，華夏中原政權都很穩定，經濟力量充裕，長城發揮作用，有足夠的邊防來阻止「胡馬度陰山」。遊牧民族的本質就是需要遊牧，一旦他們有迫切的需要，而南下又受阻，他們就會向別的方向發展。

他們向北去不了多遠就會遇到森林帶和凍土帶，那裏既無法遊牧也沒有可以交換或搶劫的機會。所以唯一可行的方向就是向西去。

北方草原上的遊牧者向西會經過整個準噶爾草原到達中亞的哈薩克草原，直至更遠的黑海—裏海草原。所以當中原人口有效地阻擋「胡馬度陰山」的時候，胡馬就會向西移動，這樣就多次引起歐亞大陸上大規模的人口遷徙、文化交流和社會變動。

簡單地說，匈奴人、柔然人、嚈噠人、突厥人，契丹人（西遼）在中亞發揮了很大的作用。他們在一千多年裏，把東亞發明的馬鐙和雙弧弓傳到了西方，而既南渡又西遷的蒙古人甚至把火藥、印刷術和紙幣也傳過去了。這就造成了西方和東方的文明交流以及技術轉移。

長城的目的是阻擋胡馬南牧，當它發揮作用的時候就會使東方的遊牧民族向西遷移，以至於烏拉爾山以西到巴爾幹半島的廣大地區的國家大都是在這些西遷的遊牧民族影響之下建立起來的。

從這個角度來看，草原絲路豈止是一條貿易通道？它更是歐亞大陸文化和人口交流最便捷的戰略選擇，歷史已經無數次證明了這一點。

第 11 章

緣何「踏破賀蘭山缺」?

賀蘭山中的岩畫

賀蘭山位於內蒙自治區和寧夏回族自治區的交界處，是陰山山脈之西的一個山脈，南北走向，長約 200 公里，主峯敖包疙瘩高 3556 米。賀蘭山是其所在區域內地理和氣候的重要分界點：山之西是騰格里沙漠，現在屬於內蒙的阿拉善旗；山之東的銀川平原則被譽為「塞外江南」。

賀蘭山山脈西麓比較平緩，東麓則陡峭險峻，垂直落差約兩千米，與銀川平原相接。從軍事衝突角度看，陰山和賀蘭山一方面是河套平原北面和西面的兩道屏障；另一方面，如果北方或西方的騎兵從陰山或賀蘭山上衝下來，山下的步兵守軍就很難應付這種進攻。這就是歷史上多次發生圍繞着陰山和賀蘭山的戰爭的重要原因。

不同於歷史上賀蘭山兵戎相爭的形象，今日的賀蘭山完全是一副和平景象。最近幾十年，學者們乃至遊山客在山中發現了大量的岩畫。賀蘭山主要是石質，所以在山上作畫需要很尖銳的工具。賀蘭山岩畫主

要有兩種製作方式，一種是鑿刻，另一種是磨刻。前者的特點是斑點痕跡比較清楚，但比較粗糙，後者是先鑿後磨，線條粗而深，凹槽較為光潔。岩畫的分佈頗廣，除了附有西夏文的最近千年以來的新岩畫之外，大部分是早期遊牧民族所作，以人面像和遊牧生活為主，形象生動而富想像力。因為這些岩畫常年裸露在戶外，碳14斷代法的誤差頗大，是故對於賀蘭山岩畫確切的創作年代和創作人羣，至今仍然沒有公論，只能大概判斷其成畫於距今1萬年到3000年前。現在政府已成立專門的賀蘭山岩畫保護區，對12個山口的岩畫都作了統計和調查。

我在賀蘭山裏還看到過一個世界岩畫展——賀蘭山的岩畫區有一個博物館，複製了世界各地的岩畫，集中陳列展覽。值得一提的是，這裏還展出了台灣甚至香港的原始岩畫，這超出了我對港台歷史的固有認知。

匈奴至西夏的統治

秦朝建立以前，剛剛崛起不久的匈奴就已經佔領了這一地區，所以賀蘭山裏面應該可以找到匈奴人的遺跡。不過匈奴的統治中心不在這裏——中國古代以賀蘭山側為統治中心的就只是西夏一朝而已。西夏由党項人建立，但其統治範圍內也包括了漢、回鶻和吐蕃等族的人口。

早期党項人活動範圍在四川的松潘高原一帶。唐安史之亂後他們陸續遷入陝北。因為參與平亂有功，党項最大部落的領導人——拓跋思恭被封為夏州節度使，臣服於唐，並被賜姓李。日後西夏的李姓皇朝即發端於此。党項人的語言屬於漢藏語系的羌語支，所以党項人和羌人關係最近，而羌人跟藏人關係也比較近，因此党項與藏人也有血緣關係。

香港岩画
Rock Art in Hong Kong

台湾岩画
Rock Art in Taiw

香港岩画简介
Introduction to Rock Art in Hong Kong

在香港东龙、长洲、大浪湾、石壁、蒲台、大庙湾、滘西湾等地，发现古代岩画8处。这些岩画多为鸟兽纹、圆圈螺纹、正方螺纹、不定形的抽象花纹等几何图形，与古代青铜器上或同时期的陶器上的纹饰相类似。模糊的人和动物图形可能代表先民的图腾或所信奉的神祇，几何线饰则可能象征大自然的力量。

Eight sites of ancient rock art are discovered in Tung Lung, Cheung Chau, Big Wave Bay, Shek Pik, Po Toi, Joss House Bay and Kau Sai Wan in Hong Kong. These rock paintings are mostly bird-beast pattern, circle-helix, square helix, abstract pattern and geometric patterns, which are quite similar to the decorative patterns on bronze-ware and pottery. The blurred human and animal images may be the ancient people's totems or gods, and the geometric patterns may symbolize the power of nature.

台湾岩画简介
Introduction to Rock Art in Taiwan

1978年，台湾学者高业荣在台湾高雄万山发现了祖布里里、莎娜奇勒、孤巴察峨等三处岩画点。岩画以脚掌纹、曲线纹、三角纹、方格纹、人面像、同圆纹、圆涡纹、曲线纹、蛇纹以及密集的杭穴等几何图或为多。这些抽象的岩画符号和图式，内涵深厚，有着不同的文化意义，与原始宗教密切相关，记述了不同部落或人群的神话故事。

In 1978 Taiwan scholar Kao Yeh-Jung discovered three rock art sites of Zubuli, Shanaqilee and Gubachae in Wanshan Mountain in Gaoxiong. Most of the rock carvings are footprint, curve, triangle, grid, human face, concentric circles, vortex, snake pattern and cupmark. These abstract symbols and patterns have deep meanings and different cultural implications. They are closely related to primitive religion and record the myths of various tribes.

台灣和香港的原始岩畫。

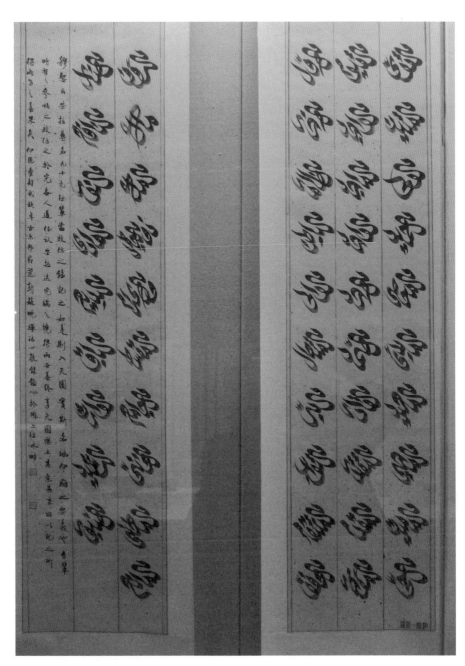

西夏文字——遠看像一片漢字，近看沒有一個字是認識的。

唐滅亡後，夏州節度使由李姓家族世代出任，他們臣服於五代的梁、唐、晉、漢、周，後來又臣服於趙宋。宋想要收回夏州節度使的許可權，將其變成地方上一個行政單位。當時的夏州節度使李繼遷不願意從屬於宋，就在此自立為夏王，因此宋曾多次伐夏。因其地在宋之西，而宋不願承認大夏的國名，所以稱之為西夏。著名的文人范仲淹曾經被派來這裏主持對西夏的軍事行動，留下了「濁酒一杯家萬里，燕然未勒歸無計。羌管悠悠霜滿地，人不寐，將軍白髮征夫淚」的名句。

經過幾十年的鬥爭，西夏不但沒有被宋消滅，反而更加強大。它的領土鼎盛時包括河西走廊的大部分，也包括今天內蒙古、甘肅、青海的一部分和今天寧夏全境。李繼遷之孫李元昊在公元 1038 年稱帝。李元昊去世以後，因為梁太后專政，后黨與擁護李家的「皇黨」互相敵對。宋朝利用這個機會，再度出兵伐夏。

西夏實行的是「番漢聯合」的政制。前面說過，他的統治階級以党項族為主，但是其他的民族也有一席之地。這個制度有一部分可能借鑒自遼。在制度方面，西夏從李元昊稱帝起，就希望能夠將國家建成一個以佛教為國教，崇尚儒家和採用漢制的中央集權國家，但遭受到一些貴族的反對。可想而知，西夏的漢化過程並不順利。文化方面，在李元昊的時代，西夏就已經發明了自己的文字。五代十國之前統治過中原的北方民族大多只用漢字，東突厥汗國可能是唯一的例外。但是從遼代開始，契丹人創造了方塊形的契丹文字，後來金也自創了方塊形的女真（金）文。西夏的文字是用來表述党項語的方塊字，同樣明顯受到了漢字的啟發，但造字時又刻意回避任何跟漢字雷同的地方。所以西夏字遠看是一片漢字，近看沒有一個字認識，甚至沒有任何一個偏旁或部首與漢字相同。

金滅遼之後，西夏很快就與金建立了同盟關係，共同對付宋。但是在金的後方，新崛起的蒙古又逐漸侵蝕了金的大部分土地。這時西夏和蒙古就有了正面的衝突。蒙古曾經六次攻打西夏，而西夏和金的聯盟卻沒有發揮任何作用。不久，西夏內部又發生弒君的內亂，加之經濟崩潰，於公元 1227 年為成吉思汗所率領的蒙古軍隊所滅。然而，成吉思汗也死在這場征夏的戰爭中（見第 10 章）。

《滿江紅》

岳飛是北宋最後一代軍人，也是南宋第一代軍人。北宋滅亡後，宋朝宗室南遷臨安（今杭州），徽宗第九子，欽宗之弟趙構以紹興為年號，建立起南宋朝廷。南宋很快就組織了四次北伐，出身軍人家庭的岳飛每次都積極投軍。第一次北伐時，他還是弱冠之年，而他去世時也僅僅39 歲，正值壯年。

南宋幾次北伐失利，岳飛寫下了著名的《滿江紅》，抒發憤懣與理想。這首詞被一些文史專家質疑並非岳飛所作，其中最主要的質疑證據就是本章的主題——「踏破賀蘭山缺」一句。質疑者認為，當時岳飛的主要目標是收回開封，而他是在距離開封只有幾十里地時，被宰相秦檜連發十二道金牌急召班師的。岳飛曾經豪言要直搗「黃龍府」（金朝的大本營），但是在《滿江紅》裏他寫的是「踏破賀蘭山缺」，這跟伐金，恢復宋朝江山有甚麼關係呢？又或者，是否在直搗黃龍的路上也有一座叫賀蘭山的隘口？——還真有人查出來，河北張家口附近有座山，也叫賀蘭山。

我不相信岳飛地理常識這麼差，也不相信他的目標是要打到河北的

一座幾乎沒人知道的賀蘭山去。「駕長車，踏破賀蘭山缺」是他胸懷壯志，誓要收復大宋江山時所抒發的情緒和願望，是文學上誇張的表達。

《滿江紅》的第一句「怒髮衝冠」，就是文學的誇張。再生氣，頭髮也不會把帽子頂上去。所以「怒髮衝冠」這四個字，和李白的「白髮三千丈」都是一種文學誇張，但是其中的意境是可以理解的。

《滿江紅》的最後一句話是「待從頭，收拾舊山河，朝天闕」。岳飛對自己事業和人生目標的總結也就是這句話。他希望能夠恢復宋朝的舊疆土。宋朝的疆土當然也包括被西夏所佔去的部分，何況北宋時，中原王朝甚至認為西夏全境所轄之地都應該屬於宋朝所有。岳飛因為抱有這樣的想法，才會用「賀蘭山」代表要收復的領土山河。

當然，還有另外一些人批評岳飛的用詞完全沒有照顧到不同民族的感受。用今天的尺度來衡量一位近千年前的古人，確實可以得出這樣的印象：台灣的蒙古裔作家席慕容就表示絕不肯唱《滿江紅》這首歌。我可以理解並且尊重她，但是我不覺得「壯志飢餐胡虜肉，笑談渴飲匈奴血」是岳飛真正想要做的事情。岳飛表達的是他情緒，是對敵人的一種憤恨，也符合當時漢族人口把北方非漢族人口都稱之為「胡人」的時代用語。古今中外，歷朝歷代，任何戰爭前線的軍人都會仇恨對手，不然怎麼能夠殺敵呢？匈奴在宋朝時早已消失幾百年了，而「胡虜」是個統稱，所以岳飛這兩句話僅僅是一種感情上的宣泄，不是說真的要吃女真人，更遑論要喝尚未登上歷史舞台的蒙古人的血了。

岳飛處於亂世，未及弱冠而從軍，但是他沒有機會完成「精忠報國」的心願。

據學者考據，岳飛的母親在他少年時親手刺在他背上的是「盡忠報國」四個字。後來宋高宗又賜他「精忠岳飛」四字作為表揚。後來民間

就普遍傳說，岳母在岳飛背上所刺的是「精忠報國」四字。

歷史上許多文人名將都湮沒在滾滾江河中，而當時主戰的岳飛和主和的秦檜，卻在近千年中國百姓心中形成了最為簡單、清楚的「忠」與「奸」的代名詞，深深烙印在中國人心中。岳飛的事跡及他的《滿江紅》能夠歷經千年滄桑，被傳頌至今，可謂公道自在人心。

2023 年初，張藝謀導演的電影新作《滿江紅》在全球上映，票房收入極高。幾乎所有中國人都對這部影片的片名和故事背景耳熟能詳。電影虛構的情節錯綜複雜，緊張懸疑，時時令觀眾猜不透也喘不過氣來。然而它的主題卻非常明確：讚頌「精忠報國」，鄙夷「暗中通敵」。任何觀眾都不可能看不懂這個主題。

可是這部電影也可能有預料不到的副作用：引起某些不熟悉歷史的觀眾對北方民族的誤解。

1125 年，金（女真人建立）在宋的支援下滅掉了統治中國北方二百餘年的遼（契丹）。之後金人佔領開封，滅北宋，並以淮河為界與南宋分治中國長達百餘年。1234 年，蒙古滅金，繼續與南宋對峙。

在金即將亡於蒙古之際，一位金朝的國史院編修，著名的文學家和歷史學家元好問（山西人，根據他的姓氏與籍貫，很有可能是改姓元的北魏皇族拓跋氏的後裔），在今日江蘇連雲港寫了一首七言律詩《橫波亭》，結尾兩句為「倚劍長歌一杯酒，浮雲西北是神州」，以飲酒長歌的豪情，訴說神州淪陷的憤懣。

金朝的文人元好問和宋朝的武將岳飛，在中國歷史上的地位極不一樣，但是他們對各自心中的故土——神州的感情，卻頗為相近。南宋建立後，從今日浙江杭州出發率兵北伐的岳飛，要打到西北部的賀蘭山；剛才亡國不久，身處今日江蘇連雲港的元好問，卻將浮雲西北之土地視

為他的故土神州。今天如果岳飛和元好問能夠復活並且相見，岳飛斷斷不會把這個比他自己遲生一個世紀的山西人（極可能有鮮卑人血統）看作侍奉金朝的敵人，而元好問也絕不會怪罪岳飛因為要「收拾舊山河」而渴望領兵攻入「黃龍府」，吊打金兀术（完顏宗弼）。

第 12 章

銀川之行：西夏王陵與南關清真寺

塞上江南

2012 年秋天，我應邀到寧夏回族自治區的首府銀川為第三屆中—阿（阿拉伯）經貿論壇作一個主題演講。這是我第一次去寧夏，所以特意多留了四五天參訪。寧夏是中國人數比較少、面積也比較小的一個省級自治區，不過首府銀川卻有 220 萬人，也算是一個大都市了。

銀川市位於寧夏回族自治區的北部，黃河河套的西南部。它的西北是賀蘭山，東部是鄂爾多斯高原，南部是寧夏的山區。銀川地區土地肥沃，溝渠縱橫，灌溉方便，所以有「塞上江南」的美譽。秦朝時，銀川就已經建立了城池，古時曾經以興慶府、懷遠鎮等為名，民國時改稱銀川。

銀川近年來的發展可謂日新月異。文化上，它有寧夏大學和具專業水準的博物館；地理位置上，銀川自古以來就是絲路交通的重鎮之一——從銀川向南，可以到固原、天水、蘭州，連接綠洲絲路；向西北則可以到黑水城，然後進入草原絲路。

本章的題目意在突出銀川的兩個特點：第一，它在歷史上曾經是西夏王朝的首都；第二，它是今天回族自治區的首府。

西夏王陵與西夏王朝

　　公元 1038 年，党項族的首領李元昊建立大夏，宋朝稱之為西夏。西夏定都於今天的銀川，時稱興慶府。李元昊將其祖父、父親的靈柩移到銀川，安葬在賀蘭山的東麓，這就是西夏王陵的開端。公元 1227 年蒙古滅西夏之後，西夏的末代國王投降，但是不久即被殺害，不知葬在何處。此後，西夏的歷代王陵慘遭蒙古軍踐躪。明朝時，有人重新發現了西夏王陵。其後這裏雖屢遭盜墓，但是始終沒有發現有價值的陪葬品。直到 20 世紀，才有考古學家正式注意到這些造型奇特的建築。

　　西夏王陵羣中的帝王陵墓有 9 處，現在能查到的陪葬墓有 254 個，總面積約 50 平方公里，是中國規模最大的帝陵之一。由於西夏在中國歷史上的存在感較低，所以一般讀者對於西夏的情況並不十分瞭解。事實上，西夏的重要性不下於大理（南詔），也未必低於遼國和金國——至少北宋的時候，西夏一直被視為相當大的威脅。

　　著名的文人范仲淹，就曾經在西北領兵防禦西夏。依北宋慣例，范仲淹以文官的身份到西北方督軍，指揮與西夏的作戰。他雖然是一個著名的文人，寫過愁腸婉轉的詞，但又是難得的軍事天才，在排兵佈陣、操練實戰等方面都有傑出的表現。當時宋人皆讚他「小范老子胸中自有數萬兵甲」。

　　西夏立國將近 200 年，與遼和金的時間差不多，不過統治的面積則比後二者要小很多，但是相對於宋來說，卻並不是小到可以輕視的對

手。遼和金的幅員面積都曾超過宋，只是宋的國土比較豐饒，人口眾多，經濟實力遠勝北鄰。西夏偏於一隅，卻能夠長期和遼、北宋以及金、南宋形成三足鼎立之勢，必有過人之處。我認為西夏的成功可以歸為以下幾點：

首個因素在於地理。西夏地形險要，且宜農宜牧，經濟上基本可以自給自足。這是西夏得以立國並且能夠長期生存的基本條件。

第二是西夏王朝重視選賢舉能，招降納叛。除了育人才，興學校，重視儒家和佛教的思想影響外，西夏也很重視從宋朝投奔而來的文臣武將。對這些投奔過來的人，或是登壇拜將，或是委任公卿，可謂推誠不疑。對於在戰爭中被俘的宋朝將官，如願投降，不但不殺，反而加以禮遇和重用。

第三，作為羌人一支的党項，能夠和漢族以及其他民族保持長期的友好相處，堅持民族和諧的原則。西夏是個小國，人力物力均不可與宋、遼、金同日而語，但也正由於這個緣故，它經常處於高度警惕的狀態，居安思危，未雨綢繆，反而克服了不少困難。

最後，也是至關重要的一點，就是西夏在兩宋時期，兩次三足鼎立的過程中，尤其是當遼、北宋對峙或者金、南宋對峙尖銳時，每次都充分高效地發揮自己的制衡作用──西夏的統治者總是根據自己的實力以及遼─宋或金─宋的強弱，或同盟或敵對，靈活調整對外戰略。

我在張掖時曾參訪過一尊西夏時代的大臥佛，在銀川和固原的博物館裏也看到過西夏時代的工藝品和宮廷用品，無不匠心獨運，精巧絕倫。某種程度上可以說，西夏是被大多數國人低估了的非漢族政權。

南關清真寺與回族的社會存在

　　元朝時，許多中亞和西亞人從陸路進入中國，被稱為色目人，其中
絕大多數是穆斯林。他們是蒙古人以極少數人口統治龐大的漢族人口
所依仗的力量之一。這些色目人曾被派到全國各地協助元朝的統治。
經過七百年的繁衍，這些回族的先民在中國形成了幾個較為集中的聚集
區，其中最主要的就在寧夏、甘肅、陝西等地。

　　明末清初，銀川城的南門外就由穆斯林集資興建了一座大型清真
寺。1915 年該清真寺搬遷到城區，這就是南關清真寺。新中國成立後
不久，南關清真寺得到擴建。然而在文革期間，該寺被摧毀。文革結束
後，南關清真寺於 1981 年獲得重建。

　　重建之後的清真寺比舊有南關大寺更為雄偉壯觀，但是也改成了以
阿拉伯式為主，兼有中式建築的風格，與以前的波斯─中國風格的清真
寺迥異。最近兩年，南關大寺又做了建築形式上的改變，取消了阿拉伯
形式的喚經樓。

　　在我參觀過的寧夏自治區的諸多清真寺中，位於寧夏中部吳忠市的
同心清真寺無論是其中式的門樓，還是其錯落有致的建築羣，都確實比
銀川的南關清真寺更吸引我。不過南關因為地處銀川，享有更高的國際
知名度，受到阿拉伯國家的重視和資助，所以重建時才選擇了阿拉伯式
的清真寺建築。後者最近的改變不知是出於甚麼原因。

　　雖然寧夏是一個回族自治區，但是寧夏的回族人口大約是 250 萬，
遠低於寧夏的漢族人口（大約 420 萬）。另一方面，目前全中國以漢語
為母語的穆斯林超過 1000 萬人，寧夏的回族人口僅佔全國回族人口的
四分之一左右。

西夏時代的工藝品，但並非由西夏人所製作。

寧夏以及全國其他地區說漢語的穆斯林分屬不同的教派，主要是遜尼派，也有部分什葉派信徒。蘇菲主義在 14 世紀前後傳入中國，元朝以後流行於新疆、甘肅、寧夏等地，影響頗為深遠。然而，無論哪一個伊斯蘭教派，他們的思想和儀式都是外來的，而不是內生的。因此中國的伊斯蘭宗派是流而不是源。

　　伊斯蘭是公元 7 世紀時阿拉伯社會的產物，於 13、14 世紀在中國大規模地傳播。這時，中國社會正處於宗親制和威權主義的強烈影響下，所以中國的穆斯林很容易就把他們的宗教組織和這種宗親制結合起來。中國的蘇菲教團裏面也就有所謂「老太爺」、「二爺」等反映家長權威的個人崇拜與等級制相結合的組織形式。

　　也有許多中國穆斯林知識分子致力於將伊斯蘭教的基本教義和中國的儒家思想（特別是理學）結合起來，這就是所謂「以儒詮經，信主獨一」的伊斯蘭教中國化的嘗試。江蘇、河北、甘肅、雲南都出過通曉阿拉伯文、波斯文，又具有明確中國身份認同的回教大儒，如劉智、王岱輿等「回儒」代表人物；寧夏的幾個重要的經堂學院也培訓了大量的「阿訇」和宗教學者。

　　就人口分佈而言，回族在全國形成「小集中、大分散」的格局。在社會生活中，從語言到工作崗位，回族早已融入主流社會，很難分辨其與漢族的區別了。

　　多個世紀以來，絲綢之路的作用，以及中華文化本身的包容力，使穆斯林在中國歷史上既能夠以平等地位融入主流社會，又保留自己的信仰和習慣。這是一個相當獨特且難得的融合典範。第二次世界大戰後，納粹主義徹底失敗，歐美各國的猶太裔人口的處境大為改善，逐漸類似於中國穆斯林的社會地位與存在。這一點，歐美國家的人（包

括猶太人）不會知道，而中國人——不論是漢族還是少數民族——也很少注意到。

和回族長者在一起。

有中式亭台的同心清真寺。

同心清真寺的中式門樓。

第 13 章
且說蒙古高原

「蒙古」意味着甚麼？

開章明義，我們必須要先確定「蒙古」這兩個字意味着甚麼？這個名詞是甚麼時候開始出現的？

蒙古始自成吉思汗。13 世紀初，他統一了我們今天所稱的蒙古的各個部落之後，立國號為蒙古，這是「蒙古」第一次作為一個正式政權名稱、民族名稱問世。

「蒙古高原」一詞為歐洲人最早使用。因為蒙古人曾經三次西征，在東歐統治斯拉夫人很長的時間，當時的意大利和中歐等地也受到蒙古人的衝擊或威脅。蒙古西征後不久歐洲文藝復興萌芽，世界歷史隨後進入到所謂的「地理大發現時代」：歐洲人對全球的地理都感興趣，當然也包括對他們影響頗大的蒙古人的家鄉，於是把蒙古人的故鄉定名為「蒙古高原」。也就是說，13 世紀西征的蒙古士兵並不知道自己的家鄉叫做蒙古高原。

除了作為地理名詞外，蒙古在今天仍然是一個國名——今天在蒙古

高原上的國家就叫蒙古國。眾所周知,蒙古還是一個族名,特指成吉思汗建立起來的部落集團(以及後來的國家)中的主體人羣。他們被社會學家、人類學家稱為蒙古民族(蒙古人)。

蒙古還有一重含義,即是一種語言和文字。今天中國的內蒙古地區仍然使用 13 世紀所創的回鶻式蒙古文字。蒙古國近年也宣佈要在 2025 年停用(從俄羅斯引入的)西里爾(Cyrillic)字母拼寫的蒙古語,恢復使用回鶻式蒙古文。

18、19 世紀時,歐美的許多語言學家對世界各種的語言加以分類。他們把東北亞大部分民族的語言歸為阿勒泰語系,認為這些都是阿爾泰山附近早期居民所用的語言的分支,因為這些語言在構詞、語法以及基本詞彙上有類似的地方。阿勒泰語系下有三個語族,當今使用人口最多的是突厥語族,第二多的便是蒙古語族,蒙古語即是這一語族的代表。中國境內有些少數民族,比如達斡爾族、東鄉族、保安族的語言,以及東部裕固語也屬於蒙古語族。當然,歷史上屬於蒙古語族的語言的就更多了。第三個語族叫做滿─通古斯語族,主要是滿語以及中國東北和西伯利亞東北部的少數人口使用的語言,包括鄂溫克語、鄂倫春語、赫哲語等。(見第 3 章)

此外,蒙古一詞還關乎人種學的概念。19 世紀沒有 DNA、遺傳基因這些知識,當時歐洲的體質人類學家為了對人種加以界定,就按膚色與面型將全世界的人類分類。這個分類傳入中國後,在中國語境裏比較常用的是黃種人、白種人、黑種人——這幾個詞在歐洲語言裏也用,但不如在中國普遍。作為學術術語,白種人即高加索人種(Caucasoid)。東亞的民族多被歸類為蒙古人種(Mongoloid),包括蒙古人,絕大多數中國人、韓國人、日本人、越南人、緬甸人等。非洲撒哈拉沙漠之南的

人口以及澳大利亞的原住民被稱為尼格羅人種（Negroid），尼格羅是拉丁文中「黑」的意思。由於二十世紀考古學、遺傳學和語言學的進步，以及出於對大批不同人口的尊重，學術界大多已不再使用以上的簡單分類。

杭愛山與斡難河

蒙古高原的面積非常大，有 200 萬平方公里，包括今天蒙古國，也包括了今天俄羅斯聯邦內的布里亞特共和國、圖瓦共和國，以及今天中國的新疆和內蒙古的一部分。蒙古高原裏的高山不多，卻分佈着眾多的河流湖泊。這片區域中最有歷史意義的地區就是位於蒙古國中部的杭愛山山脈和東北部的斡難河地區。

杭愛山在漢文裏也稱為燕然山。此山脈為東西走向，大概有 700 公里長，主峯鄂特岡騰格里峯高逾 4000 米。杭愛山脈是不少河流的發源地，也是兩種河流的分水嶺——杭愛山以北的河流多注入北冰洋，以南的河流多為蒙古內流河。著名的鄂爾渾河即發源於此山。鄂爾渾河流域是早期突厥人（Kok Turk）的發源地。另一條發源於杭愛山脈的著名河流是色楞格河，它流經蒙古國首都烏蘭巴托的東北部，向北注入貝加爾湖。

西漢時，匈奴的主要活動範圍就在蒙古高原。漢武帝命令衞青和霍去病深入漠北驅逐匈奴，所謂漠北，就是蒙古高原。東漢時，竇憲和耿秉領軍進入蒙古高原，大敗匈奴，二十多萬匈奴人歸順漢朝，沒有歸順的那一批則向北、向西逃逸。此役得勝後，竇憲在杭愛山的石頭上刻下了班固所撰的《封燕然山銘》，這就是著名的「勒石紀功」。這件事在歷

史上有明確記載，但始終沒有實證，一直到 2017 年考古學家才在蒙古國發現如今字跡已不清楚但仍然依稀可辨的銘文，正式證實了「燕然勒功」的史實。

斡難河據說是成吉思汗幼時成長的地區。斡難河水淺不易行船，主要用於灌溉和捕魚。關於蒙古的三大歷史著作之一，《蒙古祕史》的開篇就提到斡難河。成吉思汗去世之後，他的衣冠塚及陵墓設在今天內蒙古的鄂爾多斯，但是他的遺體被祕密運回斡難河一帶埋葬。雖然經過許多考古學家的長期努力，目前還是沒有正式發現他的遺體埋葬地點。大約十多年前，一批美國考古學家（主要是華裔科學家 Albert Lin）利用遙感儀從衛星上探測，據說發現了最可能埋葬成吉思汗的地方，但是蒙古國政府尚未批准實地挖掘，目前仍無法確切證實。

斡難河還與另一個著名的歷史事件相關：元朝滅亡後，蒙古上層從大都（北京）撤回蒙古高原，繼續以「元」的名號對抗明朝。明成祖朱棣曾經幾次帶兵北伐，試圖消滅北元，其中一次（1410 年）打到斡難河並且獲得大捷，史稱斡難河之役。

蒙古高原上的族羣

有關蒙古高原的記載，絕大部分出現在漢文史籍裏。而中文史書通常只記載與漢族有交往，或者對中國歷史有一定作用的人物和事件，因此關於北方遊牧民族的記載並不完備，甚至是在不同的史書中還多有抵牾。現在人們認為蒙古高原上最早成立的遊牧政權是匈奴。匈奴敗亡後，曾經被匈奴打敗的東胡的一支——烏桓——在蒙古高原崛起。其後，在蒙古高原東北部的呼倫貝爾草原興起的鮮卑族進入蒙古高原中

部，又南下進入中國北方。鮮卑族的一支叫柔然。當南下的鮮卑逐漸衰落時，柔然統治了蒙古高原的大部分地區，並且向西擴展到中亞。與柔然同一時期在蒙古高原的還有鐵勒和高車等部。

6世紀，有一個部分發源於鄂爾渾河、部分發源於今天俄羅斯境內葉尼塞河的部落羣，被稱為突厥。突厥人認為他們的祖先源自蒙古高原的于都斤山（位置至今有爭議）。突厥人到了蒙古高原之後變得十分強盛，建立起以其為核心，融合了草原各部族在內的遊牧集團政權，繼而揮師逐步西移，在500年的時間裏征服了大部分中亞和西亞地區，並進入今天的土耳其。

當突厥向南向西移動之際，在蒙古高原東北部，與突厥有世仇的回紇順勢崛起。他們與唐朝交好，協助唐朝消滅了後突厥汗國，之後向唐自請改名為回鶻，意指勇猛如鶻。繼突厥而興的回鶻人佔領了蒙古高原，但公元9世紀，蒙古高原又被來自更北方的黠嘎斯人進佔。回鶻人南下進入河西走廊，經歷過漫長的歷史後，成為今天維吾爾族的起源之一。10世紀，興起於東北呼倫貝爾草原的契丹人進入蒙古草原，建立了契丹（後改國號為遼），逐漸統治了中國北部。關於契丹人的族源有許多說法，目前並沒有明確定論。但可以確認的是，契丹人的語言屬於蒙古語族，契丹與鮮卑和柔然之間應該有一定的承襲關係。

在蒙古高原東北部，外興安嶺以南地區，有一支鮮卑人與其他更早期的東胡人混合而成的部落集團，叫做蒙兀室韋（見第6章）。唐朝時，蒙兀室韋的各個部落在今天呼倫貝爾或額爾古納河一帶生活。到了12世紀初，他們進入到蒙古高原的東部，逐漸又深入到高原的中部，這才到了今天蒙古國的範圍內。所以，蒙古高原真正成為蒙古人的家鄉是12世紀以後的事。

哈拉和林及上都

　　成吉思汗建立蒙古之後，定都哈拉和林（今天蒙古首都烏蘭巴托西南約 200 餘公里處）。歷經兩三代人的時間，哈拉和林被建設成為一個當時非常先進，甚至是非常豪華的城市。13、14 世紀時，有不少歐洲人慕名來到這裏，有些是奉天主教教皇或者法國國王的命令前往哈拉和林的傳教士，他們的目的一是傳教，二是想要瞭解蒙古的情況。此外，還有些如馬哥勃羅一樣的商人，為了牟利和好奇而來到哈拉和林。

　　蒙古人三次西征，每次都帶回來許多不同地方的工匠，所以哈拉和林是由許多這些作為俘虜的工匠設計和建造的。馬哥勃羅在他的遊記裏記錄了一部分這種人：有一位在匈牙利長期當金匠的法國人，在蒙古人打到匈牙利的時候成為俘虜。因為他會做金首飾，所以就被帶到哈拉和林，從事金匠工作，並因此遇到了一些亞美尼亞和波斯的工匠。

　　忽必烈繼任大汗後，着手準備征服南宋，並不住在哈拉和林，而是住在今天河北省之北，內蒙古錫林格勒盟的正藍旗境內，當時稱為上都。元朝建立後，首都定在大都（今日北京），上都變成元朝皇家貴冑的避暑之地，有打獵的山林，有蒙古包，也有華麗的歐式建築。

　　歐洲人也有不少人去過上都，馬哥勃羅就在那裏觀見了忽必烈。後來歐洲人把「上都」，寫成「Xanadu」，並對它產生了一種神話般的遐想。這個歐洲詞彙又被 20 世紀的中國文人譯為「仙能渡」。總而言之，後來歐洲的文學裏面經常有人寫到仙境一般的 Xanadu，一如最近的一個世紀裏，西藏經常被寫成香格里拉（Shangri-La）那樣。明朝取代元朝之後，上都被廢棄，一直到最近才被指定為中國的文物保護單位，並入選聯合國教科文組織的世界文化遺產名單。

蒙古國的沿革

　　14 世紀末期，明朝推翻元朝的統治後，蒙古上層北遷到哈拉和林，仍然自稱元朝，明朝則稱之為北元。北元的力量不久便分裂成兩股：西部是瓦剌，後來稱為漠西蒙古；東部稱韃靼，後來形成漠北蒙古。明末，女真人建立了後金，他們的第一步就是從今天的東三省向西擴張，首先遇到的就是漠南蒙古人，即今天內蒙古的蒙古族。女真跟漠南蒙古人素有聯姻的傳統，努爾哈赤、皇太極的皇后都是蒙古族。清朝入關後，王室更是把與蒙古統治階層的聯姻制度化。

　　後金在入關之前就已經鞏固了他們在漠南蒙古的勢力，並且因為姻親關係，稱一個蒙古土默特氏的部落為葉赫氏（實則是異姓葉赫，有別於源自長白山的同姓葉赫），將其列入正黃旗。此舉等於承認這部分蒙古人為滿人皇族。清初的著名詞人納蘭性德便出身於異姓葉赫氏，幼時與康熙皇帝同受教育。所以滿八旗其實是一個政治和軍事聯盟，不是純粹基於血統或族源的聯盟。今天的內蒙古在有清一代，一直是中央緊密掌控的地區。18 世紀，崛起於新疆的漠西蒙古準噶爾汗國曾一度控制漠北蒙古，挑戰清朝，但被康熙帝擊敗。自此，整個漠北蒙古和漠西蒙古同歸清朝管轄。漠南蒙古地區被稱作內蒙古，漠北蒙古地區則為外蒙古。

　　清朝末年，俄羅斯的力量已經非常強大，其對外蒙古多有覬覦。1911 年清朝滅亡，中華民國成立。於是外蒙古在俄羅斯人的教唆下宣佈獨立，國名為蒙古國，皇帝是蒙古的八世活佛哲布尊丹巴。同時，本來屬於外蒙古的唐努烏梁海也隨之脫離中國（見第 17 章）。1915 年，中國北洋政府爭取到《中俄蒙協約》的簽訂，外蒙古放棄獨立，中國則

同意外蒙古自治。1919 年，皖系軍閥徐樹錚出兵外蒙古，並在庫倫（即今烏蘭巴托）駐兵。此時正是俄羅斯紅白兩黨激烈鬥爭之時，也是中國直系與皖系軍閥交戰之際，外蒙古在白俄軍的支援下，再度脫離中國。1921 年，外蒙古建立蒙古革命人民政府，由親蘇的人民黨和王公貴族共建。1924 年，蒙古廢除君主制，成立「蒙古人民共和國」，完全成為蘇聯的附庸，也幾乎只有蘇聯承認他。此後，蘇聯的大清洗波及蒙古，兩任總理均被處死。

1943 年，美國羅斯福和英國邱吉爾邀請蔣介石在開羅開會，商討二次大戰後的東亞領土問題，三人同意台灣、澎湖以及所有日本從中國得到的領土均應歸還中國。1945 年羅斯福、邱吉爾和斯大林又在黑海北部的度假勝地雅爾達會晤，商討二次戰後亞洲的權力分配問題以及蘇聯對日宣戰的條件。蘇聯提出要讓外蒙古及新疆獨立，美、英兩國首腦允諾說服中國同意外蒙古獨立，但是反對改變新疆的歸屬。

根據當時中國外交部長宋子文的日記（這部分資料由宋子文的後人捐給美國斯坦福大學的胡佛圖書館），他於 1945 年去莫斯科對日後蒙古的安排進行談判，過程非常艱辛。宋子文堅決不同意中國在日軍佔領自己大部分領土的情形下，再把外蒙古讓出去，為此幾次緊急回國述職。然而，美國和英國已經背着中國對蘇聯作出承諾，中國的反對無效，所以宋子文決定辭職，由王世傑到莫斯科簽訂了《中蘇友好同盟條約》，同意戰後在外蒙古舉行公民投票決定是否獨立。1945 年 10 月，日本投降兩個月後，外蒙古公民投票以 98% 的比例贊成獨立。1946 年，中華民國政府承認蒙古獨立。解放戰爭後，蔣介石領導的國民黨去了台灣。遷台後，國民黨政府以蘇聯違反了《中蘇友好同盟條約》中「不幫助中國共產黨」的條款而宣佈廢止這個條約，撤銷對蒙古的承認。1955 年，

台灣的中華民國政府曾在聯合國安理會運用否決權，阻止蒙古加入聯合國，並在 1961 年聯合國安理會重新討論蒙古加入聯合國議案時，聲稱將會再度否決蒙古加入聯合國。最後，迫於美國壓力，遷台的民國政府代表只能以拒絕出席會議的方式表示抗議，沒有再投下具有否決權的反對票，蒙古因此得以加入聯合國。但台灣的行政院裏長期保留着一個名義上管理蒙古與西藏的部級機構——「蒙藏委員會」（蔡英文當政後，於 2017 年廢止了這個委員會）。

1947 年內蒙古成立了自治區，1949 年正式成為中華人民共和國的一個民族自治區。作為蒙古人民共和國的外蒙古已然獨立，現實至此已經不能改變。蘇聯解體後，蒙古人民共和國於 1992 年改回到 1911 年時的國名——蒙古國。

第 14 章

在烏蘭巴托看成吉思汗

烏蘭巴托，遊牧者的城市？

蒙古國是世界上人口密度最低的國家，156 萬平方公里的土地上只有 320 萬人口，平均每平方公里才兩人。在人們的印象裏，蒙古人似乎都是遊牧民族，每個人都擁有大片的牧場來飼養牲畜。這雖然並不是完全錯誤的認知，但是一到烏蘭巴托人們就會明白，蒙古國也是有大城市的。蒙古國總人口的 45% 左右都在首都烏蘭巴托，還有 25% 的人口住在其他市鎮裏，只有 30% 的人口是真正意義上的遊牧或半遊牧人口。即便如此，馬文化仍然是蒙古國的主要特徵。

烏蘭巴托的市政建設只能算是差強人意，但是國會大廈、中央政府的建築相當富麗堂皇，其附近有一個以蘇赫巴托爾（蒙古人民黨創始人）命名的廣場，堪稱宏偉壯觀。廣場四周則分佈着國家歷史博物館，歌劇芭蕾舞劇院、蒙古國立大學以及喬伊金喇嘛寺博物館等建築。

2012 年 8 月底我第二次到烏蘭巴托，對這個超過一百萬人的大城市基礎建設之差有了切身體會。有一天連下了兩三個小時的雨，雨停後

烏蘭巴托現代化的一面。

一灘灘積水漫在街道上無法疏通，行人只能繞道而行，甚至有一些打扮摩登的女士選擇蹚着污水過馬路。我在烏蘭巴托總共只待了四天，就遇到過一次大規模停電，萬幸烏蘭巴托大酒店有自己的備用發電機，沒有讓我在黑暗中思考太久。

烏拉巴托城在對不同文化的相容並包方面還是有國際大都市的氣質的。街上行人的衣着與中、日、韓、俄的城市裏沒有明顯的不同。以餐飲為例，且不說中、日、韓、俄等鄰國的特色飲食，這個亞洲內陸國家的首都竟然也有法國、意大利、美國風味的飯店。酒吧、咖啡館

和卡拉 OK 在城市中也較為常見，可以說，休閒娛樂和旅遊行業在這個一百年前 30% 的男子是喇嘛、過半人口是牧民的國家裏，已經成為新興經濟產業的一部分了。

當時承蒙烏蘭巴托一家中資公司的善意，有一輛小汽車供我驅使，他們還委派了一位來自內蒙古的蒙古族職員照顧我。我從這位中資公司人員處緊急補習了一下蒙古國的情況，結合這幾天的所見，我對蒙古國的狀況有了一個初步的判斷：該國已經有了現代社會的雛形，但是目前的現代化程度相較其龐大的國土面積，又實在低得不成比例。全國最發達的首都烏蘭巴托目前的建設水準尚且乏善可陳，其他地方就更可想

烏蘭巴托市區內，還有從前中式的建築。

而知。很明顯，主要是它的人力資源還不足，而人力資源不足的基本原因是蒙古全國的生態環境承載能力很低。過多的人口無法與脆弱的自然環境相匹配。如果大力發展礦業、建築業、製造業等工業，不但需要更多的人口，還需要這些人口有更高的訓練素質且更加集中，這必然會對本就脆弱的生態環境造成嚴重負擔。而其結果則是人口平均生活品質下滑，生存更加困難。這似乎是一個難以打破的惡性循環。

巨大的成吉思汗像

離烏蘭巴托市區 50 公里處，有一座 30 多米高的圓形建築，這就是成吉思汗像參觀中心：這座建築的平頂上有一座高達十米的成吉思汗騎馬像，由不銹鋼製成。參觀者可以從馬的肩部和頸部走入馬頭，然後俯瞰四周全景，目之所及包括了 200 多個蒙古包。參觀中心本身就是一個展覽館，有不少銅器時代的文物複製品和其他關於蒙古的陳列，遊客也可以穿上傳統蒙古服裝拍照留念。

成吉思汗騎馬巨像是蒙古國的現代圖騰，象徵着成吉思汗在蒙古人心中的崇高地位。有一位蒙古學者認為東亞一共出過三個影響世界的偉人：釋迦牟尼、孔子和成吉思汗。這個組合聽起來有些突兀，但是細想一下也不無道理。一個目前只有 320 萬人的國家，歷史上能出現像成吉思汗這樣的人物，當然是他們無比的驕傲——儘管他並非宅心仁厚，也算不得睿智哲人。

成吉思汗無疑是歷史上的一位卓越領袖、戰略家和政治家。他能夠從蒙古的一個小部落的領袖成為所有蒙古人共尊的大汗，並且奠定了史上版圖最大的帝國——大蒙古國的基礎，無疑有着驚人的天賦。大

蒙古國在建國不久後就開始擴張，在成吉思汗的運籌帷幄下，先後滅了金、契丹亡國後建立的西遼，以及中亞大國花剌子模——每個對手都比當時的蒙古要強大得多。自中亞返回以後，在他生命的最後一段，蒙古軍隊幾乎滅掉了西夏。以上僅僅還只是他的個人成就——他的子孫兩代所建造的全世界歷史上幅員最遼闊的大帝國，則是蒙古人的另外一個成就。我們所謂「世界歷史的進程深受蒙古人的影響」，主要就是指受到成吉思汗及其子孫們在幾十年內建立起來的蒙古帝國的影響。

美國歷史地理學者拉鐵摩爾在其名著《中國的亞洲內陸邊疆》裏對成吉思汗給予非常高的評價。他認為論軍事天才，對當時的技術的掌握及其改造應用，成吉思汗比亞歷山大、漢尼拔、阿提拉和拿破崙都要高明。而從征服結果來看，拿破崙的帝國只佔據了歐洲的一部分，亞歷山大的帝國雖然有「橫跨歐亞非」之稱，也只是佔有小部分歐洲、埃及和西亞、中亞部分地區，而蒙古帝國則要比前述任何一個帝國都遼闊得多。

因此，今天蒙古國修建的這座碩大無朋的成吉思汗像，按蒙古國目前的人口和國家總體實力來看，確實大得不成比例，但以歷史上成吉思汗的成就來說，規模又恰如其分。

11 世紀末 12 世紀初，正當金國把主要力量放在對付南宋的時候，北方草原上說蒙古語的部落正處在蒸蒸日上的整合期，但是各個部落互相爭奪牧場和人畜的情況一直是阻礙草原強大的原因之一。因此，無論客觀上或者人們的主觀心理上，都期待一個強有力的領袖將操蒙古語的各部落統一起來。成吉思汗就在這個背景下應運而生——時勢造英雄，此之謂也。然而，成吉思汗後來卻更有力地證明了英雄亦可造時勢。這就不能不歸功於他優秀的個人素質。我對此有幾點總結：

第一，成吉思汗性格堅韌，但某種角度看又十分寬容。他創造了

距離烏蘭巴托不遠，巨大的成吉思汗騎馬像。

龐大的國家，統一了無數的人口，功成名就之際，那些他於微末時就追隨他的老夥伴，幾乎無人叛變，他也沒有因為猜忌而殺過其中任何一個人。這和後來大興酷獄濫殺功臣的朱元璋形成了鮮明對比。

第二，成吉思汗在許多方面都可謂從諫如流。在宗教上，他不抱守成見，而是提倡宗教平等與信仰自由；在器物上，他接受火藥，製造火炮；和宋朝部隊交戰時，又吸納了漢人所擅長的攻城、築橋等軍事技術。

第三，軍事上，他深知兵不厭詐，善於利用心理戰和諜報信息。成吉思汗的很多信息來源其實就是絲綢之路上的商旅，戰俘和投降的敵軍，甚至有些還是他的敵人的臣屬。

第四，成吉思汗基本上不打沒把握的仗，所以每戰必勝。所謂有把握的重要表現之一，就是每仗之前，必先找好同盟。滅金之前，他和汪古部聯合，用汪古部帶路去伐金。打西遼的時候，他用回鶻人帶路，然後又用西遼人帶路去打花剌子模。因此，他是一位善於籌劃，善於贏得信任和尊敬的指揮者。

第五，成吉思汗不僅有武功，更有文治。他在推動蒙古人的組織制度進步方面可謂居功至偉。成吉思汗改變了軍隊中原先以部落血緣為原則的組織方式，代之以不同的部落混合成軍，用他最信任的人做萬夫長，下面依次設千夫長、百夫長、十夫長，打破過去戰士只聽命自己部

成吉思汗和他的戰友們。

落領袖的狀態。歷史上許多遊牧部落集團的軍隊都是由不同部落簡單拼湊搭配而成，而蒙古軍隊則是由少數的蒙古人和參加蒙古集團的突厥語諸族出身的軍人，再加上每次戰役俘虜歸附蒙古的士兵所組成。

最後，也最重要的是，成吉思汗事業成功有三大法寶。首先是聯姻（Quda）。姻親關係是成吉思汗打造聯盟的重要依仗。在世界歷史上，聯姻不算是甚麼新鮮的政治手段，但是成吉思汗運用起來格外得心應手。其次，他有一批結拜兄弟（Anda）。草原上結拜兄弟的風俗由來已久，延續至今。結拜兄弟（及其部落）是成吉思汗的崛起過程中的主要依靠力量之一（除了早期的札木合以外）。此外，還有一種聯繫叫做 nökör，就是有一批聽命於他，效忠於他的部下，是對他最為忠誠的「幹部團」。不是所有領袖都能獲得部下的效忠。他能夠讓這些部下都長期真心效忠於他，足見他的個人品質和號召力。

蒙古帝國與元代中國

世界上任何一個國家都有對自己本國歷史的敘事角度和方法，這就是所謂史觀。華夏文化是中國的基礎，雖然歷史上中國的主體民族、生產方式鮮有改變，但是統治者卻不一定全都是漢人或是傳統中原地區成長的人羣。且不說南北朝時代，這種異族統治而又一定程度華夏化的現象在中國歷史上最近的兩個朝代就是元和清。

中原中心史觀的敘事方式認為，元朝是中國的王朝之一——蒙古人入主中原，統治了中國的大量人口，並且逐漸漢化，採用了中國的政治制度和統治方法。的確，由於蒙古人早前的征服活動，使得中國的領土和人口得到很大的增加。但是如何解釋同樣是蒙古人建立，但其領土卻

不在今日中國版圖之內的欽察汗國和伊兒汗國呢？中國官方對此的解釋是，元朝的疆域之廣前無古人後無來者，西可以到烏克蘭，北到西伯利亞的北部，只是後繼的明朝控制能力有限，所以領土有所縮小。

但在蒙古國，任何一個知識分子，特別是蒙古歷史學家絕不會同意這樣的史觀。他們認為，今天位於蒙古高原的蒙古國是蒙古人的發源地，是成吉思汗創立蒙古成為大汗的地方。蒙古人當初建立了領土遼闊以及人口龐大的蒙古帝國，包括統治中國的元朝、統治波斯和西亞的伊兒汗國、統治東南歐和大部分西伯利亞的欽察汗國，以及統治新疆及西方各地的察合台汗國，都是大蒙古國的一部分。因此，蒙古視角的歷史敘事認為，是蒙古國的領土在歷史上前無古人後無來者，而不是中國的領土一度為世界之最。現在雖然蒙古人退到了蒙古高原，但光輝的歷史還是屬於蒙古人。

蒙古國的敘事方法得到許多西方學者的支援，而西方學者往往不把中國的清朝和元朝當作中國歷史的組成，即不承認元、清是中國的傳統王朝，而認為中國只是其大帝國的一部分。具體到元朝，他們認為中國元朝只不過是蒙古帝國最大和最為重要的組成部分，但是位於今日中國的元朝並沒有對其他三大汗國有過實際的統治。

以清朝來說，近年來曾經引起很大爭議的美國新清史理論就持與上述爭議類似的觀點。這裏無法討論爭議的理據細節，但是有一點應該明確，今天中國的面積和人口中的相當一部分是清朝時候固定下來的，這部分地區大致就是拉鐵摩爾所稱的中國的亞洲內陸邊疆（Inner Asia Frontiers of China）。這一地區在清朝是中國的一部分，今天仍然是中國不可分割的部分，這就是歷史的連續性。

且讓我嘗試對清朝統治者的心態做一個總結：滿清入主中原之後，

主觀上並不認為自己統治的是好幾個不同的國家，而是認為自己統治的是一個由其先祖建立的統一國家，國家的最高統治集團就是八旗貴族。所以在《尼布楚條約》的滿文版本中，涉及與俄羅斯相對應的中國國家名稱時，所用的滿文詞彙，就是他們一向用來指稱中國的「tulinbai gurun」一詞，相當於現在英文裏的 China，指以漢族為主要人口的整個中國。由此可見，早在康熙時代，清朝皇帝就已經用「中國」這個詞來代表他們所統治的國家。但是在蒙元時代，沒有看到類似於《尼布楚條約》的國際條約，也就是說沒有任何一個元朝統治者通過對其他國家自稱是代表中國，而將元朝（中國）與其他幾個汗國作平等區分。

在今天，世界各國都承認蒙古國的領土和主權。全世界能夠稱為蒙古人的有 1000 萬左右，其中 320 萬左右在蒙古國，600 多萬人在中國境內，其他小部分在俄羅斯。因此蒙古帝國和元代中國的關係（蒙古大汗即中國元朝的皇帝）是難以割裂的，況且蒙古帝國的最多人口，最大財富在元代中國。然而，兩者不一致，也不必一致。今天的蒙古是中國的鄰邦，但是作為中國公民的蒙古人遠遠多過蒙古國的全部人口。這都是鐵一般的事實。

第 15 章
貝加爾湖與烏蘭烏德

蘇武牧羊北海邊

我小時候唱過一首歌:「蘇武牧羊北海邊,雪地又冰天,一去十九年。渴飲雪,飢吞氈……」2012 年夏天,我終於有機會到貝加爾湖之濱,並且在其東南部的大城——俄羅斯布里亞特共和國的首府烏蘭烏德度過了非常愉快的四天。

我去貝加爾湖和烏蘭烏德的主要原因並非想要欣賞大湖的風光或是體驗當年蘇武的生活。其實,我一直懷疑蘇武既然平日有羊可牧,為甚麼還會苦到「飢吞氈」的地步?至少「飢吞氈」不會是當時附近匈奴人的常態,否則他們怎能有力量威脅秦漢帝國?漢高祖何至於在平城被圍困七日,面對斷炊的窘境?一百年後,李陵為何會戰敗被俘,投降匈奴?

事實上,由於貝加爾湖的儲水量極大,每年要到一月底才結冰,冬季的氣溫比西伯利亞其它地區要溫和許多,而春夏之交也來的比較遲。這就使附近的牧民得到一個調適季節的好機會,成為諸多遊牧部落都青

眛的好牧場——對於匈奴人來說，這裏是難得的寶地，而不是「渴飲雪，飢吞氈」的苦寒之地。

貝加爾湖畔的歷史

我所到的烏蘭烏德，是一個首府城市，現在有飛機、火車、汽車聯通俄、中、蒙的不少城市。歷史上這裏是草原絲路的重要樞紐之一。

既然老遠地跑到這裏，當然也要去一睹當年蘇武牧羊的北海——貝加爾湖——全世界最老 (2500 萬年)，最深 (最深處逾 1600 米，平均深 700 餘米)，蓄水量最大的湖 (佔全世界淡水總儲量的 20% 左右)。動身前我預約了一個在歷史博物館工作的兼職導遊，他帶着妻子和三個小男孩與我一起到貝加爾湖東岸遊覽，見到了色楞格河注入貝加爾湖的景況。導遊的妻子是藥劑師，兩個人都是俄羅斯化了的布里亞特蒙古人。他們彼此以俄語交談，兩人都來自蘇聯時代沒有宗教信仰的家庭。十年前，他們兩人在一位美國傳教士的宣化下，領洗成為南方浸信會的基督教徒，因而結為夫妻。這一天和當地人的相處，使我瞭解到一部分俄羅斯新一代知識分子的想法：摒棄無神論，也不信奉當前與政府十分配合的俄羅斯正教，但對西方文化卻很好奇與憧憬。至於我自己，那一天最有趣的事，就是脫掉鞋襪，捲起褲腿，站在貝加爾湖清澈的湖水裏。

離開烏蘭烏德的前一晚，航空公司宣佈第二天飛滿洲里的班機取消，下一班要在三天以後。我被迫臨時更改行程，第二天搭乘十五個小時的長途汽車從陸路邊境進入蒙古國。壞事也能變好事，長途汽車的路線正好經過色楞格河的河谷地帶以及鄂爾渾河注入色楞格河的地區，而這兩個地區分別是匈奴人和突厥人的早期集結地。

長途汽車一路上穿過許多村落和小鎮，明顯是俄羅斯風貌的煙囪和教堂，在無際的原野上時隱時現。獨自旅行的壞處是一路上沒有人可以與我交談（似乎也沒有人能說漢語或英語），好處是能夠全神貫注，觀看景色。我用腦子和相機記錄了採用新式農業機械耕種的農田，也拍攝了不少自然和田園風光，以及別具特色的加油站和路邊餐廳。

儘管多年來我一直對西伯利亞南部和蒙古北部保有興趣，讀了不少這方面的書，也看過一些紀錄片，但是真的走在這片土地上時，我的所見和往日得到的印象並不一致，尤其是那成片的現代化農田大大出乎我的意料。不過，我在車上更多的時間用在了飽覽眼前的景觀，進行歷史的遐思，無暇去考慮幾千年的傳統牧區為何會出現大片機械化農田的事。

貝爾加湖之東是匈奴、鮮卑、柔然、突厥、契丹和蒙古未興盛之前遊牧過的地方，對這些民族可謂有孕育之功。這些牧人們所組成的「行國」一再使中國北方、「中央歐亞」甚至是整個歐亞大陸的歷史出現轉折。

公元前 3 世紀匈奴崛起，前 2 世紀後被漢帝國遏制。公元 1 世紀，漢帝國的力量到達塔里木盆地和天山北麓，並且屢次出兵漠北，匈奴被迫逐漸北移並西移。4 世紀，拓跋鮮卑崛起於貝加爾湖南部，進而統治華北。6 世紀，突厥脫離柔然，雄立於蒙古高原，繼而分裂為東、西兩部；東突厥南下陰山，被唐降服，西突厥越過帕米爾，繼續西進。

8 世紀初，阿拉伯—伊斯蘭力量進入波斯世界，直抵錫爾河與帕米爾高原；8 世紀後半葉，因為安史之亂而衰弱的唐朝逐步退出西域；吐蕃乘勢進入河西走廊及塔里木盆地。10 世紀，中亞的突厥語民族開始伊斯蘭化，並建立了喀喇汗國，開始了新疆長達 500 年的突厥化和伊斯

捲起褲腿，站在貝加爾湖中。

蘭化進程。

　　13 世紀初，蒙古崛起，40 年間三次西征。14 世紀，統治伊斯蘭地區的蒙古人紛紛皈依伊斯蘭，統治突厥地區者則伊斯蘭化並突厥化，成功的當地語系化以及先祖的武威，使得蒙古上層（主要是成吉思汗的苗裔——黃金家族）得以維持統治長達五百餘年。16 世紀，歐洲人經海路到達亞洲東部，陸上絲綢之路逐漸衰落。16 至 18 世紀，俄羅斯征服伏爾加河地區的韃靼人及西伯利亞草原的哈薩克人；同一時期，清朝先後統一漠南蒙古、漠北蒙古與天山南北路。

別具特色的加油站和路邊餐廳。

烏蘭烏德的主幹道，遊客眾多。

17 世紀末，俄羅斯勢力進入貝加爾湖附近，逼近外興安嶺。 19—20 世紀，俄羅斯逐步侵佔中央歐亞的大部分，比肩亞歷山大帝國、蒙古帝國等曾經橫跨歐亞兩洲的大帝國，其遺產由蘇聯繼承。

20 世紀末，蘇聯解體，中央歐亞進入新時代。如此曲折恢弘的歷史怎能讓我對西伯利亞和蒙古不感興趣？

烏蘭烏德印象

烏蘭烏德在貝加爾湖的東南，是個半新不舊的中型城市，市容相當整潔，其中一條主軸幹道頗有特色，吸引了不少參觀者——主要是俄羅斯各地的國內遊客。距市中心區不遠處，有一片以藍色為主調的俄羅斯教堂和住宅區，非常美麗壯觀，適宜拍照，但是這片俄羅斯風光和作為自治共和國底色的布里亞特蒙古特色完全不協調。它們令我想起在摩洛哥看到的情況：每個歷史性古城旁邊都有一個街道整齊寬廣的新市區（Ville Nouvelle），裏面主要居民是歐美人或是本地的富裕人家。

烏蘭烏德市內居民大約有 40 萬，其中 25 萬是俄羅斯族，15 萬左右是布里亞特蒙古人（蒙古人口有兩種來源，布里亞特屬於「林中的百姓」，過去以打獵為生；另一種蒙古人口的來源是「氈帳的百姓」，主要以放牧為生）。城裏除了俄羅斯正教教堂，也有藏漢蒙合璧的佛教寺廟。雖然街上蒙古面型的人很多，但在三天的時間裏我幾乎沒有聽到過任何人用蒙古語交談，反而全都是俄語。

布里亞特和共和國以及烏蘭烏德市的官方並非沒有為保護文化古跡而努力。在市郊相當大的一片土地上，有一個布里亞特民族文化的展覽村，裏面興建了許多寺廟、屋宇、佛像。然而很明顯，這不是任何意

義上的自然村落，而是將不同元素從不同地方集中到這裏，人為構成這座露天民族文化博物館。

目前世界上說各種蒙古語的人口大約 1000 萬，地理分佈很廣。蒙古語可以分為不少方言，包括中部的喀爾喀蒙古語（蒙古國標準語）、東南部的察哈爾蒙古語（內蒙古標準語）和北部的布里亞特蒙古語等（見第 3 章）。

有趣的是，我在布里亞特的首府烏蘭烏德街上雖然沒有聽到過蒙古語，卻意外聽到了兩次漢語對話。

第一次是在城中心的巨型列寧頭像附近，兩個說漢語普通話的年輕女郎手提購物袋在給彼此照相。我上前詢問是否需要幫忙拍照，答案是一如預料的肯定。於是有來有往，我也請她們給我照了相。攀談中得知，她們是天津一所大學俄語專業的本科生，到烏蘭烏德來做交換生，趁着還沒開學，先到城中心觀光，順便購買生活用品。

第二次是一位推着嬰兒車的少婦對着車裏看來不足一歲的小傢伙說：「寶寶熱不熱，媽媽好熱。」也不知小寶寶聽懂沒有，反正我懂了，就隨口回答說：「我不用推車，不覺得熱。」這回媽媽和小寶寶都注意到了我！於是又合影留念。她是內蒙呼倫貝爾人，嫁到這裏兩年多了。據她說，滿洲里和呼倫貝爾都有一些女孩嫁到俄羅斯，主要是赤塔、烏蘭烏德和伊爾庫茨克這些鄰近的大城市。她是蒙古族，已經能說布里亞特蒙古語，但是顯然漢語是她更熟練的語言——不然她不會跟兒子用漢語抱怨天氣熱。如果這個小傢伙在烏蘭烏德長大，儘管他的「母語」是漢語，我預料他將來會以俄語為第一語言，而其布里亞特蒙古語和漢語應該都不會太好。

第 16 章
伊爾庫茨克掠影

哥薩克人來此抽稅

伊爾庫茨克是俄羅斯在西伯利亞東部最早建立的據點。1556 年，在沙皇伊凡四世（「恐怖伊凡」）的指揮下，沙俄從韃靼人那裏奪得了伏爾加河的重要城市喀山。大批俄羅斯人從此開始進入伏爾加河流域，並且向東擴張。

這比美國人渡過密西西比河向西擴張的時代要早大約兩百年。但是俄羅斯人的東進比美國人的西進更加方便，因為伏爾加河之東有一條已存在多個世紀的現成道路網——草原絲綢之路。

大約在伊凡四世征服喀山的 100 年後，俄羅斯向東向南擴張領土的先鋒部隊——哥薩克兵團——在貝加爾湖的南部兩條河流交界處建立了一個小堡壘作為據點。這兩條河就是伊爾庫特河，以及葉尼塞河的支流安加拉河。在俄語中，伊爾庫特河所在的地方叫做伊爾庫茨克，這便是這座新城市名字的由來。此地本來主要居住的是布里亞特蒙古人，但是俄羅斯人在此建立碉堡後，開始對本地人的貿易抽稅，特別是興旺的皮

毛貿易。同時，俄羅斯人也從事黃金貿易，獲利甚豐。

殖民活動需要有來自中心地帶的可靠支撐和後援，所以在 18 世紀末期，俄國就修了一條從莫斯科到伊爾庫茨克的大路——西伯利亞大道，同時正式派出東部西伯利亞的總督駐節伊爾庫茨克。

十二月黨人帶來高雅

18 世紀初，俄羅斯的彼得大帝將首都從莫斯科遷到西部的波羅的海之濱，力促俄羅斯人學習西歐。19 世紀初，俄羅斯上層已經相當西歐化，特別是法國文化更是風靡沙俄的上層階級；這一時期，俄羅斯貴族彼此之間的交談與書信用語，經常是法文而不是俄文。但拿破崙違背與沙皇亞歷山大一世的同盟協議（平分歐洲，拿破崙當西歐的皇帝，亞歷山大一世當東歐的皇帝），領兵入侵俄羅斯，不啻是對仰慕法國的俄羅斯上層的一記重擊。由於俄羅斯的嚴冬與過長的補給線，拿破崙被迫撤軍，俄軍與奧地利等國乘勢追擊。俄國曾以戰勝者的身份，在 1814 年軍事佔領巴黎四個月。

頗為諷刺的是，許多作為勝利者的俄羅斯高級軍官在目睹法國和巴黎之高雅繁華之後，反而更希望能夠推動俄羅斯朝着法國的方向改革。他們組織了一個祕密社團推動改革。此外，許多沙俄的上層貴族也在目睹法蘭西的繁華之後更加傾心於法國文化並支持法式的改革。

沙皇亞歷山大一世也鼓勵他的官員們進行改革。在他 1825 年去世後，因為沒有男嗣，其二弟康士坦丁在宮廷運作之下，主動放棄了皇位，於是其三弟尼古拉被推舉為沙皇。尼古拉一世即位不久，一部分軍官率領 3000 士兵，於 1825 年的 12 月 26 日（俄曆 12 月 14 日）包圍參

政院的廣場，拒絕向沙皇效忠，揚言要在俄羅斯建立君主憲政政府。

參與這次事件的革命派被稱為「十二月黨人」。尼古拉一世鎮壓了這次反叛，處死了 100 多名參與兵變的主要「十二月黨人」，並且把其餘的參與者和同情「十二月黨人」的知名貴族全家放逐到西伯利亞，其中的主要目的地就是伊爾庫茨克。

這些十二月黨人都是既家境優渥又飽讀詩書的俄羅斯上層人物。因為伊爾庫茨克盛產木材，他們到了伊爾庫茨克之後，紛紛修建自己的木製房屋，並把鋼琴、繪畫、珠寶、書籍等帶到伊爾庫茨克。他們經常在不同家庭的豪宅中舉辦「沙龍」，儼然過着聖彼德堡的生活。所以伊爾庫茨克的城市文化因為十二月黨人的到來而明顯提高，當然這也加速了東部西伯利亞的俄羅斯化。

十九世紀中葉，伊爾庫茨克發生了一次大火災。從總督的官邸到這些十二月黨人的私宅，以及一些珍貴的繪畫、書籍和檔案幾乎全部付之一炬。今天在伊爾庫茨克還能夠看到的十二月黨人的一些資料，全都收藏在當時唯一的非木質建築——一位伯爵的宅第裏。我去參觀的時候拍了不少照片。而不幸中的萬幸在於這次火災是照相機發明之後的事，所以有些十二月黨人的相片和其他記錄才能保存至今。

將反對者放逐到西伯利亞的俄羅斯沙皇不只有尼古拉一世。自從西伯利亞大道通行之後，俄羅斯又把道路延伸到遠東行省，一直到符拉迪沃斯托克（海參崴）。在 1825 到 1980 的一百多年裏，俄羅斯歷屆政府都會把反對他們的軍人、政客和知識分子放逐到西伯利亞，包括 1917 年十月革命成功之前的布爾什維克黨人。所以伊爾庫茨克既收留過 19 世紀的十二月黨人，又見證過 20 世紀初的馬克思主義者。

就像澳大利亞的悉尼是許多被放逐到那裏去的英國人所建成的一

伯爵高雅的宅邸。

樣，伊爾庫茨克的建設者主要也是被流放者。不同的是，當時英國從來沒有把貴族和上層文化人士放逐到澳大利亞，而是把在街上流浪的，或者是欠債的窮人放逐到那裏去。而在伊爾庫茨克，被流放者則給當地帶來了高尚文化，推動了當地的文明發展。

鐵路帶來「巴黎」

1898 年，西伯利亞鐵路開通，火車可以從莫斯科直達伊爾庫茨克，還可以通到中國的哈爾濱與綏芬河。從西伯利亞鐵路的西端莫斯科，可以經過波蘭與捷克到奧地利的維也納，再通往巴黎。所以進入 20 世紀之後，伊爾庫茨克曾是西伯利亞鐵路上最重要，也是最發達的城市。在此前後，俄羅斯人就給伊爾庫茨克送上了一個很響亮且浪漫的名號──西伯利亞的巴黎。一百年來，這成了伊爾庫茨克最顯著的名片之一。西伯利亞的巴黎當然比不上真正的巴黎。在我看來，甚至也比不上黎巴嫩的首都，號稱「小巴黎」的貝魯特。但是在荒涼寒冷的西伯利亞，寂寥的貝加爾湖的西南岸能有這樣一座發達的城市，稱其為「巴黎」，確實也不算浪得虛名。

蘇聯專家來建設工業

十月革命之後，伊爾庫茨克仍然有相當多傾向於沙皇的人，所以白俄和紅軍曾在伊爾庫茨克兵戎相見整整兩年，最後以白俄失敗為結束（其中許多人後來逃到哈爾濱，為哈爾濱帶來一抹俄羅斯風采）。

蘇維埃政權一旦鞏固，就開始了社會主義建設的五年計劃。蘇聯真

正把東部西伯利亞和遠東省當作自己的領土而不再是邊遠的殖民地，因此開始了熱火朝天的建設。除了儘量移民之外，蘇聯也派遣專家在伊爾庫茨克建立了許多工業設施和基礎設施。木材廠、礦石開採設備當然不在話下，還新建立了不少科學和工業研究所，有許多來自莫斯科的專家在這裏從事研究。蘇聯科學院，也就是現在的俄羅斯科學院，下屬的許多研究所都設在伊爾庫茨克。為人熟知的在蘇聯時代領先世界的著名戰鬥機，如蘇 27、蘇 30，就是在伊爾庫茨克建造的——伊爾庫茨克的飛機製造廠也是全俄羅斯最大的飛機製造廠。

值得注意的是，以伊爾庫茨克為中心來建設東部西伯利亞並不是蘇聯的決定，而早在沙俄時期就有跡可循。今天整個東部西伯利亞最重要的學術基地是伊爾庫茨克國立大學。十月革命還沒有真正成功時，新政府就整合了沙俄時代的若干學術機構，於 1918 年宣佈建立了這所大學，至今已有超過一百年的歷史。

我到此遊城看湖

2015 年 7 月，我到伊爾庫茨克，雖然只住了三天，但是三天裏我充分利用時間，去了不少地方，包括有名的教堂，如主顯大教堂，喀山大教堂等；也去欣賞了不少自然風景，包括植物園和一座葉尼塞河上面的橋。這次旅行中最讓我感興趣的是一個民俗博物館——蘇卡奇耶夫藝術博物館。其展品中既有俄羅斯傳統繪畫，也有印象派作品，還有蒙古人繪製的藏傳佛教唐卡，足見伊爾庫茨克文化底色的多元。

我住的旅館裏大都是說英語的遊客。作為外國人，幾乎所有的遊客都要去貝加爾湖附近遊覽，所以我也不能免俗，去了一個距離伊爾庫

伊爾庫茨克的美麗建築。

茨克約 70 公里的叫做列斯特維揚卡的湖邊小鎮呆了半天，倒真不虛此行。因為貝加爾湖實在太大了，它的東岸和西岸在不同的月份，風光迴異。幾年前我在貝加爾湖的東岸下過秋天的水，這次來到了西岸，又怎可厚東岸而薄西岸？所以我又一次脫掉鞋，捲起褲腿，站在夏天的湖水裏攝影留念。到此一遊的證據充足了，我才心滿意足地離開這個名字饒舌的可愛小鎮。

在夏天的貝爾加湖西岸，再次捲起褲腿站在湖水中。

第 17 章
唐努烏梁海轉世為圖瓦共和國

從唐努烏梁海的郵票說起

我小學四五年級的時候曾經熱心集郵，也和一些朋友互相交換郵票。有一次我意外得到兩張非常大的郵票，每張大概有三厘米寬，五厘米長，據說是唐努烏梁海的郵票。一方面我相信給我郵票的人不會騙我，另一方面這也激起了我對唐努烏梁海的好奇。跟大人打聽之後，我才知道唐努烏梁海曾是蒙古西北部的一塊地方，20 世紀從蒙古獨立出來，因此可以發行自己的郵票。

等到我懷着對絲綢之路的興趣開始行走於絲路各地之後，由於這兩張郵票，我就一直惦記着去唐努烏梁海一趟。終於在 2015 年 7 月，我趁着到伊爾庫茨克旅行的機會，坐飛機到了唐努烏梁海。準確地說，我到達的地方是俄羅斯聯邦的圖瓦共和國的首府——克孜勒。

我在克孜勒停留了四天，請了一位中學英文老師做導遊，還包了一輛小轎車，在這個俄羅斯聯邦內的共和國轉了不少地方。

圖瓦共和國的面積是 17 萬平方公里，對俄羅斯來說很小，卻有將

近五個台灣那麼大；人口只有 30 萬出頭，還不到台灣的 1.5%。當地人口中 80% 左右是圖瓦人，大約 20% 左右是俄羅斯族，此外還有少數蒙古人、哈薩克人，甚至是漢族。導遊告訴我，圖瓦共和國的地理位置恰巧在亞洲的中心。

我在克孜勒時，每天坐車到山裏面閑轉，到村鎮裏隨意遊覽，感覺圖瓦共和國其實是很舒服的一個地方。山不高，以灌木和草叢為主，河流很多，土地相當肥沃。根據官方報導，當今圖瓦共和國的人口大概還有將近 30% ～ 40% 從事遊牧或半遊牧活動。

等到和導遊熟了一些之後，我就和她談起對她的家鄉的興趣來源，講到我小時候就知道唐努烏梁海，還有兩張唐努烏梁海的大型郵票。但她居然不知道唐努烏梁海曾屬於中國，也不清楚圖瓦近代的政治沿革。經常在路上和我們一起吃飯的司機比導遊年紀大一些，可他也不知道這些。有一次我們訪問了一位定居牧民的家庭，參觀了他們的羊圈。我問那位黝黑的牧民知不知道「唐努烏梁海」這個名詞。雖然我儘量模仿導遊和司機的圖瓦語發音，但還是需要導遊再說一遍給他聽。這位老牧民好像聽過這個名字，但不知道圖瓦共和國的由來，只知道它是俄羅斯的一部分。

圖瓦共和國的誕生

在蒙古西北部阿爾泰山之北，西伯利亞的薩彥嶺之南的一塊土地上，很早就居住着一羣說阿勒泰語系突厥語族西伯利亞語支的某種語言的人，在中文裏叫做圖瓦人。最近這幾個世紀以來，圖瓦人與蒙古人接觸最多。西蒙古的衛拉特人統治他們時，稱他們為「唐努烏梁海」。「唐

一位皮膚黝黑的定居老牧民。

努」是指這個地區南部的唐努烏拉山，「烏梁海」在蒙古語裏是指「林中的百姓」。所以「烏梁海」不是圖瓦人的自稱。雖然跟蒙古人長期接觸，但是圖瓦人的語言仍然保留了下來——語言學者認為圖瓦語是突厥語族的一個分支，而不是蒙古語族的一部分。然而，圖瓦人的生活方式和宗教信仰則受到蒙古人極大的影響。

　　作為林中百姓的圖瓦人在唐朝時已經為中原漢族所瞭解，中原政權當時認為他們屬於鐵勒的一部分。後來，圖瓦人先後受到突厥和回紇的統治。元朝的時候，這裏當然就由蒙古人統治。

　　今天圖瓦共和國的面積比清朝和民國初年的唐努烏梁海要小一些，

因為一部分領土已經併入俄羅斯的阿勒泰共和國，另外一部分則被併入了蒙古國西北部的一個省。

總而言之，我所接觸到的幾個俄羅斯聯邦圖瓦共和國的公民都不清楚自己國家的來歷。這正好引起我的興趣：在幾個內部矛盾重重的國家為了本國的利益而互相進行政治角力時，究竟如何才能得出最終的勝負？二十紀上半葉，唐努烏梁海的命運就是由這種多國博弈，多元互動決定的。

19 世紀後半葉，俄羅斯人以探險或者開礦的名義對唐努烏梁海進行殖民。這些殖民者當然對唐努烏梁海的經濟發展有助益，但是俄羅斯人也從中獲利很大。1911 年中國發生辛亥革命，外蒙古趁機獨立。然而，當時的外蒙古並沒有足夠的實力維持所謂的獨立，只是借重沙皇俄國的力量宣佈獨立而已，所以其領土並不包括俄羅斯垂涎已久的唐努烏梁海。此時中國北洋政府還沒站定腳跟，外蒙王公和活佛也沒有實際力量，於是沙俄在 1914 年就出兵唐努烏梁海，建立所謂的「烏梁海共和國」，並宣佈後者為其保護國，俄羅斯的民法、刑法以及各種法典都適用於該共和國。

1916 年底，俄羅斯忙於第一次世界大戰之時，剛從袁世凱復辟危機中喘過氣來的中國北洋政府開始由段祺瑞主政。他認為，日本強加給中國的「二十一條」已經很難取消，那就對沙俄支持下的蒙古強硬些，也許還能挽回部分國家的顏面和利益。這時中國、俄羅斯、蒙古剛簽了《中俄蒙協議》，蒙古取消獨立，中國同意蒙古自治。所以 1916 年底，段祺瑞政府派出專員和少量軍隊進駐蒙古西北部的烏里雅蘇台——這裏曾是清朝統治外蒙古、唐努烏梁海等地的最高軍事長官烏里雅蘇台將軍的駐地。

1917 秋，俄羅斯發生十月革命。不久之後在外蒙古和唐努烏梁海的俄羅斯人分成白軍和紅軍兩股力量，沙俄白軍竄入唐努烏梁海。1918 年下半年，北京派出的專員嚴式超率兵入駐，驅逐沙俄的勢力，但作用有限。1919 年 10 月，正是中國「五四運動」蓬勃興起的時期，皖系軍人徐樹錚率兵進入蒙古庫倫（烏蘭巴托），召見蒙古諸王公，要蒙古放棄自治，直接由北京統治，同時也宣佈恢復對唐努烏梁海地區行使主權。

　　沙皇退位後，在西伯利亞的俄羅斯人中，起初白黨在蒙古和唐努烏梁海佔上風，因此這一時期，中國的對手是沙俄殘餘。後來布爾什維克黨人鼓動唐努烏梁海的俄羅斯人和圖瓦人下層人民富有者作鬥爭，沒收他們的土地、房屋和牲畜。本地羣眾的動員，加上紅軍在整個俄羅斯內戰中節節勝利造成的氣勢，決定了蒙古和唐努烏梁海的命運將取決於俄羅斯紅軍建立的蘇維埃政權。最終，號稱獨立的唐努烏梁海成為蘇維埃俄羅斯的保護國。中國的北洋政府不承認這個國家，但是因為力不從心，最終也無所作為。

　　此時的中國正值直系軍閥和皖系軍閥的奪權大戰，南方的國民政府和北洋政府對新成立的蘇俄看法也不一致。對唐努烏梁海的局勢來說，南方政府根本沒有力量採取任何行動，因此只能發表一紙聲明，主張中國擁有對蒙古和唐努烏梁海的主權。

　　1921 年的 12 月 12 號，唐努烏梁海的國民議會，即「大呼拉爾」，宣佈定國名為「唐努圖瓦共和國」，並且公佈了一部以蘇俄憲法為藍本的共和國憲法，正式宣佈成立人民共和國。這時，「唐努圖瓦共和國」對俄羅斯的依賴比他東邊剛定名的「蒙古人民共和國」對俄羅斯的依賴還要大，而這兩個國家的「助產婆」，都是內戰即將結束，準備宣佈建立

「蘇維埃社會主義共和國聯邦」的蘇維埃俄羅斯。

1926 年底，「唐努圖瓦共和國」又更名為「圖瓦人民共和國」，通過了新憲法，再一次確認土地公有制。「圖瓦人民共和國」名義上擁有主權，但是除了蘇聯之外，沒有獲得世界上其他國家的承認；蘇聯和「圖瓦人民共和國」的「外交關係」，一如後來日本和「滿洲國」的「外交關係」。

1928 年，國民政府北伐成功，全國統一。但也只能在 1931 年通過自己制訂的《蒙古盟部旗組織法》宣示，這部組織法也適用於唐努烏梁海。此時，中國駐烏里雅蘇台的專員已經無法發揮任何實際作用。

1936 年，「圖瓦人民共和國」慶祝獨立 15 周年，全世界只有蘇聯派代表前去祝賀。我小時候收集到的唐努烏梁海郵票，可能就是這時發行的，或者再寬泛些，至少是 1921 年到 1944 年之間印刷的。

1941 年 6 月，德國入侵蘇聯。同一天，「圖瓦人民共和國」的國民議會宣佈，圖瓦人民要參加蘇聯人民反對法西斯侵略者的戰爭，並且要出錢出力。圖瓦隨即向蘇聯運去了 4 萬匹馬、60 萬頭牛羊以及捐獻了幾列車的食物。後來在戰爭期間，圖瓦人民共和國一再向蘇聯提供肉類、魚類、黃油、長筒皮靴和毛皮外套等。當時一些圖瓦共和國的政治領導人也因此得到蘇聯頒授的勳章。在首府克孜勒的圖瓦共和國國家博物館裏面，我看到了這些受勳者的照片，注釋中特別強調這些圖瓦人是多麼熱愛和平，支持蘇聯。

第二次世界大戰後期，歐亞兩個主戰場的戰鬥都非常激烈，幾乎沒有人注意到位於亞洲地理中心的「圖瓦人民共和國」。這個「獨立國家」於 1944 年的 8 月 17 號悄然通過宣言，要求加入蘇聯，蘇聯也迅速同意了這個請求。於是 1944 年的 10 月 13 日，在蘇聯還沒有對日宣戰，美

英蘇政府首腦在雅爾達舉行會晤之前，蘇聯的最高蘇維埃會議主席團發佈命令，把「圖瓦人民共和國」作為一個自治州，納入到俄羅斯社會主義共和國——即蘇聯最大和最有影響力的加盟共和國之中。蘇聯解體後，「圖瓦人民共和國」於 1993 年更名為「圖瓦共和國」，仍屬俄羅斯聯邦。

1945 年 8 月，還在重慶的中國國民黨政府和蘇聯簽訂《中蘇友好同盟條約》，其中對於蒙古的未來做了清楚的規定，但是沒有提及早已宣佈脫離了蒙古的唐努烏梁海。所以唐努烏梁海的地位並非在當時的中國政府和蘇聯的協商同意之下併入俄羅斯或蘇聯的。

中國和解體後的蘇聯，就是現在的俄羅斯聯邦，於 2001 年簽訂了兩國關於未決領土問題的協議，出於對現實形勢的估計，中國沒有提出對唐努烏梁海的任何訴求。

尊重現實是國際事務的重要原則。我在俄羅斯聯邦的圖瓦共和國問了一位三十幾歲的中學英語教師，一位四十幾歲的男性專業司機，以及一位五十幾歲的養羊的定居牧民，三人職業與社會階層各異，知識背景也不同，但都自認是具有圖瓦人身份的俄羅斯公民。他們彼此之間說圖瓦語，但都不知道今天的圖瓦共和國如何成為俄羅斯聯邦的一部分。這些就是我所看到和聽到的現實。

第 18 章

圖瓦首府克孜勒見聞

克孜勒街頭

克孜勒在突厥語族的語言裏是紅色的意思，比如說中亞的阿姆河和錫爾河之間有一個「克孜勒沙漠」，就是「紅沙漠」的意思。所以克孜勒的意思是「紅色城市」。

僅有十萬多人口的「紅色城市」坐落在世界第七大河葉尼塞河的南岸。岸邊聳立着一座碑叫做「亞洲中心碑」，宣示克孜勒是亞洲的地理中心。當然，除了來過這裏參觀的遊客之外，全世界具有這個地理知識的人不會很多。

克孜勒沒有甚麼宏偉的建築，但是市容令人感到舒服安逸。在俄羅斯人居住的地段，有些建築相當考究，還有幾座頗有特色的俄羅斯正教教堂。

佔人口多數的圖瓦人大都是佛教徒，但一般人並不去寺廟裏誦經祈福。所以城裏的藏傳佛教寺廟反而沒有俄羅斯正教教堂顯眼。我去過一座白色的寶塔型喇嘛廟，內部的裝飾實在乏善可陳。

克孜勒的正教教堂。

　　克孜勒市內有一條步行街，流連於此能夠感覺到這個城市的脈搏和它的人文面貌。和布里亞特共和國的首府烏蘭烏德相比，克孜勒街上看到的亞洲面貌的比例要高許多。歐洲面貌的人當然有，但是似乎遠不及五分之一，即俄羅斯族人口在圖瓦共和國人口中的比例。

　　目之所及，克孜勒人的行人全然沒有蒙古裝束。圖瓦人的服裝和蒙古人的服裝是非常相似的，農村裏面的蒙古包跟蒙古人住的也一樣。據我看，蒙古傳統裝束的成本很高，夏天穿也不方便。所以，我到過的蒙古國、俄羅斯聯邦布里亞特共和國和中國內蒙的城市裏，人們基本上都已經放棄了傳統裝束。有人說，一個社會是否現代化的標誌之一，就是穿牛仔褲和 T 恤衫的人口比例是否增加！由此看來，圖瓦共和國的社會也可算是進入現代化了。

克孜勒步行街上的年輕人。

牧羊人的家。

但是克孜勒和烏蘭烏德有一處明顯不同——在街上說俄語的人不多，彼此之間似乎都說圖瓦語，即使年輕人也是如此。而在烏蘭烏德，無論年長的年輕的，主要都說俄語。這說明烏蘭烏德受俄羅斯統治的時間更長，文化影響也更深。圖瓦畢竟是二次大戰末才真正加入俄羅斯的，所以俄羅斯的語言還沒有深入到每個家庭裏和朋友之間。

圖瓦人的生活方式

我在圖瓦去了克孜勒城市四周的不少地方，看到許多河流、山坡、草原和一些村莊小鎮，也約略見到農民和牧民的生活方式。

在一個定居牧民的私人「牧場」上參觀他的羊圈時，我要求到他家房子裏去看一下，主人很爽快地同意了。他家住的是頗為簡陋的獨立木質小房，一進去見到的是一個方形的房間，有兩隻貓趴在水泥地上。屋的正中有一個方正的鐵製火爐，架在四條鐵腿上；爐面上有一把大水（奶）壺，還有幾個鍋，可見這個火爐是烹飪、取暖兩用，上面連着直通屋頂的金屬煙囪。爐子的前方有飯桌、椅子等，爐子後方鋪了一張地毯，上面有一張雙人牀，兩張單人沙發，還有小衣櫃和電視機等，這些應該就組成了一個臥室。在「臥室」的左側，木屋的一角有個擺在架子上的洗臉盆，但是沒有自來水龍頭。

我發現這間房子的基本佈局和許多蒙古包內部設計很相似，只是把圓形可遷移的蒙古包的各種功能擺到一個面積較大的方形而不能移動的木屋子裏。

這讓我想起大約十年之前我住過一晚的祁連山一個小鎮裏的裕固族人家。他們住的是很典型的中國農民的三間房，中間是飯廳廚房兼客

廳，兩頭是臥房，廁所在戶外頗遠處。那晚我住了主人房，主人一家人擠到另一間臥房。甘肅的裕固族生活在蒙古戈壁之南的祁連山裏，圖瓦人則住在阿爾泰山的北麓，可謂遠隔重山，彼此應該素無往來。但是圖瓦人和裕固族卻有兩個相似之處：他們各自說一種獨特的突厥語族的語言；他們又都因為受了蒙古人的影響而信奉藏傳佛教，語言上也因此逐漸蒙古化。

回到克孜勒後，一天下午我正在亞洲中心尖碑前欣賞葉尼塞河上的風光，忽然見到一隊人朝着我走來。除了一個穿西裝的年輕男人和一個穿着白色低胸禮服，拖着很長的白婚紗的年輕女子之外，幾乎都是身着紅色緊身連身裙，足登三寸以上高跟鞋的年輕女士，此外還有一個五六歲的小女孩。他們來這個紀念碑的目的不言而喻。但是穿緊身裙和高跟鞋的女士們，走上這個紀念碑前的台階還着實有些困難。好在紀念碑的周圍是如茵綠草，所以這批年輕的女士在台階上拍過照下來之後，就自然地或坐或跪在草地上，接着又是一輪準備擺拍的姿態兼笑容。

這一副圖景在世界上任何一個大城市都可能發生。近年來亞洲的婚紗照往往是在戶外景點拍攝，比在歐美普遍得多。沒想到這樣的場面在克孜勒也見到了。先是西風東漸，現在則是東風壓倒西風了。

欣賞圖瓦呼麥

沒有到圖瓦共和國之前，我已經知道圖瓦的一絕就是他們特有的音樂「呼麥」。

現在「呼麥」已經被聯合國列入非物質文化遺產，而且，知道或是會演唱「呼麥」的人越來越多。據我有限的接觸，「呼麥」在蒙古語裏是

在戶外拍婚紗照的人們。

「喉頭」的意思，所以「呼麥」就是一種喉音唱法。基本上，呼麥歌者能
保持口形基本不變，同時唱出高低不同的兩個曲調來。其要訣是用口腔
作為共鳴箱，用舌的移動來變化口腔的容積和形狀，從而唱出曲調來。
雖然演唱者各有獨家絕技，但是基本上都是先用喉部發出一個連續的
很低的低音，作為基調，然後在這個低音之上再發出一個好像吹哨子般
的，帶有不同音調的高音。

　　「呼麥」是一種很難學的演唱技巧，一直到最近，也只有在這一帶
的圖瓦人和蒙古人才能掌握這一種由北方草原上的遊牧者創造的藝術。
我到克孜勒的圖瓦文化中心聽了一場表演。舞台上有四五個人，有唱

的，有用馬頭琴之類樂器伴奏的。雖然他們用了麥克風擴音，但是仍然十分精彩。這種形式的音樂，絕對會讓聽慣了管風琴伴奏的宗教音樂合唱以及由管弦樂團伴奏的歐洲歌劇的人難以想像。

聽說有一個加拿大小伙子對「呼麥」極感興趣，自己讀書聽唱片之後摸索到了祕訣，成為一名「呼麥」唱者。他還到圖瓦參加過呼麥演唱比賽，被圖瓦人承認他演唱的就是呼麥。

克孜勒的藏傳佛教

圖瓦人據稱都信藏傳佛教，但經過我跟導遊的仔細討論（因為我們一起坐車的時間很多，討論得比較深入而廣泛），她認為現在真正信仰

石柱子上五顏六色的祈禱旌。

藏傳佛教的圖瓦人並不很多。有一部分住在克孜勒以外的圖瓦人更應該說是信仰薩滿教。但是站在克孜勒市區，只要抬頭朝山上看，就能見到刻在山上的幾個大字。我雖然不認識藏文，卻也很容易猜到那就是藏傳佛教裏面最崇高的六字真言：唵、嘛、呢、叭、咪、吽。

在克孜勒附近的幾座山上，我還見到好幾處亂石堆或是大柱子，上面有不少枝條，掛着許許多多五顏六色的祈禱旌。這是薩滿教和藏傳佛教都有的一種宗教虔誠的表現，甚至在伊斯蘭教佔絕對優勢的中亞地區也不時可以見到類似的許願和祈禱的布條旌幡。到寺廟裏去進香祈禱的人不多，到山上去許願和求保佑的人倒是不少。這說明宗教在圖瓦人心裏還是有分量的。我那受俄羅斯式教育而英語非常流利的導遊也告訴我，過去圖瓦的寺廟還要更多。因為蘇聯時代反對宗教，所以不少寺廟都改作其他用途，甚至是被毀壞了。

圖瓦博物館裏的斯基泰人

在克孜勒的各種建築羣中間，最為引人注意、輝煌且富有文化意義的莫如圖瓦民族博物館。這個博物館由幾座不同風格、不同材料建造的建築組成，其中有介紹圖瓦歷史民俗的，有介紹圖瓦共和國的政治人物的，而我最有興趣以及獲益最多的是一個斯基泰人古墓的出土文物展覽。

斯基泰（Scythians）是希臘人對源自東歐的一個遊牧民族的稱呼，波斯人稱他們作薩卡（Saka），中國古籍裏對他們也有記載，稱之為「塞人」。他們說一種屬於印歐語系的語言，應該是伊朗語支的一種。從公元前 10 世紀起，斯基泰人開始遊牧生活，以馬為主要的生產生活工具

和戰鬥伙伴；在公元前 8 世紀到 3 世紀之間創立了從黑海北岸到阿爾泰山北麓的草原帝國。

本書別的的篇章會對各地斯基泰人的歷史作更多介紹，這裏只說圖瓦國立博物館裏見到的文物。這些文物出自斯基泰人的草原帝國最東端的部分所發現的古墓羣，被稱為帝王谷，在克孜勒的西北大約 100 公里處。我去參觀的時候，最新的一組古墓羣叫做 Arzhaan–2，是大約公元前 8—7 世紀（與希臘的荷馬差不多同一時代，比孔子要早 200 年左右）的埋葬斯基泰貴族的墓羣。以前還有過 Arzhaan–1，年代更早些。我到圖瓦參觀之後三年，也就是 2018 年，這附近正式開掘了另外一大批非常好，並且是更為古老的斯基泰墳墩，叫做 Arzhaan–0。因為開掘地點是在一個大沼澤裏，完全沒有被盜墓者破壞過，所以這些墳墩被保存得非常完整，歷史價值極高。

且讓我嘗試用文字解說一下我在克孜勒親眼見到的 Arzhaan–2 的文物，那真是極為珍貴的古代寶藏。裏面有一個象徵國王權力的環形權柄，以許多小型的金質動物構成一個直徑約 23.5 厘米的環，工藝精湛，給人的感覺非常震撼。此外，還有一套精雕細琢的王后的黃金胸飾加項鏈，直徑大約 16 厘米，精緻異常。專家們說，就算今天的珠寶工匠也未必能打造得出這麼精緻耐看的裝飾品。斯基泰人的藝術風格當然會隨着他們和不同人羣接觸交流而有所改變，但是其主要元素總是各種動物的形態，基本上表現強的動物捕獵弱的動物（比如以幾個單元描述老虎吞噬鹿的細節），也許這就是遊牧民族早期體悟出來的道理。

在展出的 Arzhaan–2 出土文物中並沒有人陪葬，只有馬隨葬。但是新近發掘的 Arzhaan–0 裏面還有人的陪葬。在整個帝王谷的多處斯基泰墓羣中，人們挖掘出幾百匹隨葬的馬，還有學者專門對這些馬作了品

斯基泰人以動物為主題的各種黃金裝飾品。

種、體態等方面的研究。

整個博物館裏最讓我印象深刻的展品是一位 2600 多年前的國王所穿長袍兩邊大襟上的裝飾板。它由兩百多隻造型獨特的金質小豹組成，每隻豹大約 2 厘米長，1 厘米高。裝飾板的左右兩邊共有 2500 多個部件，重達 8.5 公斤。這些古代藝術品確實難以用文字清楚表達，而這位斯基泰國王在世時身上的負擔竟是如此沉重！而在他死後 2600 年，人們也只是對他袍子上的裝飾感興趣，而不知道他的姓名和功績。

自古以來為後世所紀念的王者，有的是因為建立功業，有的是因為留下著述。而這位 2600 年前去世的國王卻以一身精緻的金質飾物向後人展示：遊牧民族在孔子、釋迦摩尼和蘇格拉底尚未出世前，就已發展出令今人咋舌的嫻熟精緻的手工藝。

第 19 章
進入準噶爾盆地

　　如果從哈密往西南走，就會進入塔里木盆地。這是傳統絲綢之路的一段。在古代，不論是商人還是僧侶，都不會刻意區分草原絲路和綠洲絲路，而是根據氣候、路況、裝備和口糧來決定路線。現在我對遊牧地區和農耕地區分開敍述，是希望能夠幫助讀者從宏觀地理上更深入地瞭解不同的絲路交通。然而，絲路網絡覆蓋的一些地區素來是半農半牧，也有草原轉農田和良田變牧場的情況，讀者不可不察。

　　本章僅談準噶爾盆地，乃因其涵蓋天山之北的草原之路，天山以南的綠洲之路將另外撰述。

巴里坤草原的早期居民

　　新疆的哈密之北是巴里坤草原，那裏曾有很重要的考古發現。在蘭州灣子這個地方有一座大約 3200 年前的石結構建築，面積約 200 平方米，出土有陶器和銅器。人們在一個高一米的陶缸中發現了一些已經碳化的小麥粒，也是 3200 年前留下來的。學者推測，這座石結構建築應該是漢文典籍裏提到的月氏人的王庭，而小麥很可能是早期月氏人從黑

海北部傳到阿爾泰山區，然後又向南傳到巴里坤草原。

關於月氏人的來歷，本書第 2 章已有詳細介紹。簡言之，他們是深目高鼻，說某種印歐語言的部族，其遠祖可能於距今 4500 年前離開黑海之北和高加索山脈北部，沿着歐亞大草原逐漸向東移動，大約於 4200 年前到達阿爾泰山脈北麓。後來一部分人又越過阿爾泰山南下到巴里坤草原，並由這裏再次分散，遍佈準噶爾盆地西部、塔里木盆地以及河西走廊。

學界對這部分說早期印歐語言的人口並沒有準確的命名。由於後來在新疆流傳很廣的幾種印歐語言被語言學家命名為吐火羅語，因此這些人也就被一些學者稱為「吐火羅人」（Tokharian）。根據考古學與語言學的推論，吐火羅人的活動軌跡和漢文史籍中記載的月氏人的情況頗為吻合，因此我相信，這部分吐火羅人跟早期出現於哈密一帶的月氏人應為同種或是近似。也就是說，準噶爾盆地的早期人口應該是來自黑海北岸的「吐火羅人」，或是雖與本地原有人口通婚，但仍與「吐火羅人」十分接近的「月氏人」。公元前 3 世紀，他們其中一支受到匈奴的衝擊而遷移到烏孫國（下文另表），又受到烏孫人排擠而南渡阿姆河（Amu Darya，希臘古名為 Oxus，漢文古名為烏滸水），進入今阿富汗。歐洲學者仍稱為他們為「吐火羅人」，並把阿富汗這一帶稱為「吐火羅地區」（Tokharia）。

斯基泰人建立烏孫國

前文已介紹過斯基泰人（Scythians; Saka）大致的遷移路線。他們的東來較「吐火羅人」（「月氏人」）要遲 1000 多年，而其最早活動的地區

蘭州灣子遺址。

可能在伊朗高原的東北部。斯基泰人的語言應該是屬於印歐語系印度—
伊朗語族中的東伊朗語支，與吐火羅人說的早期印歐語不同。

公元前 1000 年到公元前 300 年之間，斯基泰人持續在多瑙河東岸
地區、巴爾幹半島、第聶伯河流域、黑海—裏海草原、哈薩克草原、
阿爾泰山脈各地散居，控制了早期草原絲路上的貿易（特別是黃金貿
易；巧合的是，「阿勒泰」即是「金」），建立了世界上第一個草原帝國。
這個草原帝國與略晚出現的定居的波斯帝國或漢帝國不同，它並非一個

統一的政治組織，而是包括許多各自稱王的地方政權。近兩百年來，考古學家發現了幾百處斯基泰人的遺跡，主要是他們的王家墳墓羣，墓內出土有屍骨、隨葬動物和裝飾品等。

在中國歷史上，烏孫國是比較著名且對絲綢之路影響較大的一個斯基泰人王國。

烏孫人曾遊牧於河西走廊，之後被早已在此的月氏人排擠，於是向西遷移到伊犁河流域，建立了烏孫國。漢武帝時，烏孫人受到匈奴人的威脅和影響。張騫初次出使西域（公元前 138—前 126）曾到烏孫國，

巴里坤草原上月氏人的生活痕跡。

發現他們願意瞭解漢朝並與漢交往。所以張騫第二次通西域時（公元前119—前115），首先就去了烏孫，除了帶去大批牛羊和絲綢等貨物，還有約三百名軍人和匠人隨行。張騫啟程回長安時，烏孫派出一個龐大的使團同行。這一年應該就是官方「絲綢之路」正式開通的年代。隨後，烏孫王希望與漢朝聯姻，於是漢武帝於公元前 105 年把他的姪女細君公主嫁給烏孫王。這是中國與鄰近國家的首次正式聯姻。

細君公主在烏孫去世後，漢朝再嫁解憂公主於烏孫。這位解憂公主和她的侍女馮嫽與漢朝廷一直保持聯繫，在烏孫也發揮了重要的政治作用，使烏孫儘管受到匈奴的壓力，仍然和漢朝維持良好的關係。匈奴在西域的影響力是西漢與東漢都必須面對的問題，他們也以各自的方法經營西域，促進了西域各地的發展和交流。

北庭都護府時代

新疆的面積是 160 餘萬平方公里，佔全中國面積的六分之一。其地形可概述為「三山夾兩盆」，即北部為阿爾泰山脈，中間是天山山脈，南方有昆侖山脈。天山以北稱為北疆，有草原、河流湖泊，也有沙漠和戈壁，稱為準噶爾盆地。南部則是夾在天山和昆侖山脈之間的塔里木盆地，其主要地貌是塔克拉瑪干沙漠，也間有一些綠洲與內流河。

兩漢時期，在今天南疆的庫車設置西域都護府，統御全疆，並在北疆的金滿城（今日烏魯木齊東北的吉木薩爾縣）設戊己校尉，從事防禦與屯墾。

此後，準噶爾盆地曾出現過幾個不同的本地政權。晉朝南渡後，新疆各地曾一度由前秦、北涼統治，但北疆各小國總體上向鮮卑人建立

的北魏稱臣進貢，直到公元 635 年北魏分裂為東魏與西魏。柔然汗國於
5 世紀初崛起於蒙古草原後，也曾一度控制準噶爾盆地，力量直達伊犁
河流域。但總體而言，拓跋部鮮卑人建立的北魏統轄北疆將近兩百年。
6 世紀中葉，突厥汗國繼柔然而起，不久又因內爭而分為東、西兩個汗
國。西突厥汗國的領土就包括今日新疆的準噶爾盆地。

唐朝是中國歷史上最早正式並且實質上統治整個準噶爾盆地的中
央王朝，在南疆設置了與中原相同的州縣制以及賦稅制度，又先後在西
州（今吐魯番）和龜茲（今庫車）設立過安西大都護府。在北疆也設立
了北庭都護府，之後升格為北庭大都護府，駐地是在今烏魯木齊附近的
庭州。

回鶻人、契丹人、蒙古人

公元 8 世紀到 9 世紀中，蒙古高原的統治者是回紇人，對唐朝尊
重而友善，後來將其漢文名改為回鶻，取「迴旋輕捷如鶻」之意。公元
840 年，素來居於蒙古高原之北的黠戛斯人進入蒙古高原，衝潰回鶻汗
國，於是回鶻人或南下河西走廊，或西進準噶爾盆地，或遠走帕米爾高
原之西。

回鶻人進入準噶爾盆地後，迅速取得統治權，因此逐漸同化了原來
使用吐火羅語和漢語的人口。具體而言，回鶻人在今日吐魯番附近的高
昌取代了唐代之前由漢族麴氏家族統治的高昌國，並驅逐了安史之亂時
乘虛而入的吐蕃人，建立高昌回鶻汗國。回鶻汗國在蒙古高原時奉摩尼
教為國教，到高昌後則改奉佛教，持續了數個世紀。今天敦煌莫高窟裏
就有不少以高昌回鶻貴族為供養人的壁畫。

回鶻汗國的力量在北疆雖然相當強大，但是並沒有獲得絕對優勢。11 世紀末，契丹人在中國北方建立的遼國已經衰落，王族耶律大石在蒙古高原自立為王。女真族完顏氏建立的金朝於 1124 年消滅並取代遼國後，耶律大石帶領人馬西行，不久便控制了新疆和大部分西域，於1132 年稱西遼皇帝。

西遼政權並不接受此時中亞人口已經普遍信奉的伊斯蘭教，而是繼續尊奉契丹人已經信仰了兩百餘年的佛教。由於契丹人上層早已相當漢化，故此西遼政權中有不少漢人，貨幣上鑄有漢字，印章和公文主要用漢文，西遼的政治體制和官名也基本上源自漢制。

西遼統治準噶爾盆地及中亞各國大約 100 年之後，王權被出身於突厥—蒙古族的乃蠻部王子屈出律篡奪。屈出律當權不久，成吉思汗主導的蒙古集團就於 1218 年滅亡西遼，輕而易舉地獲取了西遼在準噶爾盆地和中亞各地的統治權。

察合台汗國與準噶爾汗國

成吉思汗的軍隊還沒打到新疆，受西遼官員盤剝欺凌的高昌回鶻（當時又稱作畏兀兒，即今天維吾爾人的族源之一）就派人向蒙古表示歸順，並積極幫助蒙古滅掉西遼，征服中亞。所以成吉思汗把自己的女兒許配給高昌回鶻的首領，並認他做義子。因此，蒙古時代的朝廷裏一直有許多畏兀兒的官員和學者。

成吉思汗率蒙古軍西征獲得大片領土之後，依照草原上的習慣把西伯利亞西部和歐洲東部封給長子朮赤；把今日新疆北部和中亞河中地區封給次子察合台；西伯利亞東部和蒙古高原的一部分歸三子窩闊台；

四子拖雷則依照蒙古人的習俗——幼子承襲父母的住家和灶房——得到蒙古本部和金朝的舊地。

察合台汗國在新疆地區設立別失八里行尚書省（簡稱行省），治所在今日烏魯木齊東北的吉木薩爾。14世紀中葉，察合台汗國分裂為東西兩部。東察合台汗國據有今日新疆北部和哈薩克東南部，初期仍保持草原生活方式及佛教與薩滿教信仰。西察合台汗國則據有中亞大部分地區，很早就改為定居生活並皈依伊斯蘭教。14世紀末，西察合台汗國被出身蒙古巴魯剌思部的突厥化蒙古人帖木兒篡權而滅亡。東察合台汗國則在內鬥和統一的交替中，逐漸伊斯蘭化，直到16世紀走向分裂消亡。

16世紀初，察合台系的「黃金家族」成員（即成吉思汗的苗裔）賽義德從中亞帶着幾千人攻入喀什、葉爾羌等地，建立了葉爾羌汗國，統治塔里木盆地的西南部。

然而，東察合台汗國境內仍有許多維持遊牧傳統的蒙古人，特別是西蒙古人。西蒙古又稱為衛拉特（或瓦剌、厄魯特），大致分為四部，最大最強的是準噶爾部。準噶爾人在17世紀統一了南北疆，建立準噶爾汗國，取代已存在三百年的東察合台汗國。他們在一部分不屬於西蒙古的中部喀爾喀蒙古人首領的配合下，制定了一套「蒙古衛拉特法典」。該法典共有一百多條，涉及宗教、社會組織、經濟、日常生活、民事糾紛和刑事犯罪等，強調蒙古人的傳統與團結。

滿族入主中原之前，曾與蒙古本土的喀爾喀蒙古人多有聯繫。清朝建立以後，喀爾喀蒙古受清朝冊封並且接受清朝的直接統治，但是新疆、青海的西蒙古諸部卻仍然保持自己的地方政權，並不完全臣屬於清朝。

康熙時代，曾經在西藏學習佛教密宗之後又還俗繼位的準噶爾部首

領噶爾丹，幾次率兵攻入蒙古高原，企圖統一所有蒙古部落，甚至一度因為饑荒而向東進逼北京。1690 年起康熙三次親征，準噶爾部逐次潰敗。公元 1697 年，噶爾丹走投無路，服毒自盡。

清朝滅準噶爾之後

乾隆時代，準噶爾部雖然已經衰落，卻仍然割據一方。它以新疆為基地，阻礙清朝的統一，特別是危及哈密一帶。所以乾隆決定再發重兵，於 1755 年直入北疆，1756 年徹底擊敗了準噶爾部。

統一大業當然不是一蹴而就的。準噶爾部強盛時，一直利用南疆的各派宗教勢力對其分而治之。準噶爾曾經把一個重要的和卓家族（或譯霍加、火者，意為高貴的「聖裔」，指蘇菲教團的領導者）祖孫三代長期扣留在伊犁。乾隆消滅準噶爾部之後，為了表示寬大，派和卓兩兄弟（被稱為「大小和卓」）回南疆協助治理喀什等地。不料這兩兄弟剛一回到南疆便興風作浪，自立為汗。1758 年，乾隆再發大軍，直逼大小和卓的根據地葉爾羌與喀什。多次戰鬥後，大小和卓自知不敵，於 1759 年帶着幾百人逃亡阿富汗。不過他們甫一入境，就被當地部落首領派人抓獲並處死，屍體交給了清朝。

至此，大小和卓之亂平定，南疆恢復寧靜。心滿意足的乾隆皇帝把統一後的「準部」和「回部」（清朝對北疆與南疆的稱謂）稱為「新疆」，取「舊土新歸」之意。

新疆既統一，清廷便於 1762 年設置「總統伊犁等處將軍」，簡稱「伊犁將軍」，主理新疆各地的軍政大事。於是伊犁成為清朝中後期新疆的軍事和政治中心。

第 20 章

烏魯木齊及周圍

西域還是新疆？

「西域」這個名詞在漢語裏已經使用了兩千多年。從西漢至唐代初期，西域泛指玉門關以西的所有地方。「西域」在地理上與中原最近，交往最頻繁的地區就是今日新疆。

唐玄奘的《大唐西域記》成書於唐代初期，所以他所謂的「西域」就是指玉門關以西的地方。但玄奘回國之後不到五十年，中國的邊界已經向西大幅度拓展——唐朝的實際控制範圍已經包括伊犁河流域、帕米爾高原（葱嶺）和楚河流域。所以盛唐（8 世紀上半葉）以後，「西域」不再包括由唐朝實際控制並且駐兵的地區，而是指再往西的中亞以及西亞區域。因此，今天使用「西域」一詞時，需要說明所指的具體時期。就現今的國際關係而言，「西域」無論在漢文或是其他文字中，都只是一個歷史名詞，而不再具有領土與疆界的含義。新疆於 1884 年建省，稱作新疆省；1955 年，新疆省改為新疆維吾爾族自治區，首府之名也由迪化改為烏魯木齊。

我到烏魯木齊

在新疆維吾爾族自治區裏，還有若干次一級的自治行政單位。在準噶爾盆地的草原地帶就有伊犁哈薩克自治州、昌吉回族自治州、博爾塔拉蒙古自治州等。下面我首先介紹的是烏魯木齊市及其附近的幾個古代城郭。

新疆的首府烏魯木齊位於天山之北，準噶爾盆地的東南部，是世界上距離海岸最遠的大城市，也是中國西北地區幾個最大的城市之一，人口超過 400 萬，其中大多數是漢族，其次是維吾爾族、回族、哈薩克

八十年代時喀什的畜類市場。

族，此外還有多個其他少數民族。

我從 1987 年到 2015 年總共九次探訪烏魯木齊，親眼見證了其三十年間蓬勃的現代化建設和高速的經濟發展。對我說來，最感興趣的當然是烏魯木齊與內地各大城市不同的地方。因此，二道橋附近、大巴扎和紅山公園是我每次都要去的地方。此外，我多次訪問新疆大學、新疆醫科大學以及新疆師範大學等高校，因此也有機會見證新疆高等教育的進步。

進步固然是主流，但烏魯木齊過去這幾十年來也經歷過幾次大的風浪曲折，包括 1966—1976 年的文革與 2009 年的街頭動亂。在風浪中，有那麼一位堅守崗位，潛心學問的學者，他就是我的好朋友——2018 年離世的突厥語文專家陳宗振教授。上世紀 50 年代他在北京學習維吾爾語文，後來到烏魯木齊從事維吾爾語文及其他突厥語文的研究。他和他的同事們花了多年心血，推出一套以拉丁字母標寫現代維吾爾語的文字系統，類似於最近一百年來通行的土耳其文和當代的亞塞拜然文、土庫曼文和烏茲別克文。然而，這套文字的命運隨着文化大革命的結束而急轉直下：這套拉丁標音的新文字曾被自治區認可，並在小學裏推廣使用了好幾年，但從八十年代開始自治區政府又決定恢復以阿拉伯字母為標音的維吾爾文字。

因為文革期間的動盪，陳教授本人有幾年被派到南疆的阿克蘇市擔任口譯員。得益於這段歷練，維吾爾族知識分子莫不稱讚他的維吾爾語說得流暢、精準、地道。不過，陳教授的學術成就並不在翻譯學，而在突厥語族各種不同語言的歷史演變和橫向比較。他發表過很多著作，並且在 80 多歲的年紀，出版了一部七十餘萬字，厚達六百頁的《維吾爾語史研究》，可謂難能可貴。

我第一次去二道橋的時候，那裏有很多賣羊肉串的攤販。大巴扎裏賣的多半是尼龍襯衫、塑膠拖鞋等生活用品。後來的二道橋附近有了大劇院和歌舞廳，也有了民族風味的高檔餐廳。2011年夏天，我在二道橋大劇院的餐廳吃了一頓豐盛的特色晚餐，在解放南路還見到了一家新潮的土耳其產品專賣店。原來的大巴扎已於2003年擴建為「新疆國際大巴扎」，現在是烏魯木齊最火爆的旅遊熱點之一。

此外，到烏魯木齊旅遊的人大都會去附近的三個郊區：

一是以哈薩克族牧民為主的白楊溝，主要是為了騎馬和參觀氈帳羣中的生活形態——我兩次在氈帳中純粹為了禮貌而飲下主人獻上的酸馬奶。

二是遊覽聞名全國的天山天池。天池高度大約海拔2000米，面積約5平方公里，四周的風景確實很美。我母親是滿族人，所以我自幼就知道中國的另一端，還有一個也很美的長白山天池（海拔略高於2000米，面積近10平方公里），被許多滿族人認為是他們祖先的孕育之地。因此我在乘船遊覽天山天池時，特意多拍了許多照片，預備給家母看。天山天池能直接登船遊覽，而長白山天池只能從高處俯瞰。

三是到達阪城走一圈。這一點我做到了兩次，有一次還在一家餐廳裏告訴幾位達阪城的姑娘，我十歲時就在台灣聽慣了《達阪城的姑娘》這首歌。她們鼓噪要我表演，令我這六旬長者只好假扮青年唱了一段，但是把「一定要你嫁給我」這句改為「一定要你嫁給他」，同時用手指着領我來參觀和用餐的那位小伙子。後來有沒有人帶着嫁妝，領着妹妹，跟着他的馬車去，我就不知道了。

觀賞風景固然令人愉快，但我對烏魯木齊周圍的幾個富有歷史意義的古城興趣更濃。下面我就由近及遠，按照清朝、元朝、唐朝、南北朝

和漢朝的先後倒敘，談談烏魯木齊及其周圍地區在準噶爾草原上的歷史地位。

迪化的緣起

1758 年，乾隆平定了整個新疆之後，在今天烏魯木齊南門外面修建了新城，然後逐漸向北擴展，開啟了此地的屯田駐軍。乾隆帝以「迪化」為此新城命名，意思是對邊民的啟迪和教化。

當時的迪化大致有兩區，一個是滿城，是滿族軍隊駐紮的地方；一個是漢城，主要是工商業者聚居之地。今天的烏魯木齊主要是從迪化的漢城發展而來的。迪化於 1954 年改名為烏魯木齊，是蒙古語裏優美牧場的意思。

別失八里行尚書省代表着甚麼？

成吉思汗率軍西征到了高昌附近，當地的回鶻統治者主動歸順，所以他不費吹灰之力就控制了準噶爾盆地和塔里木盆地。在這兩個盆地之間的就是烏魯木齊地區。這一帶在天山東部的北麓，是塔里木盆地的北邊近鄰，也是準噶爾盆地的南緣。

這個地理位置正好可以說明在蒙元時代的兩種基本傾向與重要矛盾。遊牧民族都渴望得到更多更好的草場，也會把既有草場一分再分地傳給後人。由於他們的流動性和基本的生活形態難以實現中央集權，所以遊牧民族所組成的政治體一般是分散而不是集中的，也就是注重部落的權威而缺乏國家的意識。但是定居農業社會及其政治體制，則更注重

集中和統一。那麼，當蒙古人征服了包括這兩種性質的大片領土以後，就要面對究竟是繼續遊牧的生活方式，還是改為定居的生活方式的選擇。這兩種取向反映到一個具體問題上，就是要不要在固定地點建都。如果要建都築城的話，國家將會傾向中央集權，地方貴族的勢力將被削弱，勢必影響遊牧生活的傳統；如果不築城建都，就很難有穩定、統一的政治生態，極可能內訌不止，甚至引發戰爭。這種矛盾在蒙元帝國的擴張時期就已表現得非常強烈。矛盾的初期結果之一，就是蒙古大汗於公元 1251 年把介於遊牧和定居形態之間的吉木薩爾定為行尚書省（省的官署），並更名為別失八里。這反映出部分高層蒙古人對定居生活的傾向。

忽必烈於公元 1260 年被他的三弟旭烈兀和各地的蒙古汗王擁立為大汗和皇帝的同時，他的四弟阿里不哥也在蒙古高原被一批蒙古貴族推選為蒙古國大汗。雙方圍繞最高權力發生了戰爭，時斷時續共四年，結果阿里不哥戰敗投降，於 1266 年逝世。這次兄弟戰爭的直接原因當然是為了爭奪大汗之位，然而在雙方各自爭取同盟的過程中也隱含着他們之間生活方式和價值觀的矛盾。

忽必烈於 1271 年建立元朝，以大都（罕八里）為首都，明確轉向定居生活和建立漢制帝國的方向，之後的蒙古大汗兼元朝皇帝很自然地就與察合台和窩闊台的後人發生了衝突——後兩者更堅持遊牧和蒙古祖制。元朝皇帝和這兩個汗國之間的矛盾就是圍繞着究竟應該堅持蒙古的遊牧傳統還是轉向定居生活並學習漢文化而展開的。

公元 1301 年，元軍與這兩個汗國在阿爾泰山激戰，窩闊台汗國和察合台汗國的汗王一個中箭癱瘓，一個重傷致死。這兩個汗國元氣大傷，不得不求和，承認元朝皇帝的宗主地位。然而，這兩個汗國名義上

是受蒙古大汗即元朝皇帝冊封而治理各自的兀魯斯（意為封地），實際上卻有很大的獨立性。在這種情況下，察合台汗國於 15 世紀中葉決定把重心遷到水草豐美的伊犁河地區，以阿力麻里（今霍城）為牙帳。別失八里自此喪失了重要性，一直荒廢到 18 世紀中葉清朝在這附近建立迪化，才再次登上政治舞台。

輪台與北庭故城

相對於宋，元朝帶給中原帝國的領土非常之大，其中就包括今天的新疆。但是蒙元帝國卻不是中國歷史上第一個在西域開拓疆土的朝代，所以我們要把注意力再向前推大約七百年，來到唐朝。唐朝對新疆基本上是直接統治，實行同內地一樣的郡縣制，設州、縣、鄉、里，各派官員代表朝廷。但是也有一些地方採用羈縻府州制，即宗主權屬於唐，實際仍由本地人依本地的傳統治理，還可以將統治權傳給下一代。當時的政治中心之一是今天烏魯木齊東北的吉木薩爾縣境內一個被叫做「破城子」的地方，時稱「輪台」（並非今日南疆的輪台縣，那是漢代在西域屯田的所在），又稱為「庭州」，為唐代北庭都護府的治所所在。

之後，北庭都護府又升格為北庭大都護府，與南疆的安西大都護府分治唐朝的西部領土，直接聽命於長安。所以唐朝的力量在新疆是非常明顯而堅實的。不少當時的詩人都在這裏甚至是更遠的楚河流域生活過。著名的邊塞詩人岑參就有幾首與輪台有關的詩，比如他在《白雪歌送武判官歸京》裏的名句：「輪台東門送君去，去時雪滿天山路。山回路轉不見君，雪上空留馬行處。」

近幾十年來，考古學家發現了比位於吐魯番附近車師國的交河故址

還要完整而清晰的北庭故城。這個北庭故城的範圍相當廣闊，建築物也保存得較為完好，所以它是在文獻之外，唐朝直接統治新疆的實證。從此又引出另一段歷史，即唐朝的北庭故城（庭州）與以下要講到的漢朝金滿城的承續關係，後者是歷史上與車師國同時存在的西域小國。

唐代的庭州共有四級（種）屬於朝廷的行政單位。第一級是北庭都護府，乃高級的軍事單位；第二，庭州本身就是一級地方單位；第三級為一個軍事建制──瀚海軍──也設在這裏；第四級是北庭都護府所轄的金滿縣，屬於民政建制。所以考古證據和歷史文獻都證明了唐朝在今天北疆的全面部署和治理系統。

金滿城與疏勒古城

上面提到的金滿城是兩漢三國時期與車師國同時存在的一個小國──金蒲國──的所在；金滿城是後來中原政府對它的稱謂。東漢名將──有「節過蘇武」之譽的戊己校尉耿恭就在那裏對抗過匈奴，留下了可歌可泣的英勇事跡。

耿恭在擊退匈奴對金滿城的一次大規模進攻之後，認識到匈奴不會善罷甘休，必然會捲土重來，所以要重新佈防以備不時。他對附近的地勢做了仔細的勘察，認為金滿城不易久守，故於公元 75 年在一個依山傍水之地率領士兵另建新城──疏勒城。需要注意的是，歷史上「輪台」與「疏勒」都有重名的兩個不同地區。前文已介紹了兩個輪台。而所謂兩個疏勒，一個是西域三十六國之一的疏勒國，位於今天南疆的喀什；另一個是耿恭在烏魯木齊之東所建，即位於今天北疆昌吉州奇台縣的疏勒城。（當時沒有大數據庫，所以地名重複，不足為奇！）

二十世紀七十年代，考古學家通過初期探測，認為奇台縣境內的石城子可能就是《後漢書》記載的「疏勒城」之所在。最近十年，考古界集中了大量人力，使用新型技術，在那裏從事挖掘、分類和化驗等工作。經過不懈的努力，疏勒古城終於在 2019 年重見天日。2020 年，在新冠病毒施虐之際，學者們通過視像會議，將疏勒古城的再現評為 2019 年度十大考古新發現之一。

　　考古學家在這裏確定了漢朝居所屯墾的範圍，並發掘出許多生活用品。而疏勒古城的再現說明在公元 1 世紀時，漢朝除了在南疆塔里木盆地有軍事存在之外，在北疆準噶爾盆地也有非常龐大堅實的軍事力量與屯田成就。這是漢代對準噶爾盆地實行具體管轄的又一個實物見證。

第 21 章
伊犁春秋

伊犁與伊犁河

草原絲路在今天新疆境內最重要的一段就是伊犁地區（包括伊寧、霍爾果斯、霍城、察布查爾等地）。

要把伊犁講清楚，必須先說明它的地理特徵、政治沿革、人口變化、文化底色和經濟狀態。嚴格來說，這個任務即使寫一篇博士論文恐怕都未必能完成，何況本書的篇幅有限？同時，我相信本書讀者們的目的也不是考據治學，而是追求個人興趣並獲得一些知識。所以在每章落筆之前，我都會衡量自己的知識，估計讀者的興趣，兩相結合再決定該章的內容和寫法。

在本章裏，我想從第一次去伊犁的經驗談起。

2005 年 8 月，我應「中國科協」之邀，在烏魯木齊舉行的學術年會上作專題報告。出發前幾天，我的背部疼痛異常，但還是勉強按時去了。年會結束後，儘管背痛加劇，我仍然不捨得放棄已經安排好的伊寧和阿勒泰之行，所以忍痛上了飛機。飛機一到伊寧，當地的接待人員就

送我去伊犁中醫院。一小時的推拿和牽引，加上三天的止痛藥片，總共收費 50.6 元人民幣。三天之後，背痛全消！這是伊犁留給我的第一印象！

當然，伊犁地區的特色不是中醫院，而是伊犁河。如果要用一句話描述伊犁地區，那就是：沒有伊犁河就沒有伊犁。

伊犁河發源自天山，由南向北經過伊犁地區，然後轉折向西注入哈薩克斯坦的巴爾喀什湖。伊犁地區水系發達，水源豐富，山坡眾多，自古以來就是遊牧民族嚮往的上佳牧場。

西域歷史上多次政權交替都發生在伊犁河流域。在這裏發現了很多古代烏孫人的墓葬，也有許多年代久遠而豐富多彩的岩畫，還有不少神祕的草原石人——在伊犁的昭蘇草原和那拉提草原上有不少石製的頭像和半身像，學者判定應該是早期突厥人留下來的。但早期突厥人（或其他相關者）為甚麼會在草原上留下這些散佈多處的石像呢？有的學者認為這是為了標誌某一個部落佔有的草場，也有人認為這是為了紀念先人，還有人認為這可能是一種宗教崇拜的方式。無論如何，我給所見到的草原石人都拍了照，總共有五六個。

烏孫人、斯基泰人、大月氏人、匈奴人

中國的古籍裏面明確記載過本節標題中的四個族羣，學者們估計他們出現在伊犁地區的次序一如本段標題所示。

據中國古籍記載和某些西方學者的推論，「烏孫人」的祖先可能是4200 年前最早到達阿爾泰山區的原始印歐語人口（統稱月氏人或吐火羅人，見第 2 章）的一支。之後，這一支印歐語人口南下進入河西走廊，

在祁連山北麓遊牧。不久，他們（即烏孫人的祖先）與另外一支稍晚到達河西走廊的月氏人（吐火羅人）發生衝突，就向西遷移到伊犁河地區，建立了名為「烏孫」的遊牧國家，因而被史家稱為烏孫人。

公元前4世紀，有一批斯基泰人（見第2章）從阿爾泰山區南下，進入烏孫國。他們中的一部分人佔領了烏孫，取得了控制權，也有部分人與烏孫人進行了深度融合。總之，公元前2世紀時，烏孫的統治集團正是前4世紀時南下烏孫的斯基泰人的後裔。

事有湊巧，當初將烏孫人祖先排擠出河西走廊的那一支月氏人，於公元前2世紀時受到來自蒙古高原的匈奴人的壓迫，因而大部分都西遷到伊犁河流域的烏孫國。中國史書稱他們為大月氏，而繼續留在河西走廊—祁連山區的一小部分月氏人則被稱為小月氏。

或是因為爭奪牧場，或是因為舊恨新仇，大月氏人到達烏孫後，受到烏孫人的排擠。所以他們停留了不久就再度向西南方向遷徙。正在此時，張騫通西域到達烏孫，想要聯合大月氏人與漢朝共同打擊匈奴。他從烏孫人那裏打聽到大月氏人的去處，於是又直奔大月氏人的新家鄉——今天的阿富汗。

伊犁河水草豐美，是遊牧的好地方，阿富汗則主要是定居農耕者的地區。大月氏人到了阿富汗兩三代之後，就轉為定居農耕，不想再與匈奴抗爭，反而是臣服於由亞歷山大東征而來的希臘人所建立的希臘—大夏國（Greco–Bactria，又稱巴特克里亞王國）。又過了大約一個世紀，大月氏人推翻了希臘人的統治，建立起自己的國家，即公元1世紀時統治大部分中亞地區和北印度的貴霜帝國（Kushan Empire）。當年迫使月氏人西遷的匈奴這時也進入河西走廊，隨後又進入準噶爾盆地，到達伊犁河地區，對烏孫國形成了巨大壓力，經常會左右烏孫國的王室繼承和

對外關係。在張騫到烏孫之前，烏孫王屢次娶匈奴女子為王后以示親善。

需要強調的是，遊牧民族變動不居，時聚時散，互相通婚的情況很普遍，因此追查他們的行蹤、族源、血緣並不容易。今天人們把在伊犁河流域的古代族羣分為烏孫、斯基泰、大月氏、匈奴，也只是一個梗概而已。

漢、北魏、唐對伊犁的管轄

自從張騫通西域之後，漢朝廷的影響就開始輻射烏孫。漢在西域設置都護府，雖然保持一定的軍事力量存在，卻並沒有對這一地區實行直接統治。這一時期烏孫對漢朝十分友善，連續求娶漢公主為王后。雖然烏孫是西域三十六國中最強大的國家，但對匈奴也同樣保持低調，同時臣服於匈與漢。

此時烏孫的王室是斯基泰人（即塞人）。塞人掌握高水準的冶煉技術，並且擁有許多佳品礦場。然而，雖然礦源、技術都不是問題，烏孫國還是亟需和漢朝進行通商貿易以維持生活與生存。西諺有云：太陽底下沒有新事物！對比今天作為資源大國的哈薩克斯坦，其外貿與中國市場的供求關係，誰能不暗歎歷史的巧合？（見第23章）

自漢在輪台設置都護府起，中原政權就在西域進行屯墾。北魏繼承了漢、晉對西域的影響力，對車師（東漢時西域三十六國之一，在今吐魯番西北）和烏孫都有一定的威懾。這時北方草原出現了一股新興力量——柔然。它對北魏一度造成較大的威脅。北魏在五世紀時聯合了西域的一些國家，特別是悅般（北匈奴遭竇憲擊敗後的殘餘旁支所建），消滅了烏孫。所以伊犁地區的烏孫國5世紀之後就不復存在了。

公元 6 世紀中以後，善於打鐵、被柔然人視為「鍛奴」的突厥人組成了自己的部落聯盟，在漠北地區和漠南地區建立突厥汗國，不久分裂為東、西兩部。西突厥進入草原絲路，盤踞在伊犁和今日烏茲別克斯坦與吉爾吉斯斯坦一帶。幾經征戰和歷史變遷，後期的西突厥幾乎完全脫離了早年與東突厥的聯繫，而成為西域的新興強國。唐朝曾經在伊犁河地區設置羈縻府州，進行間接統治而不是實行郡縣制的直接統治，當時西突厥也接受唐朝冊封。但後來西突厥出現一位很有野心的統治者阿史那賀魯。他聽說唐太宗新喪，高宗繼位，便開始反叛唐朝。唐朝以大將蘇定方討之，重新奠定了唐在西域的統治地位。

遼代時，雖然其都城設在今天的內蒙東部，距離西域有萬里之遙，但遼國仍然通過蒙古高原和西域保持着密切的來往，並接受西域各國使者的進貢。遼國滅亡之後，皇族耶律大石從蒙古高原西進，在中亞建立了西遼，直至為蒙古所滅。1275 年，蒙古在伊犁地區建阿力麻里行省，至此，伊犁取代了唐之庭州（原屬烏魯木齊地區，現在劃歸昌吉自治州）成為蒙元時期的政治中心。（見第 20 章）

準噶爾汗國時期

明滅元之後，退回蒙古高原的北元勢力仍然保存了相當的實力，而位於新疆，與北元同為成吉思汗苗裔的東察合台汗國的力量也頗為可觀。兩者對明朝成掎角之勢，互相拱衛。因此，明朝的國力始終沒有投射到嘉峪關以西和陰山之北。17 世紀初，西蒙古四部中最強的綽羅斯部（後稱準噶爾部）逐漸統一了準噶爾草原上的某些突厥語部族和其他蒙古部族，於 1678 年建立了準噶爾汗國。準噶爾汗國雖然以位於新疆

西部的伊犁為首都，但是其力量最西達到巴爾喀什湖一帶，向東直達蒙古草原中部，並掌控今天內蒙古的一部分，向南則進入南疆地區，幅員遼闊，一度對清廷造成重要威脅。

由於準噶爾汗國和新興的清帝國直接對抗，後者決心對其征伐。經過康熙、雍正、乾隆三代皇帝將近一百年的努力，準噶爾汗國終於在乾隆時期（1757 年）為清所滅。

伊犁將軍時代

在先後消滅、平定了北疆的準噶爾部和南疆的大小和卓之亂的情勢下，1762 年，清朝設立伊犁將軍，主持南北疆的軍事與政務。將軍治所初時設於惠遠（霍城），後來遷到今天的伊寧。為了固守邊疆，清廷用了將近兩年的時間向新疆調派了新組建的「伊犁四營」，即錫伯營（由瀋陽附近的錫伯族士兵組成）、索倫營（由黑龍江地區的鄂溫克族和達斡爾族士兵組成）、察哈爾營（由內蒙的察哈爾士兵組成）、厄魯特營（由早前投附清朝的準噶爾人、準噶爾汗國解體後逃入哈薩克地區或進入南疆的西蒙古人，以及 18 世紀由伏爾加河東歸的西蒙古部士兵組成）。伊犁四營近萬名官兵攜帶家眷超過三萬多人，遷移到伊犁河地區駐防並且定居屯田。在歷任伊犁將軍的經營下，新疆成為清朝直接管轄的穩定領土。

中俄伊犁條約

1840 與 1860 年兩次鴉片戰爭之後，清朝明顯衰弱下去。1864 年，

沙俄乘機逼迫清朝政府簽訂了《中俄勘分西北界約紀》，強行割佔了今天哈薩克斯坦的精華區——大玉茲所在的巴爾喀什湖東南的七河地區（突厥語為 Zhetisu，俄文為 Semirechie）的大片領土，共約 40 多萬平方公里。蘇聯解體後，這裏成為哈薩克斯坦領土的一部分。

1860 年之後，由於清廷需要面對太平天國、西北回亂等危機，對新疆的統治有所減弱。1866 年初，伊犁各族人民武裝反抗清朝統治，清廷在這裏的統治因此短暫中斷。動亂中，伊犁出現了來自南疆的維吾爾族人口（這批人口是最早被準噶爾汗國的噶爾丹強迫遷入北疆的農業人口，被稱為「塔蘭奇」，是蒙古語「種麥者」之意）所建立的伊犁蘇丹國，但其內部鬥爭非常激烈。於是沙俄趁亂進兵伊犁，非法佔據這一地區長達 11 年。

面對俄羅斯蠶食中國西北的緊迫局勢，陝甘總督左宗棠反駁李鴻章的海防（東南防禦）重於塞防（西北防禦）的說法，認為塞防和海防應該並重。若將海防塞防之爭比附今日討論「一帶」和「一路」何者為重，時人自然就會明白，二者根本不是可以取捨的關係。

雖然清廷朝臣多數贊同左宗棠的意見，但政府卻沒有軍費支持。於是左宗棠自籌軍餉，並購置美國南北戰爭時生產的最新式武器——春田式步槍，帶領數萬人毅然入疆。在左宗棠的得力指揮和新式武器等因素的配合下，天山北麓和南麓先後被收復。1878 年，清朝正式恢復了對新疆的統治。

左宗棠以武力收復了絕大部分新疆被佔地區後，清廷就有底氣要求俄羅斯交回伊犁。但是俄羅斯深諳清廷外交官員以往的庸碌無能，所以不肯交回伊犁。談判拉鋸一年多，清廷換上新談判代表曾紀澤（曾國藩之子）。在他的據理力爭和左宗棠的軍事支援下，沙俄終於同中國簽訂

了《中俄伊犁條約》。

這個條約規定俄羅斯須歸還所侵佔的伊犁地方，但是伊犁的居民可以在一年之內自由遷居俄羅斯，此外還包括中國准許俄羅斯在吐魯番等地方增設領事館，賠償巨額的白銀，對俄商實行免稅政策等等條款。《伊犁條約》的簽訂，是建基於軍事勝利之上——沒有左宗棠的軍事勝利，清廷就不可能收回伊犁。然而最後幾經折衝，所謂的「交還伊犁」，變成了「交換伊犁」，因為清廷仍然割讓了塔城西北和伊犁、喀什噶爾以西約 7 萬多平方公里的領土給沙俄。這成為中俄外交史上雙方實力交鋒的一個鮮活例證。

新疆建省

1882 年 3 月，清朝接收伊犁。已經調任兩江總督的左宗棠、新任的陝甘總督譚鍾麟等人分別上書朝廷，按「故土新歸」之意，請求清廷儘早成立新疆省，按照內地各省的行政治理模式來統治新疆。清廷於是派劉錦棠操辦建省事宜，並籌設省轄的道府廳州縣等事項。

1884 年 11 月，清朝正式批准建立新疆省，以迪化（烏魯木齊）為省會，任命劉錦棠為第一任新疆巡撫。13 世紀末新疆的政治中心從烏魯木齊遷到伊犁，19 世紀末又從伊犁回到烏魯木齊。

新疆建省以後，以中央集權為特徵的郡縣制代替了伊犁將軍時代的民政、軍政分治的體制，實現了新疆和內地各省行政制度的統一，這對於兩千年來時而歸屬、時而脫離中原政權的新疆來說，有着十分重要且深遠的意義。

今日我所見到的，臉上洋溢歡笑的伊犁人民。

第 22 章
阿勒泰與塔城

　　準噶爾盆地的西北部有兩個重要的絲路城市，一個是位於阿爾泰山區域，歷史相對較短的阿勒泰；一個是在額敏河之北，與哈薩克斯坦相鄰的塔城。伊寧市（舊稱伊犁），加上阿勒泰和塔城，是準噶爾盆地西部最重要的三個城市，曾多次出現在新疆近代歷史的大事件中。

美麗的喀納斯湖。

阿勒泰的漢族小女孩和圖瓦族老樂師

阿爾泰山脈西南的阿勒泰地區地廣人稀，清朝時曾經是蒙古最西部的一部分，不受伊犁將軍管轄。19世紀末，漢人、哈薩克牧民和西北回民逐漸移居到那裏。到了民國初年，阿勒泰地區併入新疆並持續至今，現屬於伊犁哈薩克自治州，首府是阿勒泰市。

我是從伊寧出發前往阿勒泰市的。那裏主要的少數民族是哈薩克族，語言和民族屬性與哈薩克斯坦東部人口完全一樣，所以可以稱他們為跨國民族。

我們此去的目的之一是看喀納斯湖。不過，看到喀納斯湖的天然美景只是此行諸多的收穫之一，遠不是主要收穫。喀納斯湖附近有山有水，還有不同民族、國籍的遊人。我們這次就巧遇最近剛過百歲誕辰的楊振寧教授和他當時新婚不久的夫人翁帆女士。

喀納斯湖位於中、哈、蒙、俄邊境，此番往返於阿勒泰市和喀納斯湖共計兩天，最重要的收穫是路上結識的一位小朋友——我們導遊的女兒。我們預訂的導遊是一位新疆生產建設兵團的子弟，自己開一輛越野車做散客生意。許是因為頭一天晚上跟我們夫婦談話時覺得我們很隨和，所以第二天早上來接我們的時候，他便跟我們商量：「我九歲的女兒雖然出生在阿勒泰，但還沒去過喀納斯湖。我的車是6座越野車，你們介意讓她跟着去嗎？」我們一聽是個小女孩，便欣然同意了。上了車，果不其然見到的是一個模樣秀氣的小姑娘。雖然她爸爸事先說她不會打擾我們，但我們在路上卻主動找她說了不少話，她都對答如流，落落大方。不知怎地，我們你一句我一句地背起了唐詩。九歲的小姑娘還真可堪稱「腹有詩書氣自華」！我想考驗她一下，就想到李白的一首未

收入《唐詩三百首》但卻廣為傳頌的七言絕句。於是我起頭背道:「日照香爐生紫煙」，小姑娘居然不假思索就背出下一句「遙看瀑布掛前川」。當我太太再加一句「飛流直下三千尺」之後，小姑娘很開心地背出來最後一句「疑是銀河落九天」。我心中驚喜不已，也看到司機位子上的爸爸更是十倍開心於女兒。

我的驚喜不在於遇到了一個會背唐詩的小女孩，而是因為那段時間正是中華文化瀕危論盛行之時，不少人都認為中華文化正在受到西方文化的侵蝕，需要加以保護。這的確不是危言聳聽。這些年來，不少國人對許多西方事物都會表現出一種莫名其妙的崇仰。比如，一些人把基督教傳統節日——11 月 1 日萬聖節（All Saints Day）——的前一晚，10 月 31 日晚的「Halloween」誤稱為「萬聖節」，還要學習某些歐美人，打扮得怪裏怪氣地聚會開派對（party），慶祝被他們誤認的「萬聖節」。其實，「Halloween」只是少數幾個西歐國家的民間習俗——他們認為小鬼們會趁在「萬聖節」到來的前一晚，諸聖人還未出來之前特地為非作歹一番，於是有些人就在這一晚假扮小鬼，乘機玩樂，第二天再正兒八經地去教堂慶祝「萬聖節」。某些國人的誤解固然可笑，但這又引起另外一些國人過分的憂慮，好像綿長而獨特的中華文化不堪衝擊，華夏不久就要變成夷狄了！所以當我見到一個在西北邊城阿勒泰出生的小女孩能夠背誦許多唐詩時，我不僅看到她的聰慧，也看到了她父母甚至是祖輩對她的培育與重視。更進一步說，從這個小姑娘身上，我看到了韌性十足的中華文化的未來。

在遊喀納斯湖的兩天裏，我第一次接觸到圖瓦人。儘管他們在中國境內人數很少，但他們最為人稱道的喉音歌唱「呼麥」卻因舉世無雙的特色而聞名於世。

圖瓦樂師的樂器演奏會。

　　在喀納斯湖畔的一個帳篷裏，我們聽了一次音樂會。不是呼麥歌唱，而是一位六十歲左右的圖瓦樂師的神奇樂器演奏。他的樂器是一根好像蘆葦管似的豎笛（然而笛身沒有孔），演奏時口含樂器的一頭，用他的口型和舌的位置控制氣息，同時從這支笛子般的管子裏吹出兩種不同但又和諧的曲調。這種重疊的樂曲頗有些像歐洲古典音樂中的賦格（Fugue），但賦格的演奏需要用一架大鍵琴和兩隻手才能彈奏出來，而這個圖瓦樂師依仗的只有兩片嘴唇和一條舌頭。當地的人告訴我，這種演奏法只有喀納斯湖地區極少數的圖瓦樂師才能掌握。

掌握神奇的樂器演奏技法的圖瓦樂師。

可可托海「博物館」

　　到阿勒泰的行程很緊，比較遺憾的是沒有機會到阿勒泰東南富蘊縣的一個著名小鎮——可可托海（哈薩克語意為綠色的森林）去參觀。近幾年，《可可托海的牧羊人》這首歌紅遍全中國，連我這從來不關注流行歌曲的人都能跟着哼幾句。這個小鎮簡直是個濃縮的自然博物館：阿爾泰山就在眼前，額爾齊斯河穿過它；這裏有保持的最好的地震斷裂帶；曾經錄得攝氏零下 60 度的低溫。小鎮只有 6000 多人，以礦業為

主，從 19 世紀就開始開採礦藏。阿爾泰山本來就富蘊金礦，可可托海附近的礦藏更富蘊着許多寶石和稀土金屬。所以從二十世紀三十年代開始，蘇聯人就在那裏開礦提煉。五十到六十年代，中國收回可可托海的礦權，但還有蘇聯技術人員在此提供技術支援，所以這個小鎮仍然保留了許多俄羅斯式建築，仿佛一個俄式建築的展覽區。

稀土金屬是可可托海的經濟命脈，最為著名的是「三號礦脈」。那裏開採出來的一些稀土金屬是目前手機、電腦、人造衛星都必須大量使用的原材料。許多人都知道中國是全世界稀土金屬最大的出產國，而稀土金屬的重要產區之一，位於新疆西北部的可可托海卻鮮為人知。

二十世紀六十年代中蘇兩國交惡的時候，蘇聯逼迫中國加快還債。據說，中國所欠蘇聯債務的大約三分之一，當年就是用可可托海「三號礦脈」的稀土金屬償還的。不過也有人說，中國當時那麼快就能償還債務是靠着全國人民勒緊褲腰帶，用一火車一火車的生豬和大豆等物資償還的。無論如何，在中蘇交惡的時候，許多中國自己民生和工業發展都亟需的原材料的確是被迫優先供給蘇聯，以償還盧布外債。

塔城與沙俄

塔城位於中國和哈薩克斯坦的邊境。沙俄兼併哈薩克草原以後，塔城就成了中俄的邊境城市。當時許多哈薩克商團都到中國境內貿易，俄羅斯人有時候也會搭在其中，每年到伊犁、塔城等地來做生意。塔城附近有個重要的金礦，俄羅斯人得知後想佔為己有。恰逢鴉片戰爭中國戰敗，被迫簽訂了不平等條約，沙俄也趁火打劫向清政府索求一塊地方作為他們的貿易據點，同時希望俄羅斯商人可以到伊犁、塔城、喀什這三

個地方自由貿易，並要求中國在稅務方面作出讓步。清廷固然知道這是侵犯自己利益的無理要求，但是當朝的官員既沒有外交的能力，國家也沒有保護自己的實力，所以在 1851 年的夏天，中俄兩國簽訂了《伊塔通商章程》。特別強調，這個不平等的通商章程是中國在沒有經歷與沙俄的戰爭且並沒有落敗的情況下簽訂的。

《伊塔通商章程》的主要內容包括：第一，俄國可以在伊犁和塔城設立領事館保護僑民——這意味着俄國在新疆有了根據地；第二，俄羅斯人在這兩個地方通商免稅——這是俄羅斯一直想要求的特權，至此終於得逞；第三點最為重要，就是俄羅斯在新疆享有領事裁判權。

在塔城西南的深谷裏，有一條品質上佳的黃金礦脈，叫做雅爾噶圖金礦。《伊塔通商章程》簽訂之後，清朝政府決定開禁，讓老百姓前來採礦，以便徵收金課，增加政府收入，用以支付軍餉。

俄國人當然知道中國人在這裏採金已經多年歷史，且金礦在塔城的西南，明顯位於中國境內，可是時任沙俄西伯利亞總督給中國的伊犁將軍奕山發照會說，該礦位於俄國境內，中國礦工在那裏開礦侵犯了沙俄的利益，要求中方讓礦工儘快撤出，不然俄方不能保證將來會不會由此引起重要的事端。

伊犁將軍奕山據實回復，重申中國人在此地的開礦史，而且雅爾噶圖根本就在中國境內。然而話雖如此，他還是怕生事端，唯恐真正衝突起來時中國無法戰勝沙俄。於是，奕山就想了一個息事寧人的辦法——以金礦產量不豐，礦業不旺為由，再一次下令封禁開採。這等於是自毀長城，自斷衛國籌餉之途。

中國的礦工們當然不滿意，就進行了抗議活動。俄羅斯駐塔城的領事率領幾百個人闖到中國境內驅逐礦工，中國礦工遇害受傷無數，而清

政府並沒有對此進行有力的表態和反擊。

這一時期，沙俄還在塔城開設了一個相當於租界的俄羅斯貿易圈，屬於他們的自治地方。當沙俄領事率人在雅爾噶圖金礦槍殺了中國礦工之後，有中國人去焚燒了這個沙俄貿易圈，因此又引發另一起事故。不過，因為焚毀面積比較大，而且大火把貨物基本燒毀殆盡，所以俄國領事也只能先帶俄國商人回到俄國去。

俄國十月革命之後，俄人分為紅白兩黨進行內戰。這個時期有成千上萬的白俄軍人與俄羅斯難民分批湧入塔城。當時主政新疆的楊增新向北京求援不果，遂制定了一項務實而人道的政策：入境中國的俄羅斯軍人必須在邊境解除武裝，然後分開安置在幾個地點，並按日配給口糧。事實上，進入中國的俄國白軍領袖是沙皇的女婿，其意圖就是隱藏武器，在塔城附近建立基地，以圖反攻俄境內的紅軍。這個計劃被中方知曉制止後，他多次掀起暴動，但都被及時挫敗壓制。後來中國和剛成立的蘇聯達成協議，滯留中國的俄羅斯人可以選擇回國，也可以選擇加入中國國籍。最終，超過一半的滯留俄羅斯人選擇留在中國。

這一部分俄羅斯人的後代還有不少住在塔城。據我所知，俄羅斯族在中國主要集中在兩個地方。一個在內蒙古自治區室韋邊上的恩和俄羅斯村（見第 6 章），另一個就在新疆塔城。

三區革命之後

第二次世界大戰結束前夕，在蘇聯的支持下，一部分在蘇聯境內受過軍事和其他訓練的新疆少數民族人員於 1944 年秋在伊犁、塔城和阿勒泰三個地方組織了反抗國民黨統治的遊擊隊。1945 年 8 月這些人員在上

述三個地區建立政權，這就是新疆近代史中的「三區革命」。1945—1946年，經過多方極為複雜的談判，「三區」地方政權同意和國民黨建立新疆省聯合政府，由留學蘇聯但形象較為中立的維吾爾族人包爾漢出任省主席。

這裏要講的不是三區革命的過程，而是我和熟悉這段歷史的朋友往來時獲知的一件鮮為人知的往事：1947年，原國民黨高級將領陶峙岳任新疆警備司令，率領10萬部隊試圖控制新疆的局面。在解放戰爭的最後階段，他於1949年9月率領7萬國民黨軍人宣佈起義，支持新疆的和平解放。在五十年代，他曾擔任新疆軍區副司令員以及新疆生產建設兵團的司令，其他起義人員也都按原有的軍階編入人民解放軍或新疆生產建設兵團。所以，許多目前在新疆工作的幹部、企業人員以及知識分子都是當初國民黨駐疆部隊的後人。他們的先人為新疆的和平解放作出了貢獻，而他們自己也正在為新疆的和平建設貢獻力量。

1949年8月，中國共產黨在北京籌備建立中華人民共和國，並且準備召開中國人民政治協商會議。三區革命的領導人阿合買提江以及其他新疆知名人士應邀到北京參加會議。他們一行從新疆伊寧坐飛機到蒙古，經過蘇聯飛往北京，但是在經過外貝加爾地區上空時飛機失事，全體新疆代表在此次空難中喪生。噩耗傳來，新疆人民非常悲痛，而北京也受到了意外的衝擊。這次失事的原因到底是偶然的機械故障，還是人為導致，至今仍然是個謎。答案只能留待今後的歷史學家去尋找了。

第 23 章
霍城與察布查爾

霍城遊

乾隆皇帝剿滅了準噶爾部，又平定了大小和卓之亂後，於 1758 年設立伊犁將軍，並特意重建惠遠城（即今天的霍城）為伊犁將軍駐地。早在西漢時，此地屬於烏孫國，已是東西交通的要衝。今天的霍城在伊寧之西大概四五十公里處，位於中國和哈薩克斯坦的邊界附近。雖然惠遠古城現在有些頹塌，但仍是霍城的參觀景點之一。

其實早在唐朝，中央政府在霍城就有政治建制，起初屬昆陵都護府，北庭成為大都護府以後，便隸屬北庭都護府。

蒙元時期，霍城開始受到歐洲人的關注。那時絲綢之路暢通，東西來往頻繁，蒙古人在今霍城地區建立了一個行尚書省，稱作阿力麻里（見第 22 章）。後來的察合台汗國即將阿力麻里立為首府。元亡後，明朝沒有直接統治這裏，此地因而成為西蒙古（漢語譯音為瓦剌、衛拉特、厄魯特）的牧地。西蒙古大致分為四部（準噶爾部、杜爾伯特部、和碩特部、土爾扈特部），四部之一的準噶爾部於 17 世紀統一北疆。

他們也以阿力麻里作為首府。因此，今天在地圖上幾乎都找不到的霍城縣，在歷史上的來頭不可小覷——它在漢、唐、遼、元、明時期都是重要的城市。

今天霍城最重要的，或者說本地人最願意對外宣傳的，倒不是其悠久的歷史，而是這裏美麗的自然風光。霍城的風景確實很好，附近有「大西洋最後一滴眼淚」——賽里木湖，湖區不遠處即是著名的果子溝。當季之時，這裏有顏色美豔悅目的大片薰衣草，和法國南部的景觀不相伯仲。此外，這裏還有很大的一片葡萄長廊。所以本地的旅遊從業者並不執着於介紹霍城歷史，一是因為太複雜了，一般遊客未必有興趣，即使用心聽了，也很難記得住；二是本地的自然風光足以令任何語言和掌故都黯然失色。所以導遊們通常只介紹賽里木湖和果子溝，帶領遊客去薰衣草莊園和葡萄長廊照相「打卡」，就足以讓遊人對霍城讚不絕口終生難忘了。

本書並非為一般遊客而寫，但即使有心鑽研的讀者，看完了前述極簡的歷史介紹，也未必記得住。我在絲路上行走了幾十年也無法牢記所有的史實掌故。西域複雜的過往，必須依靠參考書和地圖才能梳理出一個較為清晰的脈絡！所以，我願奉勸讀者諸君，切莫輕易放棄，即便不以記住具體的知識為目的，但如果能通過本書對絲路有一個難忘的印象，對西行留下渴望的萌芽，就可知足矣！

賽里木湖畔氈帳裏的一席談

在短短一天的霍城之行中，我有幸和兩位跟我年紀差不太多的本地退休幹部在賽里木湖邊的一個氈帳裏吃飯，喝酒，聊天。

主人是第四代的霍城人。他自言其先人是 19 世紀下半葉從甘肅遷來新疆。我問他當時為何選擇留在霍城定居，他說據老人家言，當年由於戰亂和經濟被破壞，他們在家鄉已無法生存，就和不少同鄉往西逃荒，一路上幾次停留，都無法安身。到了霍城，才知道這已經是中國國境的盡頭，於是無論如何都不再西行，就選擇定居在此地了。

另一位同席的本地人則出生在阿勒泰地區的一個縣城。他父親原籍河南，曾任國民黨駐疆部隊的連長，1949 年起義後被改編加入人民解放軍，後來轉業到伊寧市。他本人在伊寧長大，一直在伊犁自治州的機關裏工作。

我是個海外來的遊客，對他們很好奇，他們對我亦如是。於是三個年齡相仿，背景迥異的「路伴兒」吃着本地的清真美食，舉杯暢飲美酒，天馬行空地談起我們都較為熟悉的中國近代史。

這通談話令我至今難忘的，大概有以下三點：

第一點就是伊寧市的人口分佈。伊寧市約有 50 萬人，哈薩克族、漢族居多，因為這裏是哈薩克自治州，自然不稀奇。然而，出乎我意料的是，此地也有很多維吾爾族。關於這些維吾爾族為何會由南疆大規模遷到北疆，有一段我過去未曾知曉的歷史。

17 世紀後期，準噶爾汗國的噶爾丹征服了南疆的葉爾羌汗國後，強迫許多南疆各地的穆斯林農民到伊犁河谷開墾土地，如若他們逃出伊犁，將嚴懲不貸。這些人被叫做「塔蘭奇」(蒙古語「種地的人」)。南疆農民與本地的遊牧民族語言不同，生活方式迥異，社會地位也有區別，在 17—18 世紀伊犁地區的特殊語境裏，這個名詞帶有「官家農奴」的含義。

18 世紀中葉乾隆平定準噶爾後，清廷為了供應八旗駐軍的糧食，

也為了開發伊犁，就保留了上述制度，還特地又從喀什噶爾地區遷移了六千戶維吾爾族農民到伊犁。早先來的「塔蘭奇」便把這些後來者叫做「喀什噶爾人」。

要發展農耕，就必須從伊犁河及其支流引水灌溉。除了維吾爾人以外，錫伯族人也善於耕作。所以，錫伯營的軍民就引伊犁河水，建成了許多灌溉溝渠，因此開墾了大片的良田。漸漸地，伊犁不但形成了農牧並重的經濟發展模式，還得到了「塞外江南」的美稱。

我跟這兩位頗有學識的本地人學到的第二件事，就是新疆歷代複雜的行政隸屬關係。

從 11 世紀開始，南疆開始了伊斯蘭化的過程。到 15 世紀初，整個南疆幾乎完全伊斯蘭化了。此時恰逢蒙古人統治新疆，而蒙古人不是穆斯林，但他們採取了一種雙重統治的方式：一是利用宗教，扶植某些伊斯蘭教教士協助統治。因而，教士（在新疆普遍用波斯語稱為「毛拉」或「大毛拉」，指清真寺的教長，也泛指穆斯林學者）受到政治上的尊重與肯定，並被賦予了一定的發言權。

第二重統治就是世俗行政的統治。察合台汗國統治時期，一部分蒙古貴族被分封到不同的地方，被稱作「伯克」，即突厥語言裏的「beg」，相當於漢語的「大人」。初期的伯克是世襲爵位，受封於汗國，與宗教沒有聯繫。清朝時，中央政權在本地的影響力轉強，「伯克」變為由中央任命的地方首長，像內地的「流官」一樣，是可以被免職的。此外，這一時期擔任「伯克」的往往並非蒙古貴族而是維吾爾族傳統上層。他們獨攬稅收之責，還可以規定屬下居民的徭役，相當於清政府在本地的地方官吏。

除此之外，清廷還按照對蒙古的統治制度，在新疆實行「扎薩克」

制。扎薩克就是行政單位「盟」的意思。在人口、語言、宗教都很複雜的新疆，清朝經常並用「伯克」和「扎薩克」這兩種制度來作為本地人之酬庸，並使他們彼此制衡。

由古及今，我們的談話自然又說到今天新疆的建制。新疆維吾爾自治區是一個省級的單位，與自治區同樣直接向國務院負責的還有新疆生產建設兵團。新疆維吾爾自治區是從版圖的角度劃定的中國領土區劃，但是在自治區內部，還有一些地方是由新疆生產建設兵團開墾出來，並且由兵團直接管理的行政單位。

新疆生產建設兵團和新疆維吾爾自治區並非涇渭分明。比如說，在二十世紀六十年代由內地知識青年建設起來的石河子市，現在已經成為新疆一個著名的農業和工業基地，甚至還辦了一所我去參觀過並且在那裏演講過的石河子大學。石河子市是新疆自治區的一個市，但是它的市長歷來都是由新疆生產建設兵團第八師的師長兼任，也就是說，石河子市就相當於新疆生產建設兵團的第八師。

察布查爾縣的錫伯族

從伊寧向南看，伊犁河的南岸就是察布查爾錫伯族自治縣。因為我瞭解錫伯人的一些歷史，所以這次算是有備而來，事先聯繫了要去參觀的地方。我首先去參觀的是烏孫古墓景區，它比錫伯人遷來此地的時間還要再早至少 2500 多年。此外我還參觀了一個滿文的書法展覽，以及錫伯人到達之後興建的靖遠寺——當地最重要的文化景觀之一。

錫伯族自治縣派出的接待人員告訴我了一個關於察布查爾縣的口訣：一山（天山）、一水（伊犁河）、一邊（與俄羅斯的邊境）、一園（民

俗風情園）。這個口訣高度概括了該縣的自然環境和人文地理。他們還很鄭重地給我講述了錫伯軍人和及其家屬到新疆的歷史。

康熙親征準噶爾之後不久，準噶爾政權再度復興，內部團結安穩，所以清朝審時度勢，不輕易動兵。但是 1755 年，準噶爾部因汗王去世而引起內訌，乾隆趁機從甘肅、陝西等地調兵，一勞永逸地解決準噶爾邊患。

然而，戡平準亂不久，南疆又出了大小和卓之亂。乾隆平定了大小和卓的叛亂之後，做了一個理性的決定，即從滿清龍興之地——東北抽調兵丁遠戍新疆。

乾隆認為，不在新疆駐軍就無法在這個遙遠而廣闊的地區體現主權，震懾邊疆。而乾隆年間，清朝縱然國力鼎盛，全國的八旗軍加起來也不過十幾萬人。清朝當時依靠的主力軍隊是從明朝接收過來的以漢人為主的綠營軍。雖然某些時候綠營軍發揮的作用很大，但是在滿清皇帝心中，八旗軍（包括滿八旗、蒙八旗和漢八旗）才是他信得過的精銳部隊。在裝備和軍餉上，綠營軍都比八旗軍遜色不少。

八旗軍的人數不夠多，而且又都駐紮在各個要地，所以乾隆決定從東北老家抽調一部分雖不及八旗軍，但仍可謂精銳的，尤其是可信賴的部隊。這就是後來所謂的錫伯營、索倫營和察哈爾營。

這裏只說錫伯營。錫伯人的語言和滿語相似，血緣也很近。西戍的錫伯人主要是從瀋陽附近抽調出來 1000 名士兵和 20 多名軍官，加上他們的家眷共約 4000 人，於 1759 年春天分兩批出發，經過大半年的行軍到達新疆。他們開拔之前被告知這只是普通的駐防調動，以後還會再調回老家的。怎知道，兩百六十年過去了，清朝滅亡也超過一百年了，錫伯營還沒收到再次調動的軍令！

錫伯營向伊犁將軍報到後，伊犁將軍按八旗軍的規矩把他們整編。待冬季伊犁河結冰之時，便命令他們渡河，在伊犁河南岸紮營、屯田，慢慢發展。

我說慢慢發展是有所指的。錫伯人過河之後，根本看不到任何瓦剌人（準確地說，是準噶爾人）。因為此時的瓦剌除了內訌導致衰弱外，還趕上天花大疫的流行。據記載，當時十個瓦剌人中，就有四個人死於天花，三個死於戰爭，剩下不願意投降而又沒有染上天花的三個人之中有兩個人也過境去了俄羅斯。所以時諺云：「數千里間無瓦剌一氈帳」。就是指當時準噶爾人或其他的西蒙古人已經一敗塗地，千里絕跡之慘狀。

錫伯人所到之地缺乏補給，只有大片未開墾的土地。還好錫伯人素來就會種田，所以他們在伊犁河岸邊建立了 18 世紀旗人版的「集體農莊」。他們還在伊犁附近營建了多條溝渠，用來灌溉農田，這是過去在遊牧地區少見的新鮮事物。

除了屯田生產，補充軍需之外，這一支錫伯族的軍隊畢竟還有軍事屬性，所以他們都配有最基本的武備，如長槍等。錫伯人和滿人最引以自豪的就是他們精湛的騎射技藝。新疆的錫伯人仍然保留此遺風，今天錫伯族一些青年人仍然以能夠拉弓射箭為榮。

錫伯人在新疆至今已 200 多年了，現在錫伯自治縣大約有 5 萬多錫伯人。據說在察布查爾的錫伯人中，目前僅有不超過一半的人口能夠真正用錫伯語交談。我見過的一家錫伯人，以普通話為日常用語，當我問他們能不能說錫伯語的時候，他們很赧然地彼此看了看，答道：「能說幾句吧！」（但是新疆的錫伯人都能說流利的漢語，許多人也會說維吾爾語。）

錫伯族書法家和他的書法作品。

　　據我所知，今天故宮研究滿文檔案的人員多半是從新疆錫伯族裏面選拔出來的，或由他們培養出來的。中國有好幾個大學開設滿文專業，但是今天不論是滿族還是漢族的學者，能夠看得懂滿文檔案的人並不多。我在察布查爾錫伯族自治縣看到了一個很能反映錫伯族歷史的創意書法展。其中一位本身是中學老師的錫伯族書法家，既精通漢字書法，又能讀寫滿文。他把漢字書法的特徵和滿文結合在一起，創造性地用草書和行書的方法書寫滿文。

　　我能看出他的書法中有某些漢字草書和行書的筆劃，但是拼到一

起就完全看不懂任何一個字。這位錫伯族的書法家就「知其不可為而為之」地耐心給我解釋。我的母親是滿族，成長於遼寧海城的一個由八旗軍營演變而成的滿族鄉鎮，所以我有很強的動力用心聽，但用心之後的結果還是「擀麵杖吹氣——一竅不通」。

　　令我最欣慰的是，在伊犁河南岸，仍然有成萬的人口可以使用幾乎能與滿語相通的錫伯語交談，並且能夠讀寫滿文。作為半個滿族人，我很慶幸乾隆皇帝當初命令幾千名錫伯人長途跋涉到中國的最西部——要是他們都留在瀋陽附近，今天中國可能已經沒有多少人還能讀寫滿文，遑論研究北京故宮裏的滿文檔案了。

第 24 章

霍爾果斯口岸

站在口岸看哈薩克斯坦

　　草原絲路行進到新疆伊犁哈薩克自治州的西端就是霍爾果斯。2006 年夏天，我第一次到這個邊境口岸，當時中哈兩國已經協議要把霍爾果斯口岸建為中哈共有共用的通關保稅區。

　　中國同 14 個國家有陸地邊境，口岸更是有幾十個之多。我站在霍爾果斯口岸眺望對面的時候不禁想到中國的地緣政治格局：中國是海洋國，更是陸地國，中國東部的渤海灣地區、長江三角洲地區、珠江三角洲地區充分得利於最近幾十年來的改革開放，也充分利用並擴大了他們面朝海洋的優勢。在新疆的西部，緊鄰能源充足，基礎設施欠佳的中亞五國，霍爾果斯的前景以及它的發展方向也絕對值得期待。

　　當時的邊境口岸通道是一座公路橋，遊人能步行到陸橋的東端，也就是 312 國道的西部盡頭。在那裏攝影留念時，我的背景就是全世界最大的內陸國家。

　　哈薩克斯坦是全世界面積第九大的國家，國土面積 270 萬平方公

我的身後，就是全世界最大的內陸國家。

里，與新疆加西藏的面積之和相等，而人口只有不到 2000 萬。它是原蘇聯的第二大加盟共和國，今天的人口中 60% 是哈薩克族，35% 是俄羅斯族，其公共生活、學校教育，甚至是日常生活的主要語言是俄語。首任總統納扎爾巴耶夫曾是蘇共政治局委員，在蘇聯解體前，他曾被認為是蘇聯政壇的明日之星。哈薩克斯坦對蘇聯解體一事並不積極，其獨立甚至有些不得已。然而獨立後，它是前蘇聯 15 個加盟共和國中唯一沒有經過政變、鎮壓、對外戰爭等流血衝突而建成的現代民族國家。納扎爾巴耶夫總統在國內的威望無可匹敵，連任總統近 30 年。2019 年他因為年齡關係主動辭職，退居第二線，但仍保留了巨大的影響力。2021—2022 年之交，哈國發生政治動亂，納扎爾巴耶夫退出了他獨佔三十年的政治舞台，新總統托卡耶夫提出比較溫和但指向明顯的改革路線。

哈薩克民族正式誕生於 16 世紀，在其歷史觀中，他們是古代的烏孫、康居、塞人、匈奴、突厥和蒙古人整合而成的以遊牧為主要生活方式的民族。

15 世紀，歐亞大草原東部白帳汗國的大量人口——烏茲別克人——南下到中亞的兩河流域，從遊牧過渡到定居和農耕生活，因此和仍然留在草原上從事遊牧的部落之間產生了文化和政治差異。而後者經過整合，建立了哈薩克汗國，哈薩克民族由此正式誕生。哈薩克語屬於阿勒泰語系突厥語族的語言，但是哈薩克人承認蒙古人，尤其是金帳汗國的人口，是哈薩克民族的重要來源之一。許多哈薩克人甚至認為成吉思汗也算是哈薩克人，因為他的母親出身於弘吉剌部，而弘吉剌部被公認是早期哈薩克民族的重要部落之一。

世界島的地理歷史由來

19世紀末，美國海軍軍官馬漢（Mahan）出版了一本關於海權論的名著——《論海洋對歷史的影響》。美國的領土使她獨霸北美洲大陸：歐洲人從北美洲東岸登陸，逐漸向西發展到大陸西岸以後，美國成為一個東臨大西洋，西瀕太平洋，南對墨西哥灣與加勒比海的國家。它的陸上鄰國只有兩個，一個是人口只有它的 1/10，與它大致同文化、同語言的加拿大（大約 25% 加拿大人的母語是法語）。而美國南部的鄰國墨西哥與它實力相差懸殊，而且美墨的邊境遠不如美加邊境那麼長，所以美國幾乎完全不必顧慮陸上的安全。因此，海洋是它唯一的發展方向。自從馬漢提出海權論之後，美國國防與外交的基本信條就是必須保持其海上優勢，依仗海上力量投射美國的實力。

1904 年，英國的地緣政治專家——很可能是全世界最早在學術年會上討論地緣政治理論的學者——麥金德教授發表了一篇題為《歷史的地理樞紐》（The Geographical Pivot of History）的論文。他把歐洲和亞洲視作一塊完整的陸地單元，即世界島，將北非和部分東非也算作世界島的一部。

他認為，世界島是全世界最重要的部分，南北美洲、大洋洲和絕大部分的非洲都不在「世界島」的範圍內，甚至連東南亞的幾個面積頗大的島國也不包括在內。一個依靠海權建國的大英帝國的學者，居然在大英帝國國勢如日中天的時候（第一次大戰之前）提出陸權論，頓時引起了人們的關注。他的立論點在於：人類文明的交往史上，歐亞大陸是文明的先行者，也是文明最容易交往互鑒的區域。不論是羅馬帝國、波斯帝國、拜占庭帝國、阿拉伯帝國，還是後來的俄羅斯帝國、德意志帝

國，都曾經考慮過要控制歐洲的中心地區，就是今天的波蘭和烏克蘭西部。而麥金德除了提出世界島的概念之外，又用三段論的方法提出了「心臟地帶」的概念：誰控制心臟地帶誰就可以控制世界島，誰控制世界島誰就可以控制全世界。2022 年初爆發的俄羅斯對烏克蘭（以及歐盟與北約）的戰爭，是否意味着在人造衛星滿天飛的今天，還有人執着於世界島心臟地帶論，相信各位讀者自有判斷。

心臟地帶在哪裏呢？正是今日的哈薩克斯坦及其附近。更準確地說，就是從東歐平原一直延伸到西伯利亞平原的大片地區，包括俄羅斯的大部分、中亞五國、伊朗、阿富汗及中國的西北部。

麥金德提出這個概念的歷史背景，正是 19 世紀大英帝國和逐漸崛起的沙俄帝國在中亞、阿富汗，甚至在伊朗範圍內進行的所謂「大博弈」(the Big Game)。英國以巴基斯坦和印度作為基地，朝西、北（即中國的西藏、新疆以及阿富汗、中亞各國）擴張勢力；俄羅斯則從北方向南推進，他們已取得了高加索地區和中亞的大部分（包括今哈薩克斯坦），正在對新疆和尼泊爾蠢蠢欲動，最終目標是染指英屬印度。麥金德出於這個現實，看到了英、俄之間爭取歐亞大陸霸權的一面。

心臟地帶的概念

如果我們看一下歐亞大陸的地圖，則會發現當前在整個歐亞大陸上，有三條所謂的歐亞大陸橋。第一條是穿過寒帶，從符拉迪沃斯托克到莫斯科的西伯利亞鐵路；第二條是穿過溫帶，從中國連雲港到荷蘭鹿特丹的鐵路。這條鐵路正是通過霍爾果斯進入哈薩克斯坦，再穿過中亞進入歐洲。由此可見哈薩克斯坦在歐亞大陸東西交通中的重要地位；

第三條可能存在的歐亞大陸橋是從孟加拉經過印度，再穿過巴基斯坦、阿富汗、伊朗向西去的鐵路陸橋。從陸路走的大宗物流，如果在各國邊境通關時順利而有效，就會比海運快速且安全得多，單位運費也因此會低許多。2006 年我到霍爾果斯之後不久，從四川成都經新疆到波蘭的鐵路便通車了。2010 年，霍爾果斯口岸升級為霍爾果斯市，其受重視的程度由此可見一斑。

「一帶一路」的歷史使命

2013 年 9 月，習近平在哈薩克的首都阿斯坦納宣佈了「絲綢之路新經濟帶」的構想。兩個月之後，他又在印尼的萬隆提到「海上絲綢之路」的概念，從此形成最近這些年受到全世界熱烈討論的「一帶一路倡議」（Belt & Road Initiative，簡稱 BRI）。這個倡議是對過去歷史的總結，也是對未來人類文明發展和國際交往的一個預言。從中國的角度看，一帶一路是海陸並重的表現，不偏廢任何一方。

清朝末年曾經有塞防和海防之爭，而今後海、陸將是一首協奏曲，沒有誰重要誰不重要的爭論，只有在甚麼時候應該強調哪一方面的區別。一帶一路的另外一個旨趣，則在於整合沿線各個地區需要建設、需要資金、人才和技術的地方，把沒有得到開發的市場潛能調動起來。

人類只有一個可以棲身的地球。在面對氣候變化、環境污染、全球傳染病、國際販毒和恐怖主義的威脅中，人類如何自處求存，如何互助共濟是今天全世界必須面對的挑戰。在霍爾果斯口岸凝望未來，我緬懷着草原絲路的過去，對一帶一路的前景寄以厚望。

第 25 章

阿拉木圖：古老土地上的新城市

七河地區、哈薩克人、俄羅斯人

從新疆西部越過國境進入哈薩克斯坦，邊境附近最重要的城市就是位於「七河地區」（突厥語為 Jetisu；俄語為 Semirechie）的阿拉木圖（Almaty）——哈薩克斯坦最大的城市，是其 1997 年之前的首都。

「七河」是指七條發源於中國天山山脈和其支脈阿拉套山的河流。這七條河都不太長，大都注入哈薩克的第一大湖——巴爾喀什湖。「七河地區」適於農作，3000 年前就已經有相當規模的農業生產，也曾是烏孫、康居等古代遊牧民族的棲息之所。根據考古學研究，「七河地區」先有定居農耕的人口，後來才變為遊牧者的牧場。由於遊牧的斯基泰人在中亞地區統治了很久，所以許多斯基泰王室的墳墩都在今天的哈薩克斯坦境內，阿拉木圖附近就有不少。因此，阿拉木圖乃是建築在一方古老土地上的新城市。

14 世紀末期，統治西伯利亞草原的蒙古白帳汗國的主要人口是由突厥、蒙古等不同部族組成，西部突厥語成為白帳汗國居民的通用語

言。他們是由成吉思汗的玄孫,拔都之孫月即別(欽察汗國第 9 個汗王)的後人所組成,因此被稱為「月即別」人,又音譯作「烏茲別克」人。後來一部分月即別人因為政治分歧而向東遷徙到楚河與塔拉斯河流域的西部,受到察合台汗國統治者的歡迎。他們起初被稱為月即別—哈薩克人,後來就直接稱為哈薩克人。關於「哈薩克」一詞的來源有不同的說法。較為普遍的是「哈薩克」這個詞是從古突厥語「脫離」、「遷徙」而來;「月即別—哈薩克」就是指他們乃是由月即別人中脫離出來的羣體。此時,無論在民族或是在社會生活的特徵中,月即別人與哈薩克人並沒有本質的區別。他們也都已信奉了伊斯蘭教。

之後,西蒙古衛拉特人出現在錫爾河河畔,擊敗了留在西部的月即別人,迫使許多人南渡錫爾河,進入河中區,從此改為定居生活——他們就是早期的烏茲別克人。而在錫爾河之北的哈薩克人口逐漸依據古代突厥人的習慣與當時的管理需要分為三個部落集團:最西邊的稱為小玉茲,接近西伯利亞南部的稱作中玉茲,位於七河區的叫大玉茲。最後者是哈薩克汗國精華之所在,汗王多出自此部。

在哈薩克汗國之西,俄羅斯人從 16 世紀中葉起就開始向伏爾加河之東擴張。他們在 17、18 世紀派出行政人員隨軍東進,先後征服了小玉茲、中玉茲,接着又把注意力轉移到大玉茲。1854 年,俄羅斯在七河流域的南部修建了一個名為「信仰者」(Verniy)的軍事堡壘,這就是阿拉木圖的起始。

天山北麓

2009 年、2011 年和 2015 年我曾三次到訪阿拉木圖,每次的感受

都舒適且愉快。這確實是一個風景優美，規劃合理，和平友善的城市。阿拉木圖大約有兩百萬人，佔哈薩克斯坦全國人口的十分之一左右，毫無疑問是哈薩克斯坦的經濟和文化中心——過去還曾經是全國的政治中心。現在哈薩克斯坦雖然已經遷都到阿斯坦納，但相信阿拉木圖的精英們對本國的政治仍然具有相當大的影響力。

作為一個城市，阿拉木圖的建設過程可能是對「塞翁失馬，焉知非福」這句話最好的詮釋之一。19 世紀末有一次大地震，阿拉木圖城中幾乎所有重要的俄羅斯建築都毀於一旦。今日的阿拉木圖是地震後重新規劃和建設起來的，因此也就更為現代化。整體來说，阿拉木圖市區南高北低，城市的南區臨天山北麓的緩坡而建，徐徐落到山腳的平地，進入城市的北區。從阿拉木圖市區再往北去，就是七河流域的牧場和農耕地。站在城市南沿的山坡上，可以俯瞰全城。而站在市區的任何一條大街上朝南看，都能夠望到天山的北坡與山頂。即使在伏暑天，也能見到天山頂上的積雪。

坐纜車到天山北麓的「翠山」（Kök Töbe），可以欣賞大半個城市，也可以近距離觀賞天山，當然還可以品嘗着咖啡甜點愜意休憩。我三次到阿拉木圖，都去了「翠山」。在這裏不止可以看到一個頗為新式的大城市，還能體驗到一種自然的幽靜——身處濃郁而蒼翠的山上，很難不心曠神怡，寵辱皆忘。面對着不同風格的建築物，橡樹、樺樹和胡楊樹林層層遮掩，此隱彼現，我很欣慰能夠體驗到舒暢清新的心境，但是卻遺憾自己缺乏詩人的筆觸。

搭乘纜車上「翠山」。

所見、所聞、所思

　　如上所述，阿拉木圖的地勢是南高北低，它的主要幹道都是南北向的，因此山上的寒流或者是夏天的涼風都可以由南向北吹遍整座城市。在都市的中央，最主要的當然是以前的首都政府建築羣。有一個英國的商學院曾經租用了原國會大廈的一隅。2011 年訪問阿拉木圖時，我和這個商學院的院長有約，得以進去參觀。這是阿拉木圖最受歡迎的商學院，據說也是學費最貴的商學院。

每次去阿拉木圖，都沒機會去歌劇院欣賞他們的藝術表演，一直令我耿耿於懷。不過，我在一個街角倒是有幸看到在新疆就聽過的冬不拉表演。冬不拉是哈薩克民族特有的彈撥弦樂器，和維吾爾族的都塔爾類似。在阿拉木圖的街角聽到冬不拉演奏哈薩克、俄羅斯和美國樂曲，讓我領略了今日阿拉木圖的開放與自信。這又令我想到另一件事：在香港中樂團的一次演奏會上，一位中國二胡演奏家連續演奏了阿炳的「二泉映月」和帕格尼尼的「24 號隨想曲」。音樂本來就沒有國界，傳統民族樂器可以通過演奏者克服技術障礙，演奏原本不便於演奏的外國樂

阿拉木圖的首都政府建築羣。

曲。但是，無論在阿拉木圖、香港或是其他地方，多元相容的藝術表演最需要克服的恰恰不是技術障礙，而是文化的偏見和心理的障礙。

阿拉木圖的街道寬廣，兩側行道樹林立，人行道也很寬敞。許多攤販在市中心的街道上經營着各式各樣的商品。剛從街道狹窄的香港飛到這裏的我，頓覺環境十分寬鬆。然而我相信，這些寬闊街道上的攤販如果有可能去香港的話，大概也不會在意香港的狹窄與擁擠，只會羨慕香港同行的滾滾客源（財源）！

2009 年 9 月，我第一次去阿拉木圖。旅行社代訂的酒店不盡如人意，兩天之後我搬到了一家中國人開設的四星級酒店，這裏同時也是中國商會的所在。酒店裏面有一家味道頗正宗的中餐廳。有一晚我去吃飯的時候，恰巧有本地人在那裏辦婚宴，我只好坐在旁邊的一個小間裏傾聽喜宴的音樂，觀賞來賓們的衣着，權當考察本地風俗人情。根據音樂、服飾與人們彼此交談的態度，我斷定婚禮的主人家與賓客大多數是俄羅斯化的哈薩克人。整個禮堂的佈置沒有絲毫伊斯蘭教的痕跡，播放的音樂似乎也都是流行樂曲。

酒店裏有幾位工作人員是從新疆過來的哈薩克族人，能說流利的漢語。其中一位告訴我，她在中國出生長大，到哈薩克已經超過 10 年了，是哈薩克的公民。在 18、19 世紀的沙俄時代，甚至在 20 世紀初蘇聯內戰時期，大批哈薩克人為了逃避俄羅斯人的壓迫或是戰亂而湧入中國的伊犁地區。中國清朝當時的政策是儘量收留，准許他們覓地放牧，但是要收取一定的牧場稅金。現在新疆大約有 150 萬哈薩克族人，其中絕大多數人的祖先可能是百餘年前沙俄軍隊進駐七河區時湧入新疆的。

哈薩克獨立後，有一條國策和對應的法律，歡迎全世界任何地方的哈薩克人回到哈薩克居住，大致相當於以色列為全球猶太人專設的「回

歸法」。換句話說，只要他們能證明自己哈薩克族的身份，就可以取得哈薩克斯坦國籍。

博物館內

阿拉木圖有不少博物館，我只去過兩家：民間樂器博物館和國家中央博物館（Central State Museum）。

去民間樂器博物館是因為它就在阿拉木圖那座高大宏偉、富麗堂皇的著名木結構建築——耶穌升天大教堂——的附近。參觀完教堂，穿過一個清靜的公園，就看到了這個樂器博物館，於是進行了一次隨機參觀。其實，我對哈薩克的民間樂器瞭解不多，只知道冬不拉。

至於哈薩克的國家博物館我倒是計劃好要去參觀的。但我也並沒有甚麼特別期待，只是覺得既然來了阿拉木圖，就應該去看看國家博物館。我當時認為，中亞有近 200 年的時間是在俄羅斯的控制之下，而大部分重要的考古發現和藝術品的鑒定都出自俄羅斯專家之手，因此上佳的展品應該一早就被帶到聖彼德堡去了，正如我曾經在聖彼德堡看到過的那些古代中亞的上佳展品。沒有想到，在阿拉木圖的國家博物館的收藏還真是豐富而有特色，包括一件我以前根本不知道的哈薩克國寶！

在第一展廳裏，有許多關於早期烏孫與斯基泰人的器物。其中一個是 1969 年才出土的「金王子」——一個生活於公元前 6 世紀的大約 18 歲的斯基泰王子的遺體。他身穿的寬大長袍是用金絲串成的，袍上共有 3000 多片非常精緻的鳥獸形狀金片。這位 2600 年前去世的年輕男子不是躺着而是站在展覽廳裏，極像是時裝店裏的人體模型。

這個博物館的最後一個展廳表現的是一位哈薩克太空人在蘇聯空

間站的活動，因為蘇聯時期重要航天中心就設在哈薩克斯坦的拜科努爾。第二次大戰時，為了躲避德國的進攻，蘇聯把許多重要的實驗室和人才都搬到東部的腹地，也就是今天的哈薩克斯坦，因此阿拉木圖接收了大批重要的知識分子和科學家，大大加速了本地的科技發展。

看到了 2600 年前非常精美的手工藝品，又看到了代表現代最高科技水準的太空人，在離開這個令人流連忘返的博物館之前，我決定購買一件紀念品。既然沒辦法買到古代的器物，也不能買到展覽出來的太空人穿的宇航服，那我就以中庸之道選了一個代表中世紀製造技術的禮物——一個頗為別緻的牛皮酒壺。當哈薩克牧人騎在馬上馳騁的時候，用這種皮製的酒壺盛酒，對着壺嘴就能直接喝，連放慢坐騎都不必要。所以我家裏已經備好這個還沒啟用的皮制酒壺，就等我學會駕馭駿馬，馳騁在香港的馬路上了！

第 26 章

吉爾吉斯斯坦透視

瑪納斯與國際機場

2009 年 9 月，我從烏魯木齊乘飛機到吉爾吉斯斯坦首都比斯凱克，飛機降落在瑪納斯國際機場。

《瑪納斯》（Manas）是吉爾吉斯民族的史詩，分為八部。第一部講述民族締造者瑪納斯的神勇事跡，其後七部依次講瑪納斯之後七代子孫的故事。一如所有敘述民族起源的史詩，《瑪納斯》的可讀性很高，但真實性頗低。

我到瑪納斯國際機場時，它還在美國空軍的租借年限之內，政客們已經在辯論應否與美國續約之事。因為中亞幾個國家多少都支持美國在阿富汗的反恐戰爭，故和美國簽有協議，或是允許美軍人員通過自己的領土前往阿富汗，或是允許美國軍需品過境。吉爾吉斯斯坦則是將最重要的機場租借給美國。然而，我在瑪納斯機場沒有看到任何美國飛機，也就是說，機場被區隔成了民用和軍用兩部分。

依照蒙古人對人口的基本定義，吉爾吉斯人乃是「林中之民」，即

住在森林裏以打獵為生之人，不同於住在帳篷裏主要以放牧動物為生的「氈帳之民」。吉爾吉斯人曾經生活在比現在更靠北的寒冷之地，在某一時期，吉爾吉斯人逐漸南移，開始過草原生活。歷史明確記載，公元844 年，黠戛斯人（吉爾吉斯人的古代音譯）把回鶻人從蒙古高原趕走，從而佔領了蒙古大草原。後來蒙古崛起，黠戛斯人又被趕出蒙古草原，與其他突厥語的族羣融合，形成了今天的吉爾吉斯族，這時已經大約是公元 15、16 世紀。這兩個世紀也是哈薩克族形成的時期。因為吉爾吉斯和哈薩克的語言接近，而所在的地理區域也有重疊，所以 19 世紀的俄國學者對這兩個民族的稱號與今天不同——在相當長的時間內，俄國學者把哈薩克人叫做吉爾吉斯人，而把今天的吉爾吉斯叫做卡拉吉爾吉斯。根據近代語言學家的研究，在當代操突厥語的族羣中，韃靼語、巴什基爾語、哈薩克語和吉爾吉斯語都屬於北方突厥語（欽察語支）。

今天吉爾吉斯斯坦的領土是十月革命後，由蘇聯政府主導，在莫斯科決定的。這個幾乎是由俄羅斯人指定國土的國家有三個深受本國人民重視的地理要素：天山、楚河、伊塞克湖。

天山、楚河、伊塞克湖

吉爾吉斯斯坦的國土東西長，而南北短。天山山脈的最西部正好橫插在這個國家的中間，因此在吉爾斯斯斯坦，幾乎任何地方都能看到天山。夏末時節，我乘車在吉爾吉斯斯坦的公路上行走了好幾天，有時路過海拔超過 3000 米的地段還需要穿外套禦寒，當然，大多數時間只需要一件短袖襯衫。但無論從任何角度舉目，天山始終白雪皚皚。

楚河發源於吉爾吉斯斯坦東部，自東向西橫貫吉爾吉斯斯坦的北

部。這條不長的河流徑流量不大，但是對吉爾吉斯斯坦卻非常重要，因為它可以灌溉兩岸的河谷地帶。首都比斯凱克就坐落於楚河的北部河谷中。我沿途見到的幾個灌溉和發電用的水庫，都集中在楚河流域。楚河中游是吉爾吉斯斯坦和哈薩克斯坦的界河，之後就進入哈薩克斯坦境內，繼續向西流，在沒到錫爾河之前就沒入沼澤之中。

坐落於楚河之南，比斯凱克和托克馬克之東的就是著名的伊塞克湖。這裏景色絕佳，是吉爾吉斯斯坦最著名的旅遊勝地。由於時間不夠，而且我也沒有遊伴，所以只是匆匆地拍了幾張照片，在湖濱一家小飯店吃了頓飯，就算是「打卡」了。雖然短暫，但我的「打卡」之行還真的很值。因為這個面積只有 6200 平方公里的小湖 (不遠處哈薩克斯坦境內的巴爾喀什湖面積是它的三倍；我讀博士時天天面對的密西根湖有它的九倍大) 竟是全世界第二大的山中之湖，它的水深能達 660 米，容水量居全世界所有湖泊的第 12 位！

奇特的是，楚河與伊塞克湖「相遇而不相交」：楚河不注入伊塞克湖，伊塞克湖的水既不從地面流入，也不由地下渠道滲入楚河。

我的吉爾吉斯導遊

我在吉爾吉斯斯坦有五天半的時間，參觀首都比斯凱克的市貌時，還看到了總統府衛隊在國旗杆前踢俄羅斯式的緩慢正步。除此之外，我經過了一個比斯凱克附近的東干人村子，因為導遊不認識村裏的任何人，遺憾地失之交臂——要再過六年之後，我才有機會接觸慕名已久的東干族。

失之東隅，收之桑榆！雖然我沒見到東干族人，卻出乎意料地接觸

到這個國家的另一個側面。

我的導遊兼司機大概三十歲左右，完全是歐洲人的長相，俄語是他的母語，所以我很自然地認為他是俄羅斯裔，但每次飯前他都以穆斯林的方式祈禱謝恩，又讓我覺得他可能是北高加索人。經過兩天的同吃同行，我們頗談得來，因此他便與我分享了很多自己的故事。

原來他是德國裔，是 18 世紀時葉卡捷琳娜女皇從德國招募的幫助俄羅斯開拓伏爾加河流域的 200 萬德意志農民的後裔。他的祖父早年學習機械專業，二十世紀四十年代初期在伏爾加河流域的一間農業機械製造廠任技師。第二次世界大戰德國進攻斯大林格勒（現名伏爾加格勒）時，斯大林擔心伏爾加河流域的德裔人口可能會同情德國，至少不會像其他蘇聯人那樣頑強抵抗，所以把大批的德裔人口強制遷往中亞。就這樣，這位導遊的祖父來到當時還沒有農業機械廠的吉爾吉斯斯坦，並「由組織安排」成了一個住宅區的維修員，住在一棟住宅樓的地下室裏。

導遊剛結婚一年多，妻子是吉爾吉斯斯坦的烏茲別克族人。按照伊斯蘭社會的傳統，非穆斯林如果和穆斯林結婚，要皈依伊斯蘭。這位年輕的職業導遊因此就改宗伊斯蘭教。除了餐前祈禱，他帶我去參觀清真寺或者其他宗教場所時，也會按穆斯林的方式行禮如儀。

本來我沒想去吉爾吉爾斯斯坦的第二大城市奧什，因為那裏在獨立初期就有過民族衝突，而且 2005 年政局緊張時也出現過動亂。然而，導遊的妻子就是奧什的烏茲別克族，他一再推薦此地，而且保證其安全性，所以我們就驅車去了奧什。相信大部分讀者不會知道，奧什在中國西漢歷史中頗為重要。西域大宛國產良馬，稱汗血寶馬。漢武帝想買，而大宛不賣。於是漢武帝兩度派李廣利率精兵攻大宛，並封其為「貳師

將軍」。「貳師」就是大宛國東部大城「奧什」的別譯。

　　一路上我們當然談了很多關於吉爾吉斯斯坦的內部分歧，包括佔全國人口多數的吉爾吉斯人和佔奧什地區人口多數的烏茲別克人之間的矛盾，以及宗教熱忱如何影響政治等等。

　　隨着討論的深入，我問他：「你的父母對你改宗伊斯蘭有甚麼看法嗎？他們信仰甚麼宗教呢？」他說他的父母甚麼信仰都沒有，但是他的祖父有。我問：「你的祖父信甚麼？」他答曰：「我祖父信共產主義。」這個回答令我頗為吃驚：「哦？都 2009 年了，還有這樣的人嗎？」他的回答是肯定的。我的興趣陡增，追問道：「吉爾吉斯斯坦現在還有共產黨嗎？」

　　這一問給我上了一堂生動的吉爾吉斯斯坦的當代政治課：第一，吉爾吉斯斯坦共和國有一個共產黨，但是這個政黨和前蘇聯的吉爾吉斯共產黨的關係並不明確，沒有嚴格的承續關係；第二，這個獨立後成立的社會主義政黨幾乎從來不推出候選人參加選舉，在政治上完全被邊緣化；第三，在比斯凱克應該至少還有十幾位仍然信仰共產主義的人，因為他們每隔一段時間就到他已經年近 90 歲的祖父家裏聚會，整晚都談論政治；第四，吉爾吉斯斯坦有不少政黨，他們有時會為了參加選舉而改名，所以叫甚麼不重要，得到選票最重要；第五，政黨往往是圍繞一個有實力和個人魅力的政治人物而形成，黨員中包括領導人的同鄉、同宗和同行，而黨綱則按下一次選舉的形勢而變動不居。

　　導遊每天都跟他妻子通電話，他們之間多半說吉爾吉斯語，偶爾也說俄語或烏茲別克語。所以當我知道這位 29 歲的青年不僅會俄語、吉爾吉斯語、英語，還會說一些烏茲別克語時，還是有點吃驚的。據他介紹，他的父母不但不反對他轉信伊斯蘭，對兒媳婦還挺滿意。同樣，他

說他的岳父母對他也很好。他力勸我去奧什，也許是想順道去看望岳父母吧！

從奧什看政治與宗教

我們駕車翻過天山，經過了一些修建在山裏的水壩和幾個市鎮，沿途牛、羊、馬等畜牧無數。在吉爾吉斯族人口為主的鄉鎮，許多男子都戴圓形的高帽子，婦女則在頭上包一條花頭巾。而奧什人的打扮則和他們很不同，倒是和我早兩年在烏茲別克斯坦東部見到的一樣，和在新疆喀什見到的也沒甚麼區別。地理上，奧什在費爾干納盆地的最東部，幾千年來都是農耕區域。

在奧什，我們登上了一座可以俯瞰整個都市景觀的山。我在這裏發現了一處好玩的地方：山麓上有一塊光滑的巨石，整個人可以躺在石頭上，從高處往下面滑，足足可以滑三四十米。天氣雖然炎熱，我也「老夫聊發少年狂」，跟着一羣青年人排隊登上這塊巨石，躺着滑下來，非常刺激過癮。導遊還給我拍照為證！

在市場裏，我看到不少東亞人的面孔。導遊介紹說，這應該是二戰時移居到中亞的朝鮮族後裔。我在阿拉木圖和塔什干的市場裏也見到過不少朝鮮族的商販。他們並不是穆斯林，因此和從中國來的東干族有所不同，但是這些朝鮮裔的人口也已經成為中亞地區的世代居民了。

吉爾吉斯斯坦獨立之後，一方面，雖然有一些俄羅斯族的人口離開，但是總人口並沒有多少改變；另一方面，歷來就在俄羅斯打工的大量吉爾吉爾斯人也沒有因為國家獨立而回家，他們甚至成為比以前更加重要的僑匯來源。

很明顯，近年來吉爾吉斯族和烏茲別克族形成了兩個政治傾向相異的集團。集團上層人物各自利用自己的民族、語言和文化來爭取吉爾吉斯斯坦的控制權；多數吉爾吉斯人認為全國應該只有一個官方語言，致力於讓烏茲別克語也成為官方語言的烏茲別克族人是在意圖分裂國家，可能使部分吉爾吉斯斯坦領土歸屬烏茲別克斯坦——據說烏茲別克斯坦確實有人鼓動和資助這個訴求。不過，目前為止這兩個國家的疆域和國界還是謹守着當初蘇聯時代的範圍。

雖然蘇聯解體已經三十多年了，但是俄羅斯在吉爾吉斯斯坦的政局變化中一直扮演了重要的角色。在俄羅斯之外，美國也是對吉爾吉斯坦產生重要影響的域外國家。除了租借機場，美國在吉爾吉爾斯坦（或是整個中亞）還有一個赫赫有名的文化基地，那就是位於比斯凱克的中亞美國大學（American University—Central Asia）。我在貝魯特和開羅都訪問過當地的美國大學，雖然我沒有進入比斯凱克的美國大學校園，但估計它對於培養人才，增加美國軟實力的作用應該類似於在中東的那兩所美國大學。

吉爾吉斯斯坦於 1991 年獨立之後出現過不少次政治動亂，僅舉規模較大的幾次為例：2005 年在任的總統被迫出走俄羅斯，之後又辭職的「鬱金香革命」；2010 年死亡將近 1000 人的民族衝突；2010 年國會選舉後的大暴動——暴動後宣佈選舉無效，並修改選憲法，被稱為「香瓜革命」。

2020 年 10 月，在新冠疫情危機中，國會選舉引起暴亂，吉爾吉斯斯坦再次出現政局動盪。被關押在獄中的前總統扎帕羅夫被強行衝入監獄的支持者們釋放，接着他在街頭作出激動人心的演講，得到在場羣眾的歡呼。緊接着，他被自己的老政敵——當時的在位總統任命為總

理。數日後，總統辭職，扎帕羅夫成為代總統。2021 年 1 月，全國舉行總統選舉，他正式當選為吉爾吉斯斯坦總統。

今天看來，俄羅斯、美國、土耳其都對吉爾吉斯斯坦的政局有相當的影響力，中國作為鄰國自然也會有自己的想法與利益。如我的導遊所說，吉爾吉斯斯坦的大部分政客都是利用個人的親屬和社會關係，為某個小圈子的利益而參與國家政治。很不幸，這正是這個令遊客喜愛的美麗國家的現狀。

第 27 章

塔拉茲的戰爭、和平與愛情

絲綢之路南哈薩克斯坦段

　　草原絲路從新疆北部進入哈薩克斯坦之後，主要經過的就是南哈薩克大草原。這塊草原其實是定居人口和遊牧人口的共生之地，也是古代絲綢之路最為活躍的一段。從烏孫、康居開始，一直到準噶爾人的時代，這一段絲路都繁華熙攘，所以歷代的統治者在這段道路上修建了許多商旅客棧（英文叫做 Caravanserai——Karevan 在突厥語裏意為駱駝隊，Saray 是皇宮的意思，它們合起來就演變為 Caravanserai 這個詞）。這些「駱駝隊的皇宮」一般都有很高的圍牆，裏面居室、馬房、貨倉，以及清真寺等一應俱全。

　　從阿拉木圖出發，沿着伊犁河、楚河向西到錫爾河一帶，不但是定居人口和遊牧人口混居的地方，也是古代阿勒泰語系人口和印歐語系人口——主要是粟特人——頻繁接觸的地方。在相當長的一段時間裏，這裏還是伊斯蘭教、薩滿教，以及基督教（景教）信徒並存的地方。

　　在塔拉斯河畔有一個歷史悠久的小鎮，從城牆遺址推算大概只有

一平方公里左右的面積，叫做塔拉茲。今天的哈薩克人認為塔拉茲已有
2000 年的歷史了，中國唐代的史籍（7 世紀）提到「怛邏斯」，即今塔拉
茲的別譯。這個和平年代中絲綢之路上的歷史重鎮，也是公元 751 年一
次重要戰役的發生地點。

怛邏斯之役及其結果

公元 8 世紀上半葉，充滿宗教熱誠與活力的阿拉伯帝國（唐代稱為
大食），向東擴張到今天烏茲別克斯坦的東部，佔領了唐帝國之西的重
要城市撒馬爾罕。當時唐帝國最西的軍事要塞是在楚河流域的碎葉城。
在此背景下，唐和大食（阿拉伯人）之間在怛邏斯爆發了一次規模頗大
的遭遇戰。

當時駐守在龜茲（今庫車）的唐安西大都護府的軍事長官是高仙芝
（高句麗人，其父入華投軍，曾擔任唐朝的將軍）。他本人曾經在今天的
喀什米爾地區出奇兵戰勝吐蕃軍，遏制了吐蕃北上的企圖，因而很受唐
玄宗的重視和信任。公元 751 年，在一次普通的交往中，高仙芝認為塔
什干（唐代稱為石國，其地在今撒馬爾罕之東，塔拉茲之西）對唐不敬，
應該予以懲罰。於是他率領兩萬唐軍跋涉千里到了怛邏斯（即塔拉茲）。
雖然事前他取得了西突厥葛邏祿部的支持，但葛邏祿部臨時變卦，反而
襲擊唐軍，又從後方攔截唐軍的補給。於是唐軍在與大食的首次戰役中
遭到慘敗，高仙芝僅領着兩千殘部回到龜茲。這就是塔拉茲在 2000 年
歷史中見證的最重要的，也是最具有戰略意義的一次戰役。

大食從此在中亞站穩了腳跟，而唐在這裏卻從此一蹶不振。755 年
安史之亂爆發，唐軍在西域的力量被大批抽調回中原平亂，其在楚河流

域的勢力喪失殆盡。怛邏斯之役結束後，數千名唐軍被俘。大食人發現唐軍俘虜中有不少會造紙的工匠。在這之前，全世界除了中國、高麗和日本會使用紙張，別國人大都沒有見過，甚至沒有聽說過紙。

大食人命令這些被俘的唐軍工匠在撒馬爾罕建了一個造紙作坊，從此造紙術進入了伊斯蘭世界。中國的造紙術大約始自西漢，並在東漢時由蔡倫改進得更好。8 世紀在撒馬爾罕建立的造紙坊，是中國境外第一個紙張生產地。

怛邏斯之役起源於當時世界上兩大強國在中亞的戰略之爭，其結果是唐失敗，大食獲勝。但更重要的歷史影響則在於，中國的造紙術從此走向了世界。唐軍俘虜在撒馬爾罕建立造紙坊後不久，造紙術從撒馬爾罕傳到巴格達，再從巴格達傳到開羅。12 世紀，西班牙的科爾多瓦出現了造紙作坊；13 世紀，法國也出現了造紙作坊。造紙術在歐洲的普及比阿拉伯人晚 500 年，比中國更是晚了 1300 多年。

陝西來的茶商

2015 年秋天，我們一行在塔拉茲停留了兩天，恰逢當地州政府慶祝從西安到塔拉茲的公路正式通車。這條公路是一口氣建成的，還是分幾段建成的，我不清楚，但是在南哈薩克斯坦的這一段顯然剛剛才完成。那天在塔拉茲城外的草地上立起了幾十個帳篷，為了舉辦通車典禮，許多人都穿起鮮豔的民族服裝。出席並且上台講話的有不少哈薩克斯坦的官員，中國官方也有一位代表。底下有人跳舞，有人燒烤，更多的是買賣紀念品。在慶典中，最引人注目的乃是一隊從陝西遠道而來的「茶商」。他們為了宣傳絲綢之路上的商業，特意穿着中國古代服裝，每

人騎一匹駱駝，駝背上馱着一隻大型木製的「茶葉」箱子，上面寫着「涇盛裕」三個字，表明是個古代涇水地區的茶商名號。中國茶在草原絲路上已經有一千多年的貿易歷史，其規模和知名度與絲綢幾乎不相上下。這隊「古代茶商」理所當然地受到羣眾的熱烈歡迎，大家紛紛跟他們照相留念，連我們這羣中國人也不能免俗。據「茶商」們說，他們一年前就從西安出發，一路宣傳絲綢之路，東繞西轉直至來到這裏。

古代的絲綢之路上應該不會有這樣的盛會，但是早期的旅行者也受到過類似的熱烈歡迎。唐玄奘就到過這裏，在離塔拉茲不遠的碎葉城（今托克馬克，距吉爾吉斯坦的首都比斯凱克不遠）見過當時西突厥的可汗。可汗送了他幾匹好馬，並給他一份通關證明，令西突厥汗國的官員在玄奘的路途上多加照拂。沒想到在 21 世紀的今天，我們竟然能在此地看到絲綢之路盛景的再現，真是冥冥中歷史的巧合！

塔拉茲大學

當前中亞各國高等教育的發展要歸功於俄羅斯。隨着沙俄在中亞站穩腳跟，特別是其鞏固了對南哈薩克斯坦的統治之後，許多俄羅斯人遷居到哈薩克斯坦的精華地帶，開啟了一系列的現代化建設。雖然塔拉茲並不在七河區，但畢竟是絲路上著名的古城，所以也有一所現代大學。

2014 年，在一個國際會議上，我認識了塔拉茲大學的一位副校長。我們互換電郵地址並且約定，如果到了對方的城市，一定要再次相聚。這在當時只是個友善的禮貌表現，沒想到一年半之後，我居然真的要去塔拉茲，所以事先就聯繫了他。他很熱心地給我們整團人在塔拉茲大學安排了簡報和參觀，使我們有機會在哈薩克斯坦這座小城裏參觀一座

大學。

東干族社區

蘇聯政府於 1924 年界定了一個說漢語而信仰伊斯蘭教的民族，叫做東干族（在突厥語中有「回歸」之意），主要集中在今天的中亞。經過一百多年的繁衍，目前中亞各國的東干族大約有 15 萬人。他們的先人是在 19 世紀陝甘回變末期（約 1877 年），為了逃避戰爭和清朝軍隊的追殺，分幾批進入新疆，之後又進入了俄國控制的中亞地帶的回民。1881 年，中國為了結束俄羅斯對伊犁的佔領而簽訂《中俄伊犁條約》，其中規定伊犁居民可以在一年之內自由遷往俄羅斯，於是又有一批西北回民進入俄羅斯。這些人的遠祖絕大部分是元朝時從中亞進入中國的穆斯林，住在中國西北，並於明清兩代與漢族大量通婚，在語言和文化上與漢族逐漸相同。到中亞後，他們還是保留了中國人耕讀傳家——喜歡子弟多讀書的觀念。幾代之後，中亞的許多醫生、工程師、教授都是東干族子弟。至今還有東干人仍然以漢語西北方言為主，婚宴、春節等特別場合時穿中國式的服裝，平時吃中式的清真餐。

2009 年我曾經開車經過吉爾吉斯斯坦首都比斯凱克旁邊的一個東幹村莊，但當時很遺憾沒有進一步拜訪。這一次在塔拉茲，終於有幸到幾戶東干族的家庭裏小坐。他們拿出中國式的糕點招待我們，好幾位都能用漢語跟我們交談。雖然他們現在已經不再是沙俄臣民，也不是蘇聯公民，但是始自蘇聯政府的這個「東干族」的族屬界定仍然在中亞幾國保留了下來。因為語言的方便，近年來不少東干人從事和中國有關的工作，成了中國和中亞各國貿易與文化交往的中介者。

我的好運不止是在國際會議裏面認識了一位塔拉茲大學的副校長，更在於他本人竟然就是東干族。當初我們互相約定拜訪對方之時，民族因素根本沒有出現在我的腦海裏。等到我們一團十幾個人到塔拉茲訪問之前，我向他提出希望能有機會接觸東干族，他才告訴我他自己就是東干族——「包在我身上！」

多民族的社會往往都會有民族矛盾和衝突。東干族在中亞是一個人口很少的民族，必須學習避免與本地主體民族發生衝突。據我所知，在中亞幾國獨立後，民族成分最為複雜的國家正是哈薩克斯坦，而民族關係處理較好的也是哈薩克斯坦。即使如此，情況也不是絕對的。一部分曾經受到「伊斯蘭國」蠱惑而赴境外接受極端主義訓練的哈薩克人最近幾年紛紛回國，想要實現他們心中的嚴格遵守伊斯蘭教法的社會。2020 年 2 月，在塔拉茲附近的一個以東干族為主的小鎮裏就發生了涉及數百人的鬥毆，結果有 10 人死亡，百餘人受傷，不少房屋和汽車被燒毀。

社會穩定嗎？

2022 年 1 月，哈薩克斯坦又出現了源於天然氣價格上漲的大暴動，其背後似乎又涉及國內高層政治鬥爭以及外國勢力的干涉策應。「一月事件」死傷數千人，被捕的也有幾千人。暴亂發生後，總統托卡耶夫態度堅決，第一時間向集體安全條約組織請求援助。根據章程，以俄軍為主的集安組織派兵進入哈薩克斯坦，幫助哈國政府平息了動亂。與哈薩克斯坦關係密切的中國政府則強調支持哈薩克斯坦的社會穩定。

雖然以上提到的兩次暴亂事件都在短時間內得到平息，但是也說

明，哈薩克自獨立以來的祥和社會氛圍並非一成不變，社會的穩定局面隨時有可能毀於來自內部的衝突或外部勢力的介入。2022年俄羅斯進兵鄰國烏克蘭就令哈薩克斯坦與俄羅斯的關係也變得微妙起來。俄烏衝突引起哈薩克斯坦國民之間的分化，親俄派與反俄派各有論據。整體上，哈薩克斯坦一般人都對俄羅斯可能再次自封「老大哥」抱有擔憂，俄哈兩國的關係變得較以前更為複雜，並且極可能進一步波及能源和商業等多個領域。

Auyhe Ata 與 Aisha Bibi

上一段講到國際政治，似乎離塔拉茲太遠了。現在回到絲綢之路上，講述一段在塔拉茲附近發生的愛情故事。

我們懷着興奮的心情，參觀了塔拉茲的一個宗教建築和一個小博物館之後，帶着幾分不捨踏上了繼續往西的絲綢之路。

距塔拉茲十幾公里之外，有兩個著名的陵墓在等着我們，它們的背後則是一個令人難忘的愛情故事。

11世紀時，塔拉茲屬於剛建立不久的喀喇汗國。喀喇汗的王子因事去了撒馬爾罕。在那裏，許多人都上街來看這位來自東方的王子。王子在人羣中看到一位非常漂亮的女郎，她就是當地統治者的女兒，閨名喚作愛伊莎‧比比（Aisha Bibi）。在撒馬爾罕的幾個月裏面，王子和公主經常祕密約會，並且私定了終身。後來塔拉茲忽然來信，邊關告急，召王子從速回國，所以儘管有百般不捨，他還是在和公主立下海誓山盟之後，毅然決然地回到了塔拉茲，從此杳無音訊。這位公主思念情郎，忠貞不二，終於告訴她的父王自己已經私定終身，非這位塔拉茲王子不

嫁之決心。但是父王認為她的女兒如此高貴、多才而美豔，絕不能夠嫁給這個遠方小王子，所以堅決不允。不過愛伊莎‧比比的母后倒是同情女兒，就偷偷地教女兒喬裝成一名男子，騎上最好的馬，由一位照顧她長大的老女僕陪她一起前往東方的塔拉茲。兩個人一路艱辛，終於到了塔拉茲附近。愛伊莎‧比比趁着晨曦在一條河裏沐浴潔身，沒想到從河邊竄出來一條毒蛇，咬傷了她。眼看公主就要昏迷，陪伴她的老女僕連忙騎馬進城求救。可惜女僕馬術不精，速度不快，等到這座城的新統治者（公主的未婚夫）帶人趕來的時候，公主已經奄奄一息。這位年輕的喀喇汗王心碎欲裂，作出了一個重要的決定——在愛伊莎還剩最後一口氣的時候，請教士替他們舉行婚禮。公主無力的眼睛中閃爍着最後的快樂，輕點了下頭，於是婚禮完成。愛伊莎‧比比帶着滿意的笑容溘然長逝。這位年輕的汗王也是位癡情郎，從此果然不再愛任何一個女人。

在哈薩克，無人不知這個淒美的愛情故事——位於塔拉茲城西 20 公里左右的兩個紀念陵墓就是為他們二人而建。當然，現在我們看到的是 20 世紀重新修葺後的建築。帶着哀戚參觀完了這兩個紀念堂之後，我們終於聽到了一個令人寬慰的故事後續——這位汗王果真畢生沒有再娶。他宅心仁厚，體恤民情，得到老百姓的熱情擁戴，直到 100 歲時才去世。他的一生被後人廣為傳頌，大家都尊稱他為阿伊赫‧阿塔（Auyhe Ata）：仁慈的父親。

第 28 章

阿斯坦納：回歸草原的首都

哈薩克斯坦的首都

哈薩克斯坦剛獨立時，全國大部分的財富與金融活動都在南部，因此在經濟發展上南方強於北方。然而就人口分佈而言，哈薩克斯坦北部歐洲裔人口超過三分之一，因此一部分歐洲裔人口具有分離主義傾向，希望某些地區能夠加入俄羅斯聯邦。如何減小南北之間的發展差距，防止分離傾向，是新獨立的哈薩克斯坦共和國需要面對的兩個重要問題。

哈薩克草原中央有一個古代絲綢之路上相當興旺的貿易中轉站，叫做阿克莫拉（Akmola），是伊西姆河（Ishim River）的一個渡口。阿克莫拉在俄羅斯和蘇聯統治時期，改為俄羅斯式地名，叫做阿克莫林斯克（Akmolinsk）。如前文所述，第二次世界大戰時，斯大林把一部分不被信任的伏爾加—德意志人口遷移到這裏，同時期也有大量俄羅斯、烏克蘭和白俄羅斯人被疏散到這裏。戰後，大多數戰時遷來此地的歐洲裔人口都選擇留下來。所以，這裏是哈薩克斯坦境內歐洲裔人口較為集中的地方。

蘇聯解體，哈薩克斯坦獨立後，阿克莫林斯克（Akmolinsk）又改回到突厥語式的名字阿克莫拉。1997 年，哈薩克政府宣佈來年要把首都從阿拉木圖遷移到阿克莫拉。雖然政府沒有公開將遷都的原因同解決上述經濟差異和分裂威脅問題相聯繫，但許多人都明白其中深意。然而，這種解決方式其實也是一場豪賭。

1997 年正式宣佈遷都到位於草原的阿克莫拉以後，大家就新首都的名稱展開激烈的討論。有學者考據，Akmola 的原名是「ak mola」，是突厥語裏「白色墳堆」的意思，很不適合作為新首都的名字。但若是要更名的話，一時又難以決定應該叫甚麼。於是乾脆就叫新首都為「首都」——音譯即是「阿斯坦納」（Astana）。2019 年，哈薩克斯坦的開國領袖——首任總統納扎爾巴耶夫突然宣佈退休。由他的繼任人，現任總統托卡耶夫提議，經國會通過，將首都之名由意為「首都」的「阿斯坦納」改為「努爾蘇丹」，即納扎爾巴耶夫之名。三年後，在許多政治人物和民眾的建議下，托卡耶夫總統又把首都之名改回阿斯坦納。

遷都以來的建設和定位

遷都以來，阿斯坦納人口迅速增加，搬遷過來的公務員起初只能住在落後且擁擠的住宅區。但哈薩克斯坦的石油收入十分豐厚，政府用這些進賬花重金聘請世界著名的建築師（如英國的 Norman Foster），修建了不少昂貴且前衛的建築物作為新都地標，其中之一便是總統府，被戲稱為小白宮。小白宮可不小，它通體白色，兩邊各有一個像金塔一樣的龐大配殿。此外，市中心的全景觀光塔（Baiterek）（核心部分是建在高聳入雲的圓柱塔上的金色球狀空間）也是新都的地標之一。據說這是根

據納扎爾巴耶夫總統本人的建議而設計的，很有未來感。

我第一次去阿斯坦納是 2009 年，當時的市中心還頗為空曠。2012 年再去阿斯坦納，已經見到諸多新建築拔地而起，生活和娛樂設施也明顯增多。其中一棟新建築物被視為全世界最高大的「帳篷」——汗沙特爾（Khan Shattyry），頂高 150 米，裏面分為六七層——是一個非常現代化的巨型遊樂場和商場，也是哈薩克民族化與現代化結合的象徵。當然，即使在 21 世紀建造哈薩克斯坦的新首都，亦不可能沒有一座宏偉的新清真寺。由卡塔爾的埃米爾捐獻的努爾—阿斯坦納清真寺，就是一座能容納 7000 人同時祈禱，全國最大的宗教場所。此外，阿斯坦納還有多座高檔的大酒店（如屬於洲際酒店系統的歐坎大酒店）拔地而起。而主要位於右岸的新生活居住區，雖然沒有甚麼特別的地標建築，但是房子多為新建，街道也寬整氣派。

我的阿斯坦納之旅有兩件事值得回憶。

其一，阿斯坦納作為新城雖然人口不多，但是很國際化。我吃過三家不同的外國風味餐館，菜肴口味都頗為正宗。一個名為 Chelsea 的英式酒館（English pub）——Chelsea 乃是倫敦西南部高檔區的名字。我們夫妻在這裏喝酒吃飯，還看了一場世界杯足球預賽，感覺就像是身處在英國的足球酒館裏一樣。另一家外表平平無奇，內部卻別有洞天的土耳其餐館，名叫 Anadolu Sofrasi（意為「安那托里亞的托盤」）。從「安那托里亞」（土耳其的亞洲部分）這個名字就能看出，這不是吃伊斯坦布爾地區的奧斯曼大餐的地方，而是較為鄉土的土耳其餐。因為我在土耳其住過大半年，喜歡並能鑑賞土耳其的烹飪，一嘗便知這家「安那托里亞」餐館非常地道。最後一家飯店則在阿斯坦納市區的最南部，有一座掛着「北京大廈」四個字的大型牌樓。大廈分為兩座，裏面除了有一家

名為「北京樓」的餐廳外，還集合了高檔酒店和大型商場。不言而喻，這一定是華商投資興建的。北京樓餐廳雖然離北京有萬里之遙，但是烤鴨不僅口味地道，還保留了一鴨三吃的經典做法。

其二，要介紹一下阿斯坦納的納扎爾巴耶夫大學，它以哈薩克斯坦首任總統的姓氏命名。我參觀了他們的生物工程研究所，因為這是我的老本行。湊巧，該研究所的所長和我都是美國西北大學的博士，可謂校友兼同行，所以我們談得十分投緣。從這個小例子，可以看到哈薩克斯坦的多方位外交——雖然離俄羅斯更近，學術傳統上受俄國學術影響最大，但他們越來越重視向以美國為代表的西方世界學習。哈薩克斯坦有不少留學生去美國和歐洲的高校留學，而且這些人回國後基本能在首都的新大學裏找到合適的工作。

事實上，中亞幾國都是內陸國家，必須基於這一地緣政治現實建立自己的國際關係定位。俄羅斯作為中亞諸國的近鄰，又是前統治者，中亞各國對其既不能遠拒之，又不願太親近。所以，中立與等距離外交這些概念在中亞各國都很有市場。土庫曼斯坦自稱永久中立，跟誰也不親近，甚至是一種孤立主義的永久中立。吉爾吉斯斯坦和塔吉克斯坦是機會主義的平衡外交，在一些事上親俄，而在另一些事上又倒向西方，主要看誰能帶來更多的利益。烏茲別克斯坦則是鐘擺式的平衡外交，一會親俄，一會又親西方，兩邊都不得罪。據我觀察，哈薩克斯坦是中亞外交實踐中將自己的地緣政治優勢發揮得最好的國家。作為一個中等地區強國，奉行「均衡又非等距離的全方位外交」，所以國際人緣最好。

納扎爾巴耶夫是誰？

在世界近代史上，有一些國家領袖和其祖國建設以及國家名譽緊緊相連。小國中，李光耀和新加坡的關係可謂典型；中等國家中，20 世紀前期的凱末爾（阿塔圖克）和土耳其，以及 20 世紀後期的曼德拉和南非，當屬典範。而作為全球最大內陸國的哈薩克斯坦，其首任總統納扎爾巴耶夫同國家的關係也是如此。

納扎爾巴耶夫是前蘇聯的高官，在哈薩克斯坦獨立之前已經是蘇聯的政治局委員，為哈薩克斯坦的第一書記。因此他既是蘇聯共產黨制度下培養出來的官僚幹部，又是書寫現代哈薩克斯坦建國史的風雲人物。

蘇聯時期，首位長期出任哈薩克斯坦共產黨第一書記的哈薩克族人是庫納耶夫。在哈薩克斯坦和整個蘇聯，他都受到普遍的尊重。納扎爾巴耶夫正是由於庫納耶夫的推介才步入蘇聯上層的。

納扎爾巴耶夫非常能幹，也善於處理人際關係，所以很受時任蘇共中央總書記戈爾巴喬夫重視，甚至被認為是蘇聯政壇的明日之星。但是戈爾巴喬夫的死對頭葉利欽也喜歡他。所以在蘇聯搖搖欲墜的最後歲月裏，納扎爾巴耶夫居然能以一個哈薩克人的身份擔任了蘇聯最高蘇維埃主席，大致相當於中國的人大委員長，且在蘇聯解體之際全身而退。

三個波羅的海加盟共和國宣佈獨立以後，蘇聯的解體已是大勢所趨。雖然中亞的加盟共和國並不想推動蘇聯解體，但是當蘇聯最主要的三個加盟共和國——俄羅斯、烏克蘭與白俄羅斯的首腦於 1991 年 12 月在別洛韋日森林簽署協定，宣佈退出蘇聯，並且建立獨聯體之後，中亞五國不得不面對現實，先後宣佈獨立。於是，哈薩克斯坦就在沒有爭議與暴亂的情況下，「被迫」變成了獨立國家。

納扎爾巴耶夫是這個時勢造就的英雄。他回到哈薩克斯坦後，作為唯一候選人，以 98% 的得票率當選哈薩克斯坦歷史上第一任總統，但從此以後，他的人生就是英雄造時勢了。

納扎爾巴耶夫對內部的反對派毫不手軟，受到「獨裁」的指責。然而因其施政得力，因而得到大部分老百姓的支持，一連幾任都以高票當選總統。納扎爾巴耶夫沒有兒子，所以很難像李光耀傳位給李顯龍那樣安排繼承人，但是他的女兒做過副總理，因此不少人一度猜測他會提拔自己女兒成為繼承人，而他的女婿也是哈薩克斯坦政治和商業上炙手可熱的人物。但是，其女兒女婿不知為何和納扎爾巴耶夫徹底鬧崩，繼位之事也就無從談起。1940 年出生的納扎爾巴耶夫，在 2019 年大家都沒料到的時候，毫無先兆地忽然宣佈三個月之後就退休。經過選舉，當時的參議院議長托卡耶夫出任哈薩克斯坦第二任也即現任總統。

阿斯坦納的未來

我對阿斯坦納印象很好，仔細琢磨過這個新都的定位和未來的問題。從地理位置、國家的發展情況以及國際地緣政治等因素來考慮，雖然現在很難對阿斯坦納的未來作直接判語，但還是有一些頭緒可循。

首先，阿斯坦納人口稀少，氣候又非常寒冷（哈薩克斯坦的這座新城是僅次於蒙古首都烏蘭巴托的世界第二冷的首都），其發展如果定位為國際金融和商業中心，人口和氣候會是很不利的因素；第二，哈薩克斯坦是一個相對富裕的國家，歐亞大陸的交通、獨聯體的運作，上海合作組織的架構，以及中國跟哈薩克斯坦的特別關係，都使哈薩克斯坦不會淪入經濟困難的狀態，這是阿斯坦納發展的重要利好條件。

從全球的地緣政治角度分析，美國現在已經失去了對石油的興趣，不但從阿富汗撤軍，甚至連伊拉克都不怎麼管了，對哈薩克斯坦更不會有太強的興趣。美國會採取單邊主義的行為，但應該不會太花精力去對付這個離它十萬八千里之遙的中亞國家。而如前文所述，俄羅斯的發展則跟哈薩克斯坦息息相關。其他對哈薩克斯坦能夠發揮作用的國家還有中國、日本、韓國、土耳其，當然也要包括印度、巴基斯坦、沙地阿拉伯、伊朗、烏茲別克斯坦等。中國、日本、韓國和哈薩克斯坦只是經濟商業往來，基本不參與哈薩克斯坦的內政。2022 年初哈薩克斯坦出現短暫的政治危機，可能是源於內部政治鬥爭，最後出面幫助當局「擺平」局面的，還是對哈薩克斯坦影響最大的俄羅斯聯邦。

中國同哈薩克斯坦的關係值得特別關注。近年來，中國西北部發展迅速，而新疆和哈薩克斯坦共同擁有漫長的邊界線以及數百萬的跨界民族，中哈「命運共同體」的關係確實是不言而喻的。長遠來看，位於哈薩克斯坦北部草原的阿斯坦納的發展也將受到中哈兩國未來關係的影響。

第 29 章
烏法：歐亞兩洲的結合

三億年前的相遇

今天，全世界最大的一個地理板塊就是歐亞大陸。但是地質學家發現，歐洲、亞洲和印度本來是三個不同的板塊。其中歐洲板塊與亞洲板塊在三億年前相撞，撞口處隆起，不斷抬升，就形成了烏拉爾山脈。所以地理學家把烏拉爾山看作是歐亞大陸的分界線之一。

根據考古和人類學家的研究，今天人類的遠祖都是先從東非進入歐亞大陸的中間地帶，然後再分散到世界各地的。最早出現在歐亞大陸的是距今 150 萬年前的能人（Homo habilis），後來又有直立人（Homo erectus）、早期智人（Archaic Homo sapiens，尼安德特人就是其中的代表），以及最後走出非洲的是距今 10 萬年前到 5 萬年前的現代智人（Homo sapiens）。

從人類發聲器官的演化以及交往需求來看，大約四萬年前不同地區的人羣就創造了不同的語言。18、19 世紀出現了專門研究人類語言的學科——語言學。語言學家們在發音、詞彙、語法和語言分類等方面研

究出許多成果。就語言分類而言，目前全世界共有大約 6000 種語言，分為若干語系（如漢藏語系），每個語系的細化差異之下，又包含若干語族（如藏—緬語族），同一個語族中又可以有不同的語支、語言、方言等。

以烏拉爾語系來說，早期操烏拉爾語系語言的人可能生活在烏拉爾山脈附近，但是今天說烏拉爾語系語言的人幾乎都分佈在離烏拉爾山脈很遠的芬蘭，愛沙尼亞和匈牙利等地。

與草原絲路有關係的語言主要屬於漢藏語系、阿勒泰語系、印歐語系以及使用人口較少的烏拉爾語系和高加索語系。近三四千年來歐亞大草原上的人羣來往頻仍，交往繁多，不同的語言及文化也因此大量在歐亞兩洲之間傳播交流。

一千四百年前突厥語族人口進入歐洲

在本書中，我從歐亞大草原的最東部，即呼倫貝爾草原開始，漸次向西行走。上一章走到哈薩克草原北部的阿斯坦納。從阿斯坦納沿着大草原繼續向西，就會到走到本章的主角 —— 烏拉爾山脈南部的城市烏法（Ufa）。

烏法是俄羅斯聯邦的巴什科爾托斯坦共和國（Bashkortostan）的首府。定都於烏法是由蘇聯政府所主導，因為這裏的俄羅斯裔人口超過一半，是俄羅斯化較深的城市。2015 年 7 月，金磚五國（BRICS）的首腦會議曾在這裏舉行，彼時國際傳媒對烏法和巴什科爾托斯坦共和國進行了較多報導，但它遠遠沒有達到家喻戶曉的程度，所以我要再對其做一個簡單介紹。

巴什科爾托斯坦共和國的主體民族自稱是巴什科爾特人（Bashkort），在俄文中被稱為巴什基爾人（Bashkir），是早期從亞洲遷入歐洲的操突厥語族語言的人口。

公元 7 世紀，源自蒙古高原葉尼塞河地區的突厥汗國分為東、西兩個汗國之後，西突厥汗國的一些部落向北移動，形成了欽察突厥人集團（Kipchak-Turkic groups）。他們的一部分於 8—9 世紀進入了烏拉爾山區，成為最早的巴什科爾特人。從語言學看，巴什科爾特語屬於阿勒泰語系中突厥語族的欽察語支，接近後來在東歐頗為重要的韃靼語。

巴什科爾特人初到烏拉爾山區時以養牛為生，信奉薩滿教，9 世紀開始轉奉伊斯蘭教。13 世紀，蒙古人征服了整個歐亞大陸的草原地帶，在東歐建立了欽察（金帳）汗國。巴什科爾特人作為跨烏拉爾山脈（因此也是跨歐亞兩洲）的民族，主要部分臣屬於牙帳位於歐洲的金帳汗國，但也有一部分歸屬亞洲的西伯利亞汗國統轄。其後，金帳汗國分裂，巴什科爾特人也與隨後崛起的喀山汗國、韃靼汗國等形成交融抑或角逐的關係。

五百年前俄羅斯人進入亞洲

俄羅斯人用了兩百餘年時間掙脫了他們所謂的「蒙古之軛」，之後便走上了向外擴張的道路。1556 年伊凡四世的俄羅斯軍隊攻佔了伏爾加河上的重要城市喀山。從此，俄羅斯正教的傳教士以及沙俄軍隊的先鋒隊——哥薩克人——就大批渡過伏爾加河，向東拓展。他們在烏拉爾山脈發現大量豐富的礦藏，正是這些從烏拉爾山區裏得到的財富，為俄羅斯人提供了足夠的動機與財力繼續向東，征服了整個西伯利亞，進而

佔據了外興安嶺地區，直達太平洋之濱。

500 年前，當俄羅斯人開始向烏拉爾山區殖民的時候，他們採取同化政策，希望儘量把本地操突厥語或其他語言的人口轉化為操俄羅斯語的俄羅斯正教信徒。此外，沙俄還從西部遷來更多的斯拉夫人，以充實他們的力量。今天的巴什科爾托斯坦共和國總人口中大約 40% 是俄羅斯人；巴什科爾特人共有大約 120 萬人，還不到共和國人口的 30%。

一百年前進入蘇維埃政權的突厥語穆斯林

100 年前，巴什科爾特人和中亞相當一部分突厥語族的穆斯林精英們，在十月革命後曾經主張以沙俄帝國亞洲部分的穆斯林為主體，建立一個政治實體，並以此加入俄羅斯蘇維埃社會主義共和國。但是也有一部分穆斯林認同社會主義革命，認為階級立場大於民族立場，願意加入俄國社會民主工黨（布），即俄羅斯共產黨的前身。

在這段動盪的歷史中，學者出身的巴什科爾特政治人物──澤基·瓦利迪·托甘（Zeki Velidi Togan）具有很高的知名度和號召力。他於 1890 年出生在距烏法不遠的一個鄉村裏，早年以瓦利迪（Velidi）為名，其名的俄文拼寫為瓦利朵夫（Validov）。1923 年，他到歐洲講學，並定居土耳其。1934 年，根據土耳其關於姓氏的新法律，他選擇以自己祖父的一個名字托甘（Togan）為姓氏。從此，他便以托甘之名為世人所知，是國際公認的突厥學權威。

托甘出身於巴什科爾特的知識階層，祖父、父親、叔父都是宗教學者或清真寺教長。他父親和叔父曾經在高加索地區的帝俄軍隊中服役，因此通曉俄文及高加索地區的數種突厥語言，也進一步瞭解接觸到轉變

中的俄羅斯社會。托甘自幼接受俄文教育及穆斯林經堂教育，從父母處分別學到阿拉伯文與波斯文，也通曉德文、法文與英文。此外，他還能靈活使用好幾種突厥語族的語言，包括不少中亞的突厥語方言。

十月革命前，托甘在俄羅斯的少數民族政治圈內已經嶄露頭角。1917 年之後，他籌組巴什科爾特議會，擔任主席，宣佈巴什科爾托斯坦實行自治。蘇俄內戰期間，他曾組建並領導巴什科爾特的軍隊，對抗布爾什維克，一度被捕，後又逃脫。1919—1920 年他出任巴什科爾特（巴什基爾）革命委員會主席。

據說他和列寧曾經反復溝通，試圖找出一個方案，讓俄國境內的突厥語穆斯林能夠正式參與十月革命後的新政治體制。列寧基本同意了托甘提出的關於穆斯林應該有特殊政治地位的建議，同時也允許並且吸收了不少穆斯林加入共產黨。1920 年初，中亞共產黨在塔什干舉行代表大會，一些屬於突厥語民族的黨代表提出建立「突厥蘇維埃共和國」的政治決議案，獲得大會通過。這可以說是俄國境內突厥語穆斯林的重要勝利。然而，這個決議遭到紅軍的反對，因而未能付諸實施。以托甘當時在俄國突厥語穆斯林人口中的聲望和地位，他本來很有可能在新的蘇維埃體制裏扮演一個比領導巴什科爾特實行自治更加重要的角色。但在 1923 年，他看到蘇維埃新政權與自己的理念不能相容，遂決定去歐洲講學，並於 1925 年赴新誕生的土耳其共和國，出任伊斯坦布爾大學的突厥史教授。

歐亞兩個穆斯林家庭的七十年之交

1927 年，一個名叫王曾善的中國學生到土耳其的伊斯坦布爾大學

留學。他於 1903 年出生在山東臨清縣的一個傳統穆斯林家庭，後來搬到北京，入讀燕京大學，兼修阿拉伯語與土耳其語。因為仰慕身為穆斯林的凱末爾所領導的土耳其民族獨立運動，所以征得父親同意後，自費到伊斯坦布爾大學學習。正是在這裏，王曾善結識了從蘇俄來土耳其的托甘。

托甘教授在研究中發現，只憑阿拉伯和波斯文字的資料，難以瞭解突厥的早期歷史。所以他就讓王曾善把中文史籍裏關於突厥的段落翻譯出來，以充實研究資料。

1931 年王曾善畢業回國後，活躍於中國的回教界，曾組織中國回教青年聯誼會，受到白崇禧的支持。中日戰爭爆發次年，王先生以 33 歲之齡被任命為立法院委員。抗戰開始後，他於 1938 年率領一個由五名團員組成的「中國回教近東訪問團」，由重慶出發到麥加朝覲，先後訪問阿拉伯半島各國，以及埃及、土耳其、伊朗、印度（包括巴基斯坦）等國家，宣傳中國的抗日戰爭。

1944 年，一些曾在蘇聯受過訓練的新疆突厥語民族建立了武裝力量，在伊犁、阿勒泰和塔城發起了「三區革命」。1945 年新疆的局勢驟然緊張，蔣介石派他的愛將張治中去處理新疆事務。王曾善即是張治中赴疆隨員之一。1946 年，國民黨當局同意由當時的新疆省政府（主席為張治中）和「三區政府」（主要負責人是阿合買提江）建立聯合政府，由維吾爾族的包爾漢擔任新疆省長，王曾善出任民政廳長。1949 年夏，王震將軍率解放軍入疆，國民政府的警備司令陶峙岳率部起義，新疆實現和平解放。起義前夕，少數不願參加新政權的人員帶着家眷從新疆西部進入巴基斯坦，其中就有王曾善一家。

在滯留巴基斯坦的六年中，王曾善先生與三十年前的老師托甘教授

取得聯繫。托甘教授熱心地替王先生在伊斯坦布爾大學找到一個教授中文的職位。於是，王曾善於 1956 年舉家遷往伊斯坦布爾。托甘教授的女兒正是王曾善在伊斯坦布爾大學教中文時的首批學生之一。

在土耳其，王先生與夫人馬昌玉女士要求家人必須虔敬事主，遵守教規。他特別重視教育，要求子女一定要學好土耳其文，但是在家裏則要說中文。同時，他希望子女們能接觸不同文化，所以他的子女中有三名讀法文學校，三名讀英文學校，一名讀意大利學校。這麼多子女讀私立國際學校，他的那份工作難以應付子女的教育費用，所以每年開學時他都要和孩子們的學校商量，分期支付學費。為了增加收入，王氏夫婦還在伊斯坦布爾開創了土耳其第一家中餐館。

除了教中文和經營餐館，王先生還熱心接待許多訪問土耳其的中國人士，並為他們擔任義務翻譯。因此，他需要常去碼頭和海關交涉，土耳其的海關人員都與他頗為熟絡。

1961 年，由於過度操勞，王曾善先生在伊斯坦布爾大學上課時突發心臟病，溘然長逝。王夫人和幾名子女繼續在土耳其居住。

王曾善先生共有十一名子女。兄弟姊妹們後來分居土耳其、澳大利亞、馬來西亞和中國台灣，孫輩、曾孫輩散居世界各地，但大都不時回到土耳其探親並掃墓。

2009—2010 年，我在伊斯坦布爾的海峽大學（Bogazici University）任客座教授，跟王家幾兄妹以及他們的下一代見過面，談得十分投緣。

說來很奇特，我在伊斯坦布爾認識王曾善先生的後人，並不是通過當地華人的介紹，而是通過王老先生的兩位女兒在法文中學讀書時的同班同學，一位土耳其的生物醫學工程專家芭努·歐納拉爾（Banu Onaral）教授。

2004 年，我和妻子初次訪問土耳其的伊斯坦布爾，去了著名的海峽大學，還特別約見了我心儀的小說家奧爾罕・帕慕克（Orhan Pamuk）。兩年後，他獲得諾貝爾文學獎，是第一位以突厥語族的文字寫作的獲獎者。2009 年，我到海峽大學之前，芭努・歐納拉爾教授將一位中學時代的好朋友用電郵介紹給我，並說她這位老同學已經遷居馬來西亞，但是她的許多家人仍然住在伊斯坦布爾。這位同學就是王曾善老先生的四女兒王樂麗博士。通過她，我認識了她在伊斯坦布爾的二哥和三姐，以及她七妹的女兒。不久，王樂麗博士和她的兒子回伊斯坦布爾探親，我們也終於見了面。

　　故事還沒有完。因為本篇的主題是歐亞草原上的烏法，所以還要回到中央歐亞的突厥語穆斯林和絲綢之路。

　　2006 年，我在土耳其安卡拉的畢爾肯特大學（Bilkent University）進行為期一個月的學術訪問，認識了在安卡拉的中東技術大學的歷史學教授逸姍碧凱・托甘（Isenbike Togan，中文名：涂逸姍）和她的女兒撒蕾・阿利侃立（Sare Aricanli，中文名：李瑞）。母女二人都能說中文，女兒李瑞的中文尤其流暢。她當時剛從北京中醫大學畢業，後來獲得美國普林西頓大學歷史學博士學位，目前在英國杜倫（Durham）大學教歷史。這對母女就是托甘老教授的女兒和外孫女！

　　涂逸珊教授從伊斯坦布爾大學歷史系畢業後，1963 年到台灣大學學習了兩年中文，得到碩士學位，再到美國哈佛大學留學，獲得歷史學博士學位。她精通數種突厥語，並在非洲的蘇丹居住過，對遊牧部落與農耕部落的政治組織進程頗有研究，曾經多次應邀到北京大學講學。她也曾和另外一位土耳其學者將《（舊）唐書》裏面所有關於突厥的文字翻譯為土耳其文，並且作了大量的注解。

她們母女二人之所以先後學習中文，絕對是受到老托甘教授的影響。這位精通多種語言的突厥學權威最為遺憾的就是不會中文，而對早期突厥部落的活動最為詳細的資料大半在中文典籍裏。

王老先生和托甘教授先後去世，他們的家人慢慢失去了聯繫。在機緣巧合之下，我從不同的渠道分別認識了老托甘教授的女兒和外孫女，以及王曾善老先生的幾位兒女和孫輩。當我告訴他們我是如何認識對方之時，他們除了對我的經歷感到驚訝外，都不約而同地追憶起過去的歲月。

這是一個俄羅斯的巴什科爾特穆斯林家庭和一個中國的回族家庭因為政治原因而遷居土耳其的故事。故事的起點是歐亞分界線烏拉爾山脈之南的烏法，故事的大部分過程則發生在跨越博斯普魯斯海峽兩岸、既屬於亞洲又屬於歐洲的伊斯坦布爾。

我慶幸自己結識了這兩個家庭，勾連出這段源於烏法的往事。能將這些幾乎被人遺忘的絲路往事重新呈現給讀者，是對我常年行走於絲綢之路的最佳報酬。

第 30 章

喀山二度遊

　　2010 年 6 月，我參加了一個去南高加索的旅行團，一行十幾人從香港出發，用十二天轉完亞美尼亞、格魯吉亞、亞塞拜然三國。既然跑了這麼遠，我決定在散團之後再趁機進行幾天單獨行動——從巴庫飛到莫斯科，再轉機去伏爾加河的重鎮喀山。久聞喀山大名，所以我非常希望能夠儘快一睹其廬山真面目。

　　在莫斯科轉機需要換機場。舊機場裏人頭攢動，搶拉客人漫天要價的司機成羣。我語言不通，居然順利地從舊機場到達新機場，也算初戰告捷。轉機還有六個鐘頭才起飛，時間尚早，所以我在新機場的酒店裏面租了一間房，睡了一覺，鬧鐘一響就奔往登機口，飛去喀山。

　　從飛機上俯瞰俄羅斯的大地與河流，那條大河應該就是伏爾加河了。喀山是俄羅斯第三大城，距離莫斯科只有 1000 公里。我在喀山三天，住在一個以著名歌劇演員莎莉亞嬪命名的酒店裏（Shalyapin Hotel），價錢相宜，也相當舒服。我請了一個韃靼族的大學生當導遊——這個二十出頭的小青年領着我用了三天的時間跑遍全城，打卡了所有值得看的景點。可惜各個博物館的說明幾乎都只有俄文和韃靼文，我成了「文盲」。因為事先功課做得不足，三天下來，我除了拍下不少喀山的

建築物和行人照片，對喀山的瞭解實際上很有限，回到香港也只能給朋友看一些「到此一遊」的照片，談不上甚麼心得。所以，我決心要找機會再去一次喀山。

2019 年 9 月底，我們夫妻和十多位朋友進行了一次伏爾加河十日遊：坐船從莫斯科出發，經過運河進入伏爾加河幹流，然後順流而下，直到接近裏海的伏爾加河三角洲。雖然這趟伏爾加河之旅在喀山只停留了一天半，但因為有上次的經驗，行前特地做了功課，這一天半的收穫比九年前三整天的收穫還要多好幾倍。

喀山：大鍋城

喀山是韃靼語「大鍋」的意思，所以喀山市就是「大鍋城」。為了吸引遊客，喀山當局最近特別建了一座高塔，上面懸着一口巨型鑄鐵大鍋，作為地標和拍照景點。在我看來，喀山這座河流交匯之處的俄羅斯大城，就像一口大鍋，用了大約一千年的時間，把不同的民族、部落、宗教，熬燴成了一大鍋「喀山─俄羅斯文化」。

6 世紀，曾經雄霸中國北方草原的柔然汗國被突厥擊敗，一路逃到歐亞大草原的西端。柔然人（歐洲人稱之為 Avars）曾進入烏拉爾山脈，與當地的人口混合，之後又進入伏爾加河地區，再西遷到歐洲中部。7 世紀時，一路追趕柔然人的西突厥分為幾個部分。一部分人到達哈薩克草原西部之後，轉而北上，進入烏拉爾河流域。8 世紀時這部分人再次北上到烏拉爾山脈的東西兩側，和當地的人口通婚融合後，逐漸放棄了薩滿教信仰，轉信伊斯蘭教。這應該就是前面（第 29 章）講到的巴什科爾特（巴什基爾）人的起源。巴什科爾特人無論從血統還是居住地而

言，都兼領亞歐兩洲的特徵，但是他們的語言一直保持着源自亞洲的突厥語族的特徵，只是後來加入了許多俄羅斯語與阿拉伯語詞彙。今天喀山所在的韃靼共和國以及附近地區仍然有許多巴什科爾特人。

另一部分來到伏爾加河流域的突厥人口，則於 8 世紀在裏海之北建立了可薩（Khazar）汗國。該汗國統治北高加索平原與頓河流域超過 100 年，和拜占庭帝國、阿拉伯人、波斯人以及猶太人都有貿易聯繫。可薩汗國是歷史上唯一一個族羣主體為非猶太人的猶太教政權。（見第 32 章）

受可薩汗國的衝擊後，原本在伏爾加河地區的保加爾（Bulgar）突厥人分兩個方向遷徙。一部分向西移到拜占庭帝國之北，被稱為多瑙河保加爾人（Danubian-Bulgars）。他們後來被四周的斯拉夫人同化，改為說斯拉夫語言，成為現在的保加利亞（Bulgaria，來自 Bulgar 一詞）的主體民族。另一批保加爾人則向北遷移到伏爾加河中游與烏拉爾山一帶。他們和烏拉爾地區操芬蘭—烏戈爾（Finno-Ugric）語言的人口混合，於 10 世紀信奉了遜尼派伊斯蘭教。因其主要居住在伏爾加河與卡馬（Kama）河交匯之處，故被稱為伏爾加河保加爾人（Volga-Bulgars）。這批人後來逐漸遷移到今日喀山附近。（見第 31 章）

喀山附近恰巧也是維京人與伊朗—阿拉伯世界的貿易點。9—11 世紀時，歐洲最北的維京人非常活躍。他們以波羅的海為基地，朝四個方向推進。第一是向西，維京人在距北美洲大陸很近的格陵蘭（Greenland）中南部建立了基地；第二，他們沿着北海和大西洋東岸到法國西北部，建立了諾曼第（Normandy，意為「北方人之地」）公國；第三則是順着第聶伯河（Dnieper）到黑海，與拜占庭帝國進行貿易——這條路線上的人口主要是東斯拉夫人。維京人由於和他們接觸甚多，所以共同成為今日俄羅斯民族的源頭之一。第四則是向東南到伏爾加河

流域，以喀山為轉口港，沿伏爾加河進行貿易。

13 世紀中葉，蒙古人第二次西征的時候，成吉思汗之孫拔都以伏爾加河下游的薩萊（Sarai）為首都建立了欽察（金帳）汗國。金帳汗國幅員遼闊，最西達到今天的烏克蘭，最東到今哈薩克斯坦境內的巴爾喀什（Balkhash）湖。在哈薩克草原的東部，另有名義上屬於金帳汗國而實際上獨立的白帳汗國。

金帳汗國 15 世紀時開始分裂。1438 年，由金帳汗國分裂出來的喀山汗國正式立國。今天的韃靼共和國就是從喀山汗國演變而來。目前的韃靼共和國約一半的人口是信奉伊斯蘭教的韃靼人，另外一半人口是信奉俄羅斯正教的俄羅斯人。

斯拉夫人與莫斯科公國的東擴

蒙古人征服了某個地區後一般都會利用「以夷制夷」的方式統治本地人（包括抽稅）——他們只封賜名號、收取稅金以及索貢。蒙古統治者將被統治者分為「氈帳的百姓」和「林中的百姓」。斯拉夫人當時的中心位於今天烏克蘭的基輔——大約在 9—10 世紀時形成了基輔羅斯人（Kyivan Rus），他們被蒙古人認為是「林中的百姓」。9—10 世紀是基輔羅斯進入文明時代的開端，這一時期他們信奉了希臘正教，並且開始使用自己的文字。12 世紀中葉，一個參加十字軍回來的基輔王子在今日莫斯科東北部的伏爾加河上建立了弗拉迪米爾（Vladimir）大公國，成為東部斯拉夫人的新聚集點。他的後人對該地區的統治持續了約 100 年，直至蒙古人到來。

蒙古人在 13 世紀的征伐橫掃了幾乎全部斯拉夫人的地盤，而在伏

爾加河上游的弗拉迪米爾大公國因為地處偏遠，僥倖地避過了蒙古人的慘烈殺戮和大規模破壞，反倒得以繼續發展。

此時，斯拉夫人把說蒙古語和突厥語的人口統稱為韃靼人。13—15 世紀，韃靼人在今日俄羅斯的腹地伏爾加河流域居於統治地位，和俄羅斯人上層聯姻。俄羅斯著名的歌劇《伊戈爾王子》（Prince Igor）就是關於斯拉夫人如何與韃靼人既聯姻又鬥爭的故事。

繼弗拉迪米爾大公國之後，莫斯科大公國逐漸強盛。在 15 世紀末 16 世紀初，該國連續出現了幾位傑出的大公。歷史上最有名的當屬伊凡四世（即「恐怖的伊凡」或「伊凡雷帝」）。俄羅斯歷史充滿了宮廷陰謀，勾心鬥角和殘酷鬥爭，伊凡四世在這種氛圍中長大，也成為這種鬥爭的能手。他於 1556 年征服了喀山汗國，佔領了伏爾加河流域地區，特別是喀山城，並在喀山修建了今天的旅遊勝地「克里姆林」。

莫斯科也有一座全世界聞名的克里姆林。其實克里姆林是俄語中「有牆圍的堡壘」之意，所以征服喀山的俄羅斯人也在喀山河與伏爾加河交界的戰略要地修建立了一座克里姆林。有人考據，「克里姆林」這個詞源於蒙古語裏「圍牆」（不同方言有不同的發音，大致讀作 Herem 或 Kerem）。窩闊台時代在蒙古高原建造的首都「喀喇和林」（Karakorum，現多稱哈拉和林）就是「黑圍牆的堡壘」之意（在蒙古和突厥語文化中，黑色代表高貴）。從這個詞的流變可見，西歐人認為俄羅斯人深受蒙古人的影響，「扒開一個俄國人的皮，會看到一個韃靼人」也不完全是空穴來風。

總而言之，在喀山的克里姆林，從高處可以同時看到俄羅斯正教教堂的尖頂和清真寺的宣禮塔。兩大宗教對望並存，與莫斯科市中心清一色正教教堂尖頂所代表的文化含義很不相同。

17 世紀初，第一批歐洲移民在北美洲東岸登陸，逐漸向西擴張，基本上消滅了原住民的各個部落。美國人征服北美洲過程中一條關鍵的邊界，就是密西西比河。密西西比河在當時是一道兼具天然以及法律意義的邊境──在那之前，密西西比河上下游都屬於法國。由於拿破崙在歐洲打仗時經費短缺，更沒有兵力跨過大西洋去保護密西西比河兩岸的領土，就以 1500 萬美元的價錢把這一大片土地賣給了建國還不到五十年的美國。在美國歷史上，這稱為「路易斯安那購地案（Louisiana Purchase）」，此後美國的領土驟然增加了約一倍，從此歐洲人得以跨過密西西比河繼續向西遷移，直達太平洋之濱。

對俄羅斯人來說，大規模擴張的過程則是從沙皇的先鋒隊（多半是哥薩克人）越過了伏爾加河開始的。這些武裝殖民者逐漸向東進發，一路修建軍事碉堡，殖民屯墾，開山採礦，跨過貝加爾湖以東，直至太平洋西岸。這一過程和美國建國後，自認是按照「天定命運（Manifest Destiny）」持續向西擴張，直抵太平洋之濱，可謂異曲同工。

今天的俄羅斯人總是講，伏爾加河是他們的母親河。但是這條母親河是約 500 年前才被斯拉夫人佔有的。這和恒河作為印度的母親河，黃河作為中國的母親河，尼羅河作為埃及人的母親河，意義非常之不同！

俄羅斯的韃靼人和蒙古人在哪裏？

經過多個世紀的交融，許多斯拉夫裔的俄羅斯人和韃靼──蒙古裔的俄羅斯人在語言上和面貌上都已難加分辨。韃靼人並不是鐵板一塊、集中一地，而是分散在幾個主要的地區，但在各地區內又以聚居為主，即所謂的「大雜居，小聚居」。喀山是韃靼共和國的首都，有大約 120 萬韃靼

人住在那裏。另外，19 世紀中葉的克里米亞戰爭之前，還有一個韃靼人的克里米亞汗國，是奧斯曼帝國的附庸國。這兩種韃靼人的語言都屬於阿勒泰語系突厥語族，但是彼此仍然有諸多差別，生活習慣也不盡相同。

第二次世界大戰時，蘇聯政府曾懷疑克里米亞韃靼人有親納粹德國的傾向，所以把他們大量遷移到西伯利亞去，也就是說這些人沿着祖先的遷徙路線，在千年後從哪來又回哪去了！時過八十年，在今日俄羅斯的社會氛圍裏，對喀山韃靼人的社會接受程度與斯拉夫裔人口大致已沒有差別，比克里米亞和北高加索的韃靼人的接受程度要高很多。喀山的韃靼族只要能夠流暢地說、讀、寫俄文，他們的就業、工作就不至於因為所屬民族而受到歧視。

喀山大學的兩位本科生

我 2010 年第一次訪問喀山的時候到過喀山大學。在校園裏面有一個樣子挺帥的青年人的銅像，原來他就是列寧。列寧出生在喀山之南的伏爾加河地區，自小聰敏好學，以第一名的成績從中學畢業，之後進入喀山大學攻讀法律專業，但因為參加政治活動而被開除。我到過的大學無數，但是為一個被開除的本科生立銅像的大學，恐怕唯有喀山大學。而那一年為我導遊的小伙子，正是喀山大學的本科學生。他是韃靼人，家鄉距離喀山大概有 200 公里。我想去他家鄉看看，但時間有限未能成行。他說，在他家鄉還有許多親人，包括他的祖父，在生活中都主要使用韃靼語。不過，他自己的韃靼語很不行。他帶我走了很多地方，介紹了許多歷史，可惜我大體上沒來得及消化。臨別時我對他說：「我在喀山三天，對兩個喀山大學的本科生印象深刻，卻不很瞭解他們，一個是

列寧，另一個就是你。」他聽了之後很快就察覺出我的比擬中可能稍帶揶揄，於是笑言：「將來我的銅像不會出現在這個校園裏。」

在克里姆林流連

經過一番修繕，2019 年喀山市的克里姆林比 2010 年時更加引人注目了。以前沒開放的韃靼文善本圖書館，現在也開放了。此外還有博物館、大教堂和大清真寺。喀山市裏有大約三四十座清真寺，而位於克里姆林宮裏，為慶祝喀山建城 1000 周年而修建的庫爾沙里夫清真寺是最大的一座。

這裏談一些我在喀山博物館的見聞。喀山的博物館精於細節描繪，可以讓我們系統地瞭解從 13 世紀到 15 世紀的 200 年中，俄羅斯人／斯拉夫人是如何地被韃靼人歧視的。這裏舉一個例子：當伊凡雷帝擊敗了喀山的韃靼汗國攻下喀山城之後，從他們手裏釋放了多達 6000 名斯拉夫人奴隸——因為在伊斯蘭教裏，不准以穆斯林為奴，但是可以把不信伊斯蘭教的異教徒當作奴隸。因此，被穆斯林俘虜的異教徒一般只有兩條路，要麼皈依伊斯蘭教，要麼成為奴隸。

今天在俄羅斯，韃靼人仍然主要信仰伊斯蘭教，但也有一部分人信仰了俄羅斯正教，在語言上也已轉用俄語文。但是在 16 世紀時，喀山穆斯林手中至少掌握了 6000 個斯拉夫奴隸——俄羅斯人覺得當初受到喀山穆斯林的壓迫，並非無中生有。在當時喀山的統治結構中，韃靼人確實是統治階級，問題是斯拉夫人的數目比較多，又容易從波蘭那邊接受新武器和科技，因此斯拉夫人逐漸就佔了上風。在喀山的克里姆林裏面，最高的俄羅斯正教教堂告訴我們今天的力量對比，而博物館則告訴我們過去的滄海桑田。

第 31 章

莫斯科與伏爾加河

莫斯科與伏爾加河

　　毋庸質疑，莫斯科是當今俄羅斯的政治中心，也是過去幾百年來俄羅斯人的歷史、文化、軍事和政治的兩個中心之一。托爾斯泰的《戰爭與和平》就是以 1812 年拿破崙入侵俄羅斯為背景的小說，中國讀者幾乎無人不曉——裏面曾大段地提到莫斯科。二十世紀八十年代，有一部講述一位婦女愛情失意卻自強不息獲得事業成功的愛情故事《莫斯科不需要眼淚》(Moscow Does Not Believe in Tears)，曾是歷史上最受歡迎的蘇聯電影之一。

　　伏爾加河這個名字對所有中國讀者來說都不會陌生。在很長一段時間內，假如一個中國人只知道一首俄國歌的話，可能就是《伏爾加船夫曲》。當然，對俄羅斯藝術感興趣的人，也會知道俄羅斯畫家列賓的名畫《伏爾加河的縴夫》。

二十年三訪莫斯科

2000 年，我們夫妻覓得機會在莫斯科停留一個星期，但是沒來得及去伏爾加河。2010 年我特意經莫斯科去了伏爾加河流域的最大城市喀山旅遊，回程時在莫斯科住了三天。2019 年，我們夫妻和一羣好友從莫斯科出發，乘遊輪沿着伏爾加河旅遊，直到裏海入海口附近。

這 20 年間，莫斯科的市貌沒有多大的改變，可人們的衣着和社會氛圍的改變卻相當明顯。20 年前，俄羅斯正處於「休克療法」後的經濟危機中，俄羅斯的中國文學專家李福清（Boris Riftin）教授來酒店看我們，他很坦白地跟我們說：「我很願意和你們一起吃一頓中國餐，但是我不能請你，因為我請不起。」作為俄羅斯科學院的院士、幾十年來研究中國文學的著名學者，他當時一個月的工資折合美元才不過 100 多一點。我那時是香港城市大學的校長，工資是他的許多倍。為了不讓他為難，我毫不猶豫也當仁不讓地答應下來。我們夫婦和李福清教授夫婦，以及旅居俄羅斯多年的俄羅斯文學專家白嗣宏教授夫婦去了一家台灣人開的中國飯館，大快朵頤，暢談古今。從他們兩對夫婦的談話中，我瞭解到更多關於當時俄羅斯知識分子對於俄國經濟狀況以及社會狀態的印象和評價。

那一次我們夫妻還特地去了一家導遊書中推薦的高檔俄國餐館。因為離我們住的酒店很遠，所以要先坐很長一段地鐵，再走頗長的一段路才能到。這當然不是我們第一次乘坐著名的莫斯科地鐵，但卻是坐得最久的一次。在莫斯科乘坐地鐵是一種享受。幾乎每個地鐵站都像是個博物館——繪畫、雕塑、月台的設計都堪稱精緻雅觀。雖然我們不通俄文，但是只要能認出幾個字母，就能大致猜出站名的發音。比如，我

們要去的普希金站的第一個俄文字母是 Π，即希臘字母「π」的大寫，發英文中「P」字音。到站時看圖識字，見到 Π 字，而且單詞的長短差不多時，就知道該下車了。

輾轉半天，終於到了飯店，還好路程順利，不過一進飯店門卻讓我大吃一驚，原來先要通過金屬探測器——要知道我這次遊覽莫斯科是在911 事件發生之前，當時恐怖主義、反恐安保等遠未成為人們熟悉的概念，許多機場都未必有這麼嚴格的安檢。後來才知道，因為蘇聯解體後莫斯科的黑社會活動猖獗，許多黑社會人物到高檔餐館去談判或者議事，談不攏就動輒拔槍對射。所以餐館為了保護自己，就在大門口設置了金屬探測器，可能也僱傭了休班警員或是黑社會成員作為他們的保安人員和保護傘。那頓飯我們夫婦倆吃得非常舒服，充分領略了俄國的餐飲文化，的確名不虛傳。但是金屬探測器這件事情給我留下了比俄國大餐更為深刻的印象。

我們又去了莫斯科的好幾個博物館、藝術館，還特別去了一次全俄最著名的大劇院（Bolshoi Theater）看芭蕾。我意外地得知，當時俄羅斯芭蕾舞的主要演員一個月的工資折換成美元也是 100 多！他們都是世界一流的芭蕾舞演員，要是在倫敦、紐約的話，一個月的工資至少也超過 1 萬美元。

但很值得注意的是，俄羅斯的女性經過兩三百年的文化熏陶，包括70 年的蘇維埃政權，在國家解體、時局艱難的當時，都還能夠在十分有限的開銷之下，竭力保持簡單而有品位的化妝和打扮。所以在莫斯科的大街上，經常看到邋里邋遢的男人，女人卻往往都還保持着體面的裝束。這種現象不僅在莫斯科紅場附近的古姆商店（ΓУМ 國家百貨商場）附近存在，更集中地體現在看芭蕾舞演出的那天晚上。

2010 年夏天我再去莫斯科，有兩個朋友負責接待。一位帶我去了華人華商聚集的柳布利諾大市場和一個俄羅斯正教的修道院，另一位則帶我去了郊區的沙俄時代一個伯爵的莊園，還去了哥薩克人的餐館品嘗美食。這一次我明顯感到俄羅斯社會經濟狀況有所改善，人均收入提高了一大截，連坐的士都貴了幾倍。

2019 年，我們十幾個人在莫斯科待了也就大概 48 小時，再次見證了俄羅斯的復興之路。這一次，我們請一位北大赴莫斯科國際關係學院聯合培養的博士生和一位旅居俄國多年的中國老教授來和我們座談，他們也分享了一些他們對莫斯科的觀察和理解。

顯而易見，俄羅斯人還徘徊於是保存自己的俄羅斯風格、東方拜占庭文化的繼承人身份，還是加入歐洲，變成現代歐洲的一部分之間。俄羅斯的國徽是望東又看西的雙頭鷹——這也是他繼承的拜占庭帝國的標誌之一。相信今後若干年之內，俄羅斯社會關於未來道路的爭論，還會持續很長一段時間。2022 年初發生的俄烏戰爭，對烏克蘭固然帶來了慘痛損失和根本性的改變，但對俄羅斯的未來走向來說，戰爭的影響也未必會比烏克蘭小！

小鎮烏格利奇

莫斯科是一個非常大的城市，基本設計和巴黎差不多，即圍繞城市中央核心圈，也就是紅場和克里姆林宮地區，以同心圓的方式向外擴展數環，各環之間有許多貫穿的道路，美國首都華盛頓的城市佈局也類似。

為了去伏爾加河坐遊輪，需要穿過層層的擁堵，到莫斯科市幾乎最西北部的運河碼頭上船，在運河上行船一夜才能進入伏爾加河幹流。莫

斯科運河和伏爾加河相交的地方有一個小鎮叫烏格里奇（Uglich），其歷史頗為傳奇，我對它的印象當然也是從這些歷史故事來的。不過這個小鎮給我的最大驚喜卻是我買到一隻完全是俄國自主品牌、注明俄羅斯製造的手錶。這個小鎮在計劃經濟時代有一個製造手錶的工廠，其產品曾經風靡俄羅斯。經濟市場化以後，外國手錶大規模湧入俄羅斯，所以烏格里奇的手錶不再那麼受歡迎了，但是手錶工廠還在運營，造出的手錶仍然物美價廉。

俄羅斯的拜占庭宮廷政治

與手錶形成對比的是烏格里奇的歷史意義。俄羅斯的真正崛起，是從戰勝韃靼人的伊凡四世時代開始。伊凡四世的長子德米特里·伊萬諾維奇，十歲的時候就在烏格里奇被謀殺了。皇家對外宣稱他是意外死亡，可是根據宮廷政治的套路和坊間傳聞，他是死於謀殺。伊凡四世死後，他的次子費奧多於 1584 年繼任。這時，俄羅斯上層陷入殘酷的政治鬥爭中，又恰逢小冰期，連續幾年的饑荒使國家人口損失了三分之一。以費奧多為代表的已經有將近 800 年歷史的留里克王族陷入風雨飄搖之中。於是，這時先後冒出來兩個自稱是德米特里的人，想要篡奪費奧多的皇位，俄羅斯的統治從此經歷了幾十年的混亂無序。這種情況在歷史學家所謂的「拜占庭式宮廷鬥爭」裏是屢見不鮮的。而俄羅斯作為拜占庭文化的繼承者，無論是留里克王朝，還是之後的羅曼諾夫王朝都承續了這種陰謀政治的傳統。

我還聽到一個令人費解的傳說：烏格里奇有一個非常有名的教堂，教堂裏當然會有鐘。為了不讓這個地方的流言傳出去，當局曾經把教

堂的鐘拆卸下來放逐到西伯利亞去！俄羅斯當政者將反對政權的人放
逐到西伯利亞可謂常事，但是在 450 年前，把一座鐘也流放到西伯利亞
去，卻是一件我聞所未聞的趣事和怪事。

冒牌的王都：雅羅斯拉夫爾 (Yaroslavl)

在莫斯科東北離烏格里奇不遠的地方，有一個城市叫做雅羅斯拉夫
爾。城市位於伏爾加河和一條小河——科特羅斯河交匯的地方，該城已
有 1000 年的歷史了。而這裏最早的定居史，可以追溯到三五千年前。
1000 年前基輔大公在莫斯科東北部建立了這個據點，後來逐漸形成一
個貿易城市。

雅羅斯拉夫爾是莫斯科周圍的所謂「黃金圈」城市之一，有相當多
可以參觀的地方。最吸引我注意的是一座有 15 個洋蔥頂的教堂。這個
城市早期都是木建築，常受火災的困擾，16—17 世紀開始，才多採用
石材建築。

這個地方的另外一個重要性，是作為前面提到的 16—17 世紀時的
冒牌國王 (pretender) 的王都。留里克王朝晚期有一個所謂「大空位」時
期。波蘭國王西吉蒙德三世趁俄國內亂，先後支持過兩個冒牌的「德米
特里」為俄羅斯沙皇，甚至直接出兵佔領莫斯科。這段時間雅羅斯拉夫
爾就成了俄羅斯的臨時首都。俄羅斯的沙皇制度當時還沒有固定下來，
只有若干個已經不再臣服於金帳汗國或者韃靼人的彼此獨立的大公。
此時的俄國禍不單行，不但政治上混亂無序，社會上還爆發了大瘟疫。
但這一切反而給了莫斯科大公崛起的機會：1613 年，全俄羅斯的巨頭
們開會，宣佈立 17 歲的米哈伊爾·羅曼諾夫為沙皇，統治俄羅斯三百

年的羅曼諾夫王朝自此開始登上政治舞台。因此，我們在伏爾加河上經過的雅羅斯拉夫爾市具有很強的歷史意義。

下諾夫哥羅德（Nizhny Novgorod）

俄羅斯有很多重要的城市，下諾夫哥羅德是其中之一。這是伏爾加河上人口比較多的一個城市，幾乎所有伏爾加河上的遊輪都會在這裏停留。我對這個城市的瞭解不多，只知道在蘇聯時代他的名字是「高爾基」。蘇聯解體之前，高爾基市因為有軍事工業，所以是一個比較封閉的地方。我沒有讀過多少高爾基寫的書，但知道他是蘇聯時代家喻戶曉的人物，除了是個有才氣的作家，還是政治活動家。他和托爾斯泰、契科夫都認識，是那個承上啟下時代的代表人物。他跟列寧也很熟悉。雖然他支持布爾什維克，卻不是教條主義者，也不是主題先行的作家，可以說是一位現實主義—社會主義的文學家，曾多次獲得諾貝爾文學獎提名。高爾基在二次世界大戰前就去世了。為了紀念他，他的出生之地——下諾夫哥羅德——就變成了高爾基城，直至蘇聯解體以後又改回原名。

楚瓦什共和國

伏爾加河中游有一個與眾不同，且鮮為人知的共和國——楚瓦什共和國。楚瓦什人主要都在伏爾加河的西岸，是公元 8 世紀就進入伏爾加流域的伏爾加—保加爾人（Volga— Bulgars）的後裔，其語言屬於突厥語族。他們的語言和韃靼語言有一定的關係。但是早期的楚瓦什人和

韃靼人不同，沒有皈依伊斯蘭教。18—19 世紀時，他們還沒有特定的一神教信仰，而是信仰自然宗教。隨着沙俄的擴張，楚瓦什在俄羅斯正教教士的引導下成為俄羅斯正教的信徒。現在楚瓦什共和國的城裏人都說俄語，但不少鄉下人還會說楚瓦什語，這種情況與布里亞特蒙古共和國、圖瓦共和國和韃靼斯坦共和國比較接近。

我對楚瓦什共和國的興趣來自一位在香港的俄羅斯人。她在一家旅行社專門負責俄羅斯旅遊的工作。跟我熟悉以後，有一次我問她的家鄉在哪裏，她說就在伏爾加河附近，接着說了一個我前所未聞的地名——Chuvash！她可能並不知道，就憑這一句我沒懂的俄羅斯地名，我決心要再去伏爾加河流域做一次「深度遊」。

終於，在 2019 年 9 月，我們乘坐一艘名為「伏爾加之夢」的遊船，遊覽伏爾加河。船上有大約兩百名遊客，主要是北歐和德國人，也有奧地利和意大利人。乘客裏有 19 位是華人，就是我們這一團。可惜船沒有在楚瓦什共和國停泊，所以當我們經過那裏的時候，我朝着西岸照了幾張相，算是和楚瓦什共和國打了個招呼。

「伏爾加之夢」還要繼續向前行。下一篇將記述從喀山到阿斯特拉罕這一段的遊程。

第 32 章

薩馬拉、薩拉托夫和伏爾加格勒

伏爾加河是歐洲最長的河流，作為內流河，其全流域都在今天的俄羅斯境內。但它並不是俄羅斯最長的河流——俄羅斯在亞洲部分還有更長的葉尼塞河和鄂畢河——這兩條河流皆源於西伯利亞，向北注入北冰洋。而伏爾加河則是源於莫斯科和聖彼德堡之間的東歐丘陵，經由莫斯科之北向東流到喀山，再轉向南，最後注入裏海。

前兩章介紹了伏爾加河上的喀山以及莫斯科與喀山之間的幾個城市。這一章談一談喀山之南的三個重要城市：薩馬拉、薩拉托夫和伏爾加格勒。

薩馬拉

伏爾加河流域是俄羅斯人口最為集中的地區之一，可以說是俄羅斯的心臟地帶。薩馬拉在伏爾加河和薩馬拉河交匯處，這裏有一座山，河流在此急轉彎，造成很高的水位落差。為通航和發電的需要，俄羅斯政府在這一帶修建了數個水閘。我們的遊船「伏爾加之夢」號就曾幾次進入水閘，等待放水調好水位，再進入下一級閘區。

薩馬拉戰略地位的重要性可以從薩馬拉與其他幾個城市的距離和方位看出來：薩馬拉在喀山之南大約 300 公里，在烏法之西 400 公里左右，在薩洛托夫之北約 350 公里。而薩馬拉的東西兩邊都是大草原。我把伏爾加河流域歸為草原絲路的一個地理單元，正是由於它的兩岸都有大草原。

前一章講到，維京人曾經沿着伏爾加河到裏海，跟阿拉伯人、波斯人進行貿易。10 世紀時，阿拉伯帝國如日中天，著名的地理學家伊本・法德蘭曾經沿伏爾加河北行，進入烏拉爾山區。他在書中詳細介紹了薩馬拉的地理特點和它在貿易上的重要性。儘管薩馬拉地理位置如此重要，但是俄羅斯民族因為興盛得較晚，向東方擴張的時間更晚，因此直到 1568 年才在伏爾加河急轉彎處建立城堡以拱衛薩馬拉。

綜觀俄羅斯民族的歷史，大體上就是封建貴族地主階級、遊牧民族軍事力量和東正教（即俄羅斯正教）上層教士這三種勢力互動、博弈與平衡的過程。直至一個半世紀前，居於最弱地位且毫無政治力量的羣體仍然是佔人口最多數的小農和農奴。此外，在 15—19 世紀期間，還有一個沒有直接參與上層政治，角色也時有變動，但於沙俄開拓疆土「居功至偉」的羣體，那便是主要由信仰基督教的東斯拉夫人組成的哥薩克兵團（Cossacks）。他們有時被認為是一個獨立的族裔，有時又因為哥薩克（Cossacks）的發音近似於說突厥語且原先信仰薩滿教（也曾一度信奉猶太教）的可薩人（Khazars）而被人與後者混為一談，有時還與源自白帳汗國的哈薩克人（Kazakhs）相混淆。哥薩克人其實是一個半軍事化的羣體，經常以武力佔領河谷邊緣與山區的土地，務農經商，實行自治。雖然他們偶爾會反叛，不承認自己是沙皇的臣民，但實際上，哥薩克人往往在客觀上成為沙皇開疆拓土的先鋒部隊。與此同時，他們也經

　　　　　　　　大絲路行紀——漫遊草原絲路

常被用來打擊各地鬆散的封建王公，以壯大中央集權的沙皇制度。

伏爾加河既然是農業富庶的地方，農民數量自然極多。由於農民的生活窮苦，這一帶經常發生農民起義。18 世紀，這裏就發生過俄國歷史上最著名的普加喬夫農民起義。普加喬夫本是被解僱的沙皇軍官，後來自稱是已被謀殺的沙皇彼得三世，率領從伏爾加河到烏拉爾山區一帶的農民，在遵循舊教義的俄羅斯正教教士的支持下，猛烈攻擊葉卡捷琳娜女皇的政府。他們提出一個非常亮眼的主張，就是要求解放農奴。這次起義雖然聲勢浩大，卻以失敗告終。農奴們需要再等 80 年，直到亞歷山大二世的時代才正式得到解放。

十月革命成功，蘇維埃政權得以確保之後，薩馬拉就變成當時蘇聯重要的內部腹地。由於蘇聯向西要面對德國和波蘭的威脅，所以就在東部的伏爾加河流域大事建設。第二次世界大戰時，在薩馬拉文化歷史博物館地下九層深的地方，蘇聯政府專為斯大林修建了一個臨時司令部，以備戰爭預勢迫近時他可以在薩馬拉的地庫裏面辦公和指揮。同樣的例子是英國。但英國領土很小，完全沒有蘇聯這種地理上的縱深，所以只能在倫敦修建一個類似的地庫司令部供時任首相邱吉爾在戰事危險的時候藏身辦公。事實上邱吉爾去過他的地下辦公室不少次，而斯大林始終留在莫斯科，根本沒有到過薩馬拉。

無論如何，薩馬拉在蘇聯時代逐漸變成一個對外隔絕的內陸城市，這裏建設有很多高度機密的國防研究設備和院所，其中還包括航空航天領域的相關機構。俄羅斯最早發射的人造衛星和太空船，以及太空人的訓練都是在薩馬拉進行的。我們到達薩馬拉的當晚，就去參觀了正在展覽的回收太空艙，以及宇航員受訓的地方。

薩拉托夫

薩拉托夫位於伏爾加河比較平靜的一段。那裏風景秀麗，森林連片，農田一望無際。18 世紀的時候，特別是葉卡捷琳娜女皇在位時期，俄羅斯相對於西歐，在各方面都很落後，連農業種植技術都不夠發達。所以葉卡捷琳娜女皇設法從中歐引入了將近 200 萬主要為德意志人的農民，將他們分散到伏爾加河中游。這些人在後來的沙皇時代以及蘇維埃時代都受到相當的重視，被稱為伏爾加德意志人，而他們的主要聚集點就在薩拉托夫。這一帶還有一個小城叫恩格斯。20 世紀初期，蘇聯還未穩固定型的時候，此地曾經是伏爾加日爾曼人自治蘇維埃社會主義共和國的首都。當然沒過多久，斯大林當政，進行了大規模的規劃調整，取消了這個自治共和國，恩格斯也就不再是伏爾加德意志人的首都。今天恩格斯人口大約 25 萬，而薩拉托夫則有 100 萬人。二者都是工業高度發達的城市，因此受過高等教育的人口比例很高。

伏爾加格勒

伏爾加格勒是伏爾加河下游最重要的城市，從其蘇聯時期的名字——斯大林格勒——就能體現出它受重視的程度。第二次世界大戰時，德軍從多方向對蘇聯發動進攻，從最北的聖彼德堡，到南部的莫斯科等全面開戰。當然，納粹德國也分兵東南方向，進攻斯大林格勒。斯大林格勒保衛戰中雙方陣亡人數至少超過 200 萬人，是二戰史上著名的大型戰役，其過程非常激烈、悲壯。

蘇聯衛國戰爭打到最艱難的時候，由於俄羅斯的地理縱深，納粹德

國軍隊再次犯了與 130 年前拿破崙同樣的錯誤，就是低估了俄羅斯的嚴冬，因此無法在漫長的補給線上充分支持他們的部隊。斯大林格勒戰役因此成為二戰蘇德戰場的轉捩點，從此，蘇聯由戰略僵持開始走向反攻。蘇聯在這場戰役中甚至俘虜了德軍第六集團軍的保盧斯元帥！但是蘇軍在衛國戰爭中也有不少軍人被德國俘虜，付出了慘重的代價。其中一個俘虜就是蘇軍上尉——斯大林的長子雅科夫。德國曾經提出交換戰俘，用斯大林的兒子交換他們被蘇軍俘虜的總司令，但斯大林本身意志非常堅決，按照一般俄羅斯人的說法是——斯大林斷然拒絕這個建議，堅決不同意用一個納粹上將換回一個蘇軍上尉，哪怕是自己的親兒子。最後，雅科夫死在德軍的戰俘營裏。

我們去伏爾加格勒的時候，這個城市正在致力於將自己打造成一個以環保和歷史為特色的旅遊城市，所以有許多紀念斯大林格勒保衛戰的大雕像和紀念館等。一些被炸到破落不堪的建築也被刻意保留在原地，提醒世人那場慘烈的戰爭。

除了伏爾加河流域，蘇聯的另外一塊沃土是注入亞速海的頓河流域。而頓河和伏爾加河雖然相距不遠，但互不連通。18 世紀時，彼得大帝曾設法建設一條連通兩條河的運河，但沒有成功。第二次世界大戰後，蘇聯政府耗費大量人力物力修建了長約 100 公里，兩端水位落差約 50 米，共有 13 個船閘的伏爾加—頓河運河。這條運河對後來蘇聯—俄羅斯的交通與灌溉都發揮了它的作用。然而這兩條大河每年冰凍期都長達 140 天，所以運河無法全年運作。

我們一行 19 人於 2019 年 10 月 7 日去參觀了伏爾加河—頓河運河博物館。工作人員見到我們一大隊人前來，就熱情地拿出一本留言冊，請我們留幾句話。我在同行友人的催迫下，硬着頭皮拿起筆來寫了兩句

英文，然後又寫了兩行中文：連通五海二河，造福四方人羣。然後又在博物館人員的要求下將它們譯為英文：Joining two rivers and connecting five seas, benefitting peoples of all directions. 隨後一行人都簽下中文姓名留念，在博物館工作人員的熱情掌聲中離開。

第 33 章
阿斯特拉罕

地理環境

沿伏爾加河順流而下，過了喀山和薩馬拉附近的水庫以後，兩岸主要是人口稀少的土地。到伏爾加格勒之後，再繼續航行 400 餘公里，就到了歷史名城阿斯特拉罕。阿斯特拉罕是全俄羅斯海拔最低的城市，大約在海平線以下 25 米。自阿斯特拉罕開始，河水分散為過百條支流，流過伏爾加三角洲，緩緩注入水面為海平面之下 28 米的裏海。

我們在伏爾加格勒下船，改乘火車到阿斯特拉罕，因為這一段河道並不適於大型輪船航行。阿斯特拉罕地理位置十分險要，坐北朝南，面對世界第一大鹹水湖——裏海，可以迅速到達亞塞拜然、哈薩克斯坦、伊朗、土庫曼斯坦以及與裏海沿岸相距不遠的烏茲別克斯坦。歷史上，這裏也是貿易和軍事的重鎮，以阿斯特拉罕為據點，可輻射掌控哈薩克斯坦的西部、烏茲別克斯坦的西部與中部。

今天的阿斯特拉罕仍然是俄羅斯的重要城市，關乎俄羅斯南部邊疆的安全。為了進入這一地區，我們必須要在俄羅斯旅遊簽證之外，另辦

俯瞰伏爾加河。

阿斯特拉罕城中拜占庭風格的教堂内部。

進入邊境地區的許可證。

可薩突厥人建立猶太教王國

早期西遷的突厥語人口在進入歐洲之前，要先經過烏拉爾山一帶，因此和那裏操芬蘭—烏戈爾語的人口多有來往。其中一支西遷到裏海北部地方的突厥語部族被稱為可薩人（Khazars）。他們佔據着歐亞大陸東西交通的要道，這裏也是南北方向上，阿拉伯半島和伊朗高原通往伏爾加河流域的必經之路。可薩人的西方是拜占庭帝國，東部是開始伊斯蘭化的其他突厥語部族，而南方則是傳統伊斯蘭帝國的心臟地區。憑藉這個地理要衝，可薩人建立了一個相當強盛的貿易大國，首都就在阿斯特拉罕。

可薩人與早期的保加爾突厥人，以及一些操芬蘭—烏戈爾語的人口曾經長期混雜，所以今天人們已經無法準確復原他們當時所說的語言。大致而言，可薩人的語言應該屬於阿勒泰語系突厥語族的欽察語支，與巴什科爾特人、吉爾吉斯人以及哈薩克人的語言比較接近。但是宗教上，可薩人不像放棄了薩滿教而改宗伊斯蘭教的大多數突厥語人口，他們既沒有接受源自其南方的伊斯蘭教，也沒有接受他們西邊的希臘正教，而是選擇了這兩種宗教都承認的猶太教。所以從公元 8 世紀到 11 世紀，在裏海的北邊，包括部分黑海的北岸，出現了一個商業興盛的重要猶太教王國——可薩利亞。這個王國在 11 世紀就被其他的突厥汗國滅亡，從而湮沒於歷史中。雖然他們信奉猶太教，可是古今的猶太學者們並不視可薩人為猶太人。大多數猶太人認為，只有古代 12 個猶太部落的後裔才是真正的猶太人。可薩人是從東方西來的突厥語人口，無論

如何也無法追溯到那 12 個猶太部落，因此他們的猶太人身份是無法解決的問題。

蒙古人的金帳（欽察）汗國

蒙古第二次西征是由朮赤之子，即成吉思汗之孫拔都帶領各支蒙古王公的長子，沿着草原絲路向西進發，因此又叫長子西征。拔都的軍隊一直打到多瑙河邊，巴爾干半島的西部，即亞得里亞海東岸。但是就在這時，忽然傳來蒙古大汗窩闊台去世，蒙古要開忽里勒台（即宗親大會），選舉下一任大汗的消息。拔都自認是成吉思汗長子朮赤這一支的代表，所以理所當然是大汗候選人之一，於是他就信心滿滿地率軍東歸。待行至伏爾加河附近的時候，他聽說窩闊台的長子貴由已經先行趕到蒙古高原，很可能會繼任大汗。拔都與貴由素來不合，所以乾脆就稱病駐兵不前，不再回蒙古，並決定把自己的勢力建立在這片他新征服的歐亞大草原上。伏爾加河原本就是這片草原上的重要河流，拔都決心不回蒙古的時候恰巧就在這附近，於是他就地建立了金帳汗國（因為域內的多數人口屬於說欽察突厥語的部族，所以又叫欽察汗國），以今天伏爾加格勒和阿斯特拉汗之間的一個叫薩萊的地方為牙帳所在。

蒙古人雖然少，但是他們西征路上不斷吸收大都已經伊斯蘭化了的突厥語部族人口，所以歐亞大草原上的蒙古人在兩三代後也都信奉了伊斯蘭教。金帳汗國最初的首都在薩萊，後世的金帳汗又遷都到伏爾加河流域另一個與舊都相隔不遠的地方，稱為新薩萊。

在基輔附近、莫斯科附近等金帳汗國治下的斯拉夫王公們，都要按時謁見金帳汗，並接受冊封。冊封之後，各地的王公就有權代表金帳汗

在各地徵稅、理政。所以，這是一種間接統治、以夷制夷的方式，金帳汗是名義上的統治者，實際上治理各地的還是斯拉夫王公。我在不少博物館裏都看到了描繪斯拉夫貴族向金帳汗進貢和接受冊封的圖景。

阿斯特拉罕的地理位置與政治軍事力量使它成為草原絲路上當之無愧的貿易重心。除東歐之外，來自阿拉伯半島、伊朗高原、高加索地區以及中亞河中地區的商人也絡繹不絕地往來此地。

遊牧民族所建立的政權經常因為繼承權的紛爭而分裂成諸多領土越來越小的汗國，金帳汗國也不例外。拔都建國前後，他的兩個兄弟——昔班、斡兒答——各有功勞，因此拔都很早就把亞洲部分交給昔班，由他另建藍帳汗國。而在更東方，接近察合爾汗國的斡兒答則就近建立了白帳汗國。初時，藍帳汗國和白帳汗國也受金帳汗國的冊封。

金帳汗國名義上仍然統治着包括歐洲和亞洲在內的廣大領土，但是從 14 世紀中葉起，汗國的核心部分逐漸分成幾個近乎獨立的汗國，包括著名的喀山汗國、克里米亞汗國和諾蓋汗國。15 世紀中葉，阿斯特拉罕汗國崛起，佔有了金帳汗國的基地——伏爾加河下游，令金帳汗國的核心集團元氣大傷。1502 年，金帳汗國被克里米亞汗國擊敗，正式滅亡。

伊凡四世修建的克里姆林。

俄羅斯人建立克里姆林

1556 年莫斯科大公伊凡四世，綽號「伊凡雷帝」（意為恐怖的伊凡），佔領了喀山並在此修建立了克里姆林（即有圍牆的堡壘）。他繼續南征，於 1558 年打敗阿斯特拉罕的汗王，佔領了這個伏爾加河下游最重要的城市。伊凡四世在一片面向伏爾加河的山坡上也修建起克里姆林，至今仍然是阿斯特拉罕最引遊人注目的地方。

俄羅斯人在阿斯特拉罕站定了腳跟，並使這個城市成為當時俄羅斯最東和最南的重鎮。也是從那時開始，俄羅斯歷朝歷代都把阿斯特拉罕當作重要的邊疆地區。後來，俄羅斯正是從阿斯特拉罕出發繼續向東殖民，進入了位置最靠西的哈薩克汗國的小玉茲——構成哈薩克汗國的三個部落聯盟之一，開啟了沙俄對中亞草原部分的征服活動。

今天的南部邊疆

今天的阿斯特拉罕仍然被視為俄羅斯的南部邊疆，但它在商業上重要性已經大不如前。從軍事上看，阿斯特拉罕雖然仍為要地，但是在衛星和導彈的時代，其重要性也在不斷降低。我們在阿斯特拉罕除了參觀克里姆林和市區之外，就是吃東西和買魚子醬。

阿斯特拉罕有兩大特產：一個是用一種純黑色的捲曲綿羊毛編製的帽子，與本地同名，就叫「阿斯特拉罕」。19 世紀的歐洲上層男士幾乎都希望有一頂阿斯特拉罕呢帽，中亞各地的富裕階層更是如此。現在阿斯特拉罕的牧民已經不多，也不願意再花那麼大的功夫去養這種羊，所以製帽業已不再是一門在裏海地區很賺錢的生意。

因此，本地的人們就把賺外匯的方法轉為吸引各地遊客，並且向全世界推銷鱘魚（Sturgeon）的魚子醬（Caviar）。這是當地的第二大特產。在這裏出產的最高檔次的 Beluga Caviar——最好最大最貴的魚子醬——每公斤可以賣到 8000 美元（在香港的高檔西餐廳裏，50 克 Beluga 魚子醬要港幣 3500 元，大約是 450 美元）。我們這批香港人既然遠道去了阿斯特拉罕，沒理由不嘗一下這裏的新鮮鱘魚，所以我們頭一晚就去了當地最好的餐廳之一——店名就叫做 Beluga。鱘魚是要吃的，至於魚子醬嘛，還是到商店裏買些帶回香港比較划算——畢竟在餐廳裏點餐，偌大的盤子裏為了擺盤好看，只盛放那麼一丁點魚子醬，好像挺划不來。結果，我們這一夥中國人，無一人在這家以 Beluga 為名的餐館點魚子醬。

　　不少歐美人（也包括俄羅斯人）都認為中國人特別會精打細算。我們這一夥中國人離開之後，不知道餐館裏的侍者和經理是佩服我們有免於被宰的豐富旅遊經驗，抑或會咒罵我們是「名不虛傳的小氣鬼」。

艾理斯塔城中兼有蒙古和藏傳佛教色彩的宮殿廟宇。

和「文學青年」普希金合照。

第 34 章

卡爾梅克：歐洲的佛教共和國

到艾理斯塔的路上

早就知道在俄羅斯境內伏爾加河西岸有一個佛教地區，叫做卡爾梅克（Kalmykia）共和國，所以我們夫妻在阿斯特拉罕參觀了兩天之後，就包了一輛車，從阿斯特拉罕開了 370 公里到卡爾梅克共和國的首都艾理斯塔（Elista）。一路上都是草原和寧靜的村莊。我們在公路旁邊的小商店停下休整時，看到小店裏的主人和工作人員都是東亞面孔，他們應該就是俄羅斯人所稱的卡爾梅克人了。

艾理斯塔的城區雖然不大，但有「總統府」——因為卡爾梅克是一個自治共和國，有自己的總統。其實它是俄羅斯聯邦的一部分，只相當於一個州（Oblast）。艾理斯塔很新，有不少明顯是最近這些年才修建的兼帶蒙古和藏傳佛教色彩的宮殿廟宇，以及展覽廳等。此外，城裏也有相當高大華麗的俄羅斯正教教堂。

城裏有一座雕像吸引了不少遊客，那似乎是個「文學青年」。雕像基座上全是俄文介紹，我向旁邊的外國遊客打聽後得知，這就是年輕的

普希金。他來過艾理斯塔，很喜歡這個有異域風情的地方，也為此寫了詩。但他應該想不到，將近兩百年之後，他的銅像會在這裏成為地標，而市中心的一條大街就叫做「普希金大道」。

西蒙古的土爾扈特人西遷

俄羅斯所謂的卡爾梅克人，並不是成吉思汗或者拔都時代到達伏爾加河流域的那羣蒙古人，而是 17 世紀才從新疆來到伏爾加河地區的西蒙古人。

一般而言，蒙古大致分為三部：蒙古高原中部的喀爾喀蒙古，又稱漠北蒙古或中蒙古；蒙古高原之南的察哈爾蒙古，又稱漠南蒙古；在蒙古高原西北部的衛拉特（「瓦剌」、「厄魯特」）蒙古，又稱漠西蒙古或西蒙古。明滅元之後，忽必烈的後代退回蒙古高原，仍以「元」為國號，一般稱之為「北元」。北元時期，喀爾喀蒙古人和衛拉特蒙古人的衝突曠日持久。

衛拉特蒙古人由幾個部落羣體組成，包括準噶爾部（意為「左翼」），土爾扈特部和杜爾伯特部等。

俄羅斯人口中所謂的卡爾梅克人，其實是西蒙古人中的土爾扈特部以及一部分杜爾伯特部。他們在元朝時遊牧於額爾齊斯河到鄂畢河一帶。明朝建立以後，由於喀爾喀蒙古人在蒙古高原的力量大增，大部分西蒙古人就開始進入今天的新疆和哈薩克斯坦遊牧。新疆的準噶爾部是西蒙古的重要組成者。

在準噶爾人強盛時期，土爾扈特部以及杜爾伯特部的活動空間被不斷壓縮。後二者的主要活動地區在新疆西部，甚至到達今日哈薩克斯

坦七河流域，所以他們在 1629 年大批西遷到伏爾加河流域。此次西遷的總人口約有 25 萬到 30 萬人。這時伏爾加河流域正值由金帳汗國分裂出的幾個汗國管控。阿斯特拉罕汗國是其中一個，其次是喀山汗國。雖然俄羅斯人已經在伏爾加河流域有相當的勢力，但是仍然不足以阻擋 25 萬到 30 萬他們所稱的卡爾梅克人進入該流域。

因此，俄羅斯人採取了「不能阻之，便結盟之」的基本態度。他們和東來的土爾扈特部結盟，共同對付其他勢力。當時伏爾加河流域包括韃靼人在內的全部操突厥語族的人口都已經信仰了伊斯蘭教，喀山、阿斯特拉罕、薩拉托夫這些地方都已經成了伊斯蘭教的勢力範圍，而新到的西蒙古土爾扈特人和杜爾伯特人仍然信仰藏傳佛教。因此在某種程度上，沙俄和土爾扈特人有共同的敵人──包括韃靼人、巴什科爾特人和諾蓋人。諾蓋人原來住在今天卡爾梅克共和國的地方，新到的西蒙古人或稱卡爾梅克人把他們趕到了北高加索的達吉斯坦附近。

百年寄居

卡爾梅克人過了烏拉爾河、伏爾加河，又行至更遠的地方，就是今天艾理斯塔一帶。艾理斯塔距離伏爾加河大概有 370 公里，這個地理位置十分利於貿易。所以除了繼續放牧以外，卡爾梅克人也注重商貿活動。當然，作為遊牧部族，他們本身也需要定居人口提供的茶、穀物、各種紡織品、金屬用品等。此外，他們還需要新式武器──那個時代的戰爭已經大量使用熱兵器了。

卡爾梅克汗國名義上向俄羅斯沙皇效忠，自稱為臣屬部族。事實上他們也確實替俄羅斯打過幾次仗，甚至還幫助沙皇鎮壓過屬於斯拉夫民

族的哥薩克人。

在對內治理方面，卡爾梅克人一直堅持着他們離開新疆以前的法典，就是所謂的衞拉特法典。對外，卡爾梅克人也逐漸與西藏的達賴喇嘛取得聯繫，跟裏海南部的伊朗薩法維王朝也有經濟往來，又和其西的克里米亞韃靼汗國進行貿易。然而，隨着時間的推移，俄羅斯在伏爾加河的勢力越來越強，對卡爾梅克人的限制和壓迫也就越來越多。

東返新疆

18 世紀下半葉，卡爾梅克人的領袖渥巴錫眼見本部族在伏爾加河的生活日趨艱難，遂有東歸故土新疆的念頭。這時他已經知道，從前曾欺壓過他們的準噶爾汗國剛被清朝摧毀，所以新疆的土地又可以重新分配，他們還可以回到故土一展宏圖，畢竟 150 多年前他的祖先被迫西遷的原因已經不復存在了。

作為一個領袖，渥巴錫有很強的組織能力。他先是悄悄地跟達賴喇嘛取得聯繫，由達賴喇嘛替他選了一個東歸的吉日，並且為他祝福，以團結部族的東歸共識。他又祕密地通知了大概 35000 戶當年西來的蒙古人，約 20 萬人左右，約定在 1771 年冬天的某一天啟程回東歸。屬於土爾扈特部的卡爾梅克人絕大部分都願意隨他東歸，但是屬於杜爾伯特部的人口則大部分選擇留下來。

渥巴錫有了東歸的設想後，花了兩年的時間準備，包括替沙俄打仗，乘機獲取東歸所需的許多武器和裝備。待萬事俱備之後，他才正式宣佈東歸。

然而，他們出發那年不幸趕上暖冬——伏爾加河的冰太薄了，所以

在西岸的人幾乎沒有辦法過河。而軍令已發，東岸的人只能開拔。

俄羅斯當局發現渥巴錫率部東歸，當然視之為巨大的背叛。當政的葉卡捷琳娜女皇決定把留下來的所有土爾扈特貴族都處決，然後派巴什科爾特人和沙俄軍隊盡速追趕，並命令當時已經被俄羅斯控制的哈薩克小玉茲的軍隊截擋卡爾梅克人。後有追兵，前有攔截，留守族人又多被處決，土爾扈特部東歸之困難艱辛，可想而知。

俄羅斯境內的卡爾梅克

渥巴錫東歸後，葉卡捷琳娜女皇先廢除了卡爾梅克汗國，將那片土地劃為阿斯特拉罕總督下屬的一個單位，由阿斯特拉罕總督直接管轄，後來又派一個杜爾伯特人擔任留俄卡爾梅克人的代理汗王，稱作副汗王。此舉使杜爾伯特人的地位，相對於本來佔統治地位的土爾扈特人大為提高。

這些留在俄國的卡爾梅克人經過 200 年的生息繁衍，現在共有 20 萬左右。他們大多數仍然是佛教徒，但是已經普遍地以俄語為通用語，能夠說蒙古話的人寥寥無幾。有一部分卡爾梅克人和巴什科爾特人、哈薩克人通婚，轉信了伊斯蘭教；還有一部分卡爾梅克人與俄羅斯人或是哥薩克人通婚，改宗了東正教（俄羅斯正教）。所以在今天的卡爾梅克共和國裏並存着這三種宗教，而且信眾中都有卡爾梅克人。

回到新疆之後

啟程東歸的 20 萬土爾扈特人一路上歷經重重困難，過程艱苦卓

絕，最終到達新疆時只剩下大約十萬多人。這時乾隆皇帝仍在位，東歸的土爾扈特人受到了清政府的崇高禮遇。乾隆冊封渥巴錫為土爾扈特部卓里克圖汗。但是，乾隆皇帝也忌憚這些一路經過兵火洗禮，戰力超羣的蒙古土爾扈特人，如果他們集中起來，甚至可能是繼準噶爾人之後，清廷的又一隱患。所以從統治者的角度，土爾扈特被分散安置在廣闊的地區，開拓荒地，以防他們聚眾叛變。今天新疆的數個蒙古自治州都同當年東歸的土爾扈特人有關。這是歷史的真相，也是統治者的邏輯——願意善待你，但是還要提防你。

然而，中國國內記載這段歷史的書籍往往這樣說：土爾扈特人離開了祖國，日夜想念，西遷後的 100 多年來受盡俄羅斯人的欺凌，終於還是排除萬難回到新疆，體現了祖國的號召力。

這當然是現代人在民族國家史觀基礎上的說法——西蒙古人在乾隆以前，從來沒有認為清朝是他們的祖國。17 世紀上半葉離開新疆，18 世紀下半葉回來的土爾扈特人更不會是為了壯大或建設祖國——清朝——而東歸。

從艾理斯塔到伏爾加河西岸這 370 公里的回程路上，我一直在思考，這些已經俄羅斯化，但尚未完全改宗正教的卡爾梅克人，雖然在俄羅斯仍是少數民族，想必也不會再有舉族東歸中國的想法了。從 1771 年東歸到現在又過去了 250 年，如今，他們的理想就是如何讓這歐洲唯一的佛教共和國可以在整個歐洲的文化光譜裏，凸顯出獨特的一面，以吸引更多俄羅斯聯邦內外的遊客前來遊覽吧！

臨離開艾理斯塔之前，我們在一個佛教寺廟前面和一個蒙古人家庭一起照了相，回來之後用電郵把照片寄給他們。不久收到了他們的俄文回信，翻譯過來的內容正是：「歡迎你們再來卡爾梅克！」

佛教寺廟前偶遇的一個蒙古人家庭。

第 35 章

黑海 —— 裏海大草原

在這本《大絲路行紀 —— 漫遊草原絲路》裏，我從呼倫貝爾草原寫起，向西經過蒙古草原、準噶爾草原、哈薩克草原，然後到伏爾加河流域的草原地帶。從這裏開始，旅行的腳步就到了整個歐亞大草原最西部的黑海 —— 裏海大草原，又稱東歐草原或南俄草原。

黑海 —— 裏海大草原的面積將近 100 萬平方公里，西起白俄羅斯、莫爾達瓦和烏克蘭的東部，經過第聶伯河下游、頓河流域，最東到伏爾加河流域。這一帶是沙俄、蘇聯乃至今日俄羅斯的穀倉，氣候類型比較多樣，植被類型除了草原外，還有一部分屬於溫帶闊葉林區。

印歐語言的誕生地

這一片大草原是農作物的重要產地和遊牧者的天堂，也是帝國創建者歷來爭霸之地，然而，它對人類的最大意義卻不在上述方面。

根據人類學者的研究，現代智人的喉部構造要比尼安德特人發達很多，因此逐漸發展出複雜的以聲音傳遞信息的方式。至遲在四萬年前，人類已經開始有了語言，能夠以特定的詞彙和語法交流。現在世界上共

有大約 6000 種語言，語言學家將它們歸類為大約 20 個「語系」。目前全球大約 40% 的人口的母語屬於「印歐語系」，而印歐語系各種語言的誕生地就是黑海—裏海大草原。

語言學家推測，大約 7000—6000 年前，在烏拉爾山脈之南，高加索山脈—黑海與裏海之北的人口使用的是一種目前已經不存在，也無法重構還原的「原始印歐語」。距今 6000—3000 年前的時間裏，說「原始印歐語」的部落羣先後有三次人口大遷徙，逐漸向不同的方向分散，在各地發展和改變其語言。但是這些發展改變後的語言，基本的語法和一些基本詞彙仍然類似甚至是相同的。因此，近代的語言學家才能夠把分佈在從印度東部到愛爾蘭西部如此廣闊地區的多種現代語言歸類為同一個語系。印歐語系包括若干不同語族，一般人較熟悉的有日爾曼語族（包括英語）、羅曼斯語族（包括法語、西班牙語）、希臘語族、凱爾特語族（包括蘇格蘭語）、波羅的—斯拉夫語族（包括立陶宛語、俄羅斯語）及印度—伊朗語族（包括印地語、波斯語），還有已經消逝的吐火羅語族。

戰馬的故鄉

根據古生物學家的研究，馬最早可能是出現在美洲，然後在冰川時期渡過結冰的白令海峽進入亞洲北部，而在美洲的馬卻不知為何滅絕了。

人類起初獵馬是為了吃牠們的肉。但是後來發現馬有很靈敏的聽覺和視覺，而且善於負重，於是開始飼養馬匹。大約 6000 年前，人類在黑海和裏海大草原上成功地學會了騎馬駕車。

由於遊牧民族以放牧牲口為主要生產方式，騎在馬背上的牧人能照顧的牲口數倍多於站在地上的牧人，所以馬的重要性由此凸顯。不久，因為馬跑得很快（比人快六倍），而且記憶力極佳，還會認路（「老馬識途」），所以馬匹又進一步變成了狩獵及作戰的工具。

這時，人已經使用韁繩馭馬，又發明了馬鞍以增加騎馬者的安全與舒適度。大約 2500 年前，中國北方的遊牧民族開始使用馬鐙，馭者可以用雙腳控制馬，以便騰出雙手更精準地使用弓箭。

大概 5000 年前，黑海—裏海北岸的印歐語系人口在製陶使用的轉輪概念基礎上，發明了車輪（先是實心的木質圓輪，後來用有輪輻的金屬圈）和連接兩個車輪的車軸。於是就出現了馬拉的車和一人駕車一人射箭的雙人戰車。

中國歷史上，周武王之所以能夠打敗商紂王，很重要的一個原因就在於周的軍隊更能夠發揮從西方遊牧民族那裏改良而來的戰車的優勢（注意，這裏的「西方」是字面意義上周之西鄰，而不是現代意義上的西方）。

你方唱罷我登場

黑海—裏海大草原的位置使草原人口與其南和其北的人口都無法保持密切的交通關聯。首先，草原的南方除了面對部分高加索山脈之外，其餘大部分被黑海、亞速海和裏海所環繞。因此，從這裏出發，南行大部分需要坐船，而且這些海域面積都很大，在古代技術不發達的時期，這就大大阻礙了草原和南方的來往。而草原之北是泰加林區（Taiga Zone）。泰加林地區與草原地區的生活方式截然不同，無論是自草原到

林區，還是反之，人們都必然要改變原有的生活方式。一般而言，草原上的人以放牧為生，兼營漁獵；林區的人則是以狩獵為主，兼營蓄養。但是長達一萬公里的歐亞大草原上的氣候、土壤、河流湖泊的分佈各有不同，因此不少地區，如黃河河套之北，貝加爾湖之南，都可以既農耕又遊牧。

由於地形結構影響，草原上東西向的交通就容易得多，不同的民族和部落的來往很頻繁。公元前 16 世紀到公元 11 世紀，黑海—裏海大草原就有過許多來自東方的統治者。

最早到達此地的是操印歐語系語言的辛梅里安人（Cimmerians），他們可能是伊朗語部族的一部分，在公元前 12 世紀到前 7 世紀時期在這一片草原上活動。目前已經找到並發掘了不少辛梅里安人的墓葬遺址。

其次就是前面多次提到的斯基泰人。他們在公元前 8—3 世紀時主宰這片大草原。但從長時段來看，斯基泰人在藝術上的影響要超過他們在草原上建立的軍事和政治霸權的影響。從已經出土的大量斯基泰人的棺槨和隨葬品等來看，他們製造金屬器物的水準很高。這些器物非常精美，而且多為動物藝術造型，特別是不同動物搏鬥的造型。這些藝術造型也傳到了美索不達米亞，比如完全沒有受過斯基泰人統治的亞述人就曾在藝術層面與斯基泰人有過交流。這是文化南北向的傳播——雖然斯基泰人和亞述人的政治影響力都沒有到達對方的地區。

在政治上，斯基泰人跟南方的衝突只發生過一次——在公元前 5 世紀他們輸給了由阿契美尼德王朝統治下的波斯帝國，以致不得不向阿契美尼德王朝進貢稱臣。

公元 3—4 世紀，被不少歐洲學者認為是匈奴人後代的匈人（Huns）

也從這片草原經過，然後西進，幾乎滅亡了羅馬帝國。繼匈人之後，由東部西移的遊牧人口叫做阿瓦爾人（Avars），很可能是前文提到的柔然。他們在 4 至 8 世紀到過歐洲中部，控制了今天的匈牙利、羅馬尼亞和保加利亞一帶。

此後主要的入侵者就是從蒙古高原來的操突厥語族或者蒙古語族語言的遊牧民族。基於遊牧的基本生活方式，遊牧人口的社會結構一向較為分散。然而，即使是分散的部落羣，一般的政權或政治結構也是位於馬匹交通在一定時間內可以到達的空間範圍內。如果空間範圍太大，很容易出現分裂的傾向。突厥汗國與蒙古帝國一再分裂的重要原因就是地理範圍過大，中央統治力不能達到。

除了前面說過的 4 至 7 世紀的保加爾人外，還有藍突厥人（Kök-Turks），即早期突厥人。8 到 11 世紀在這一帶的另一支突厥部落羣建立了可薩（Khazar）汗國。離可薩汗國不遠，還有一支時代與可薩人差不多的突厥語部族，叫做欽察（Kipchak）突厥人。

13 世紀開始，蒙古人來到黑海—裏海草原，建立了強盛的欽察（金帳）汗國，統一了絕大部分的歐亞大陸，所以大草原幾乎全部由蒙古人控制。但是金帳汗國由於本身的政治結構使然，不停地發生繼承權之爭，並且飽受地方分離叛亂之擾。14 世紀以後，金帳汗國日漸式微，先後分裂出喀山汗國、阿斯特拉罕汗國等幾個較小的政權。

在黑海—裏海草原上最主要的一個汗國是在 15 世紀末 16 世紀初建立的克里米亞汗國。克里米亞汗國最後擊敗了金帳汗國，令這個由成吉思汗之孫拔都建立的大汗國從此消失在歷史長河中。

克里米亞汗國與阿斯特拉罕之間還有相當的距離。克里米亞是一個半島，與歐洲大陸只有一道陸橋相連。這個半島上主要是山地，但有

很多優質海港，半島的北邊也有一部分草原，克里米亞汗就在這裏建立了他們的汗國。之後又有西蒙古土爾扈特部和杜爾伯特部等來到這裏，在這個草原的中部建立了卡爾梅克汗國。

在靠近高加索山脈的北高加索地區還有一支操突厥語族語言的遊牧民族，即諾蓋人（Nogai Horde）。亞速海之東的庫班平原，以及今天俄羅斯南部、高加索山脈之北的達吉斯坦，在 15—17 世紀都是諾蓋汗國的勢力範圍。

從 18 世紀開始，東斯拉夫人的國家——沙皇俄國作為「林中的百姓」正式強勢地由北向南進入草原地帶。18 世紀後期，在葉卡捷琳娜女皇的統治下，沙俄拿到了他們在黑海垂涎已久的出海口，也就是克里米亚半島。

斯拉夫人到來之後，大草原中心地帶的頓河流域就變成他們最主要的發展基地之一。

靜靜的頓河？

頓河是歐洲第五大河，大概有 1800 公里長，河流最後匯入亞速海（Sea of Azov）。頓河下游有一座著名的俄羅斯重要城市——羅斯托夫（Rostov）。

1920 年左右，蘇維埃政權尚未鞏固，內戰仍在進行的時候，頓河流域湧現出不少可歌可泣的英雄事跡。內戰結束之後，蘇聯作家肖洛霍夫（M. Sholokhov）就以此為題材寫了一部長篇小說，用蘇聯內戰，白軍跟紅軍的鬥爭，以及戰爭中個人效忠對象的變化等等，刻畫了複雜的人性以及時代與社會的變遷。這就是世界名著——《靜靜的頓河》。

在這本書出版之前，頓河並不是靜靜的。沙俄用它的力量強行進入了頓河流域和整個黑海——裏海大草原，佔據了克里米亞半島。這個血腥暴力的過程中有幾個角色需要加以說明。

其一是頓河地區的哥薩克人。他們可以說是頓河的半個主人——因為哥薩克城堡最多以及哥薩克自治區最強的地方曾經就在頓河流域；其二是沙俄政府和大量普通俄羅斯移民，他們最終取得了本地的政權，成為這個地區的主人；其三是位於黑海之南，曾經把克里米亞汗國收作藩屬的奧斯曼帝國。奧斯曼帝國在幾個世紀裏一直在這一地區發揮着重要的影響力。

頓河水雖然靜靜地流着，但是它所在的黑海——裏海地區在近代史上卻很不太平。

19 世紀中葉的克里米亞戰爭就是英國人和法國人幫助奧斯曼帝國對抗俄羅斯的戰爭——實際上三個歐洲帝國主義國家都在侵略奧斯曼帝國，但帝國主義國家之間亦有矛盾——其中兩個不願意見到第三國因為對奧斯曼帝國的勝利而驟然崛起。

沙俄從奧斯曼帝國手中搶到了克里米亞半島的塞瓦斯托波爾港（Sevastopol），從此得到了他們已渴望兩個世紀的不凍港，還可以自由地從黑海進入地中海。這令英法完全無法容忍。英國人將軍隊部署到北高加索，設法掀起一場對俄國的戰爭。

而這場戰爭的表面導火線居然是這三個基督教國家爭奪控制位於耶路撒冷的耶穌聖墓教堂的鑰匙！信奉東正教的俄羅斯人因此和自認是「天主教會的大女兒」的法國交惡，信奉英吉利國教的英國人幫（甚至是替）法國和奧斯曼攻打俄羅斯。

隨着蘇聯解體，歷史進入 21 世紀。近年來，俄羅斯和過去幾乎是

一家人的烏克蘭進入了持續對抗狀態，一方面是因為意識形態分歧，另一方面是政治企圖的差異。俄羅斯希望恢復到華沙公約時代的勢力分界線；烏克蘭則想要進入歐盟，並且成為北約的戰略夥伴。

烏克蘭的東部人口主要是俄羅斯族，他們希望重新加入俄羅斯。但是今天「烏克蘭東部人口」並不包括克里米亞的居民。克里米亞人已經「自行」全民投票，於 2014 年回歸俄羅斯聯邦──在 21 世紀，俄羅斯沒有動用武力就擴展了一片具有高度戰略意義的土地。幾年來美國及歐盟與俄羅斯為了制裁和反制裁不斷鬥爭，就是因為克里米亞。

近年來北約逐漸東擴使俄羅斯難以容忍，而北約在美國的領導下又把烏克蘭視為鉗制俄羅斯的重要手段。因此，2022 年 2 月，烏克蘭東部的局勢就到了俄羅斯認為需要以軍事手段解決的地步！

總結一句，古往今來，黑海──裏海大草原一直是不同民族、不同宗教、不同政治勢力經常爭奪的地方──它從沒有真正安寧過。

綜論篇

第 36 章

引弓之民的連續性

草原上的「引弓之民」

歷史上草原絲路最主要的居民是源自東亞的遊牧部落。中國史書形象地稱他們為「引弓之民」，指出他們的特徵就是能夠在馬上彎弓射箭。所以「引弓之民」成了整個歐亞大草原上各遊牧民族最簡單的代稱。

在草原之南有著史傳統的民族中，希臘史書中將斯基泰人稱為野蠻人，也對他們的生活形態作了敘述。伊朗人對斯基泰人，以及與他們同源的帕提亞人，乃至再後來的嚈噠人、柔然（阿瓦爾）人都有記載。源自中亞地區的相關記載比較少，但是很明顯，錫爾河以北是遊牧民族的天地，錫爾河以南是農耕民族的居所。

而整個歐亞大陸上，農耕與草原民族對峙線是一條分佈最廣，時間最長久的分界標誌，受這條線影響最深遠的地區就是東亞。世界上幾乎沒有人不知道萬里長城，而長城就是這種對峙的產物。在中國歷史上，華和夷的區別一直是很重要的問題，而廣義的夷就包括長城之外的引弓之民。

東亞大陸上的不同人羣

　　整個東亞大陸上最主要的人口當然是起源於黃河流域的華夏集團。從華夏集團的歷史記載以及自我認識出發，其對東亞大陸早期的人口大概有這樣的區分：

　　第一種是「胡」，就是在亞洲內陸（Inner Asia）草原上的遊牧民族，主要是操突厥語族和蒙古語族語言的人口；

　　第二種叫「貊」或「貉」，指東北亞森林地帶的漁獵民族。他們主要操滿—通古斯語族的語言。突厥語族、蒙古語族和滿—通古斯語族都屬於阿泰語系；

　　第三種是「胡」、「貊」之南的黃河流域，後來擴展到漢水流域，叫做「華」或「夏」，有時又合併稱為「華夏」；

　　第四種是在華夏民族區域之南，早期在漢水、大別山以南，一直到南嶺以北的各個民族，叫做「蠻」。大部分「蠻」是屬於苗瑤語族的人口；

　　第五種是在華夏東南方靠海的地帶，古時候叫做「諸越」，或者「越」，他們的語言各異，大部分已經無從稽考，但今日的苗、瑤、傣、和越南語都屬於南亞（Austroasiatic）語系。

　　總之，以上是華夏族早期對各種人口的區分。

　　其中與草原絲路有關，並且能夠稱為引弓之民的，基本上屬於「胡」。我們熟悉的由胡人建立的政權名稱有匈奴、鮮卑、烏桓、柔然、突厥、高車、鐵勒、契丹、蒙古，後來有些政權名和族名便合二為一了。當然，某些通古斯語族的族裔也被認為是東胡之後，比如肅慎、扶餘、靺鞨（渤海）、女真等。

北方民族政權的特色

中國歷史上，北方民族在蒙古高原東、西及中部建立過許多由遊牧部落組成的部落聯盟。他們建立政權，取國號，立可汗。前面講過遊牧民族對農耕民族有天然的依賴，需要從農耕民族取得紡織品、茶葉、裝飾品以及藥物等。因此，北方民族政權往往以劫掠、定約，或是佔領的方式與中原農耕民族政權打交道。劫掠是搶一票就走，定條約是打了勝仗之後，規定農耕民族每年向遊牧民族供給的歲幣數額或者給予的實物數量、種類等。

北方民族政權和中原漢族政權的統治方式也有所不同。因為草原民族的輩分、親屬概念、家族認同與漢族不同，所以王室成員身份的界定和權力大小也就不一樣。北方民族政權建立初期，都有一個王室會議的形式，大汗的選拔和登基要經過王室重要成員的共同認可。

中國歷史上，遊牧民族在整個中國北方輪番建立政權最為頻繁的年代就是所謂的「五胡十六國」時代──跨越魏晉南北朝共約 400 年的時間。最早崛起的是鮮卑族的慕容部，後來是同屬鮮卑的拓跋部，後者在山西大同附近建立了北方政權。拓跋部立國不久後，道武帝拓跋珪就決定把國號改為魏。魏文帝拓跋宏將首都搬到洛陽，自己改姓元，所以皇族也都從拓跋改成姓元。魏文帝進行了一套系統的激進的漢化改革，涉及語言、服飾、官職等諸多方面。這一過程中，在拓跋部的貴族裏面始終有反對意見存在，所以漢化改革的推進並非一帆風順。

華夷之辯與華戎之交

魏晉南北朝時，許多城市都是漢胡混居。所以華夷之辨是那時讀書人的一個重要的議題。《世說新語》裏就有許多這一類的故事。

既然是混居，語言必然互相滲透。因此漢語裏就融入了許多北方民族的語言，而北方民族更是借用了許多漢語的詞彙。我們今天所說的「哥」和「姐」就是從胡人的詞彙中借用的——對應的古漢語詞彙是「兄」和「姊」。《木蘭辭》裏說到「昨夜見軍帖，可汗大點兵。……木蘭無長兄。」「可汗」當然是指北方民族的統治者；「長兄」今天一般稱「哥哥」。「漢兒學得胡兒語，高坐城頭罵漢兒」，是漢族士人對當時某些狀況的感慨。但這種情況不只存在於當時的中國北方，世界上所有多民族融合通婚，比鄰而居的地區，都發生過類似的情況。即使在互相猜忌，或者整體氛圍不安、不和的情況下，這一時期華戎（夷）之間的交往客觀上還是增加了很多。

北魏孝文帝的改革，特別是姓氏的改革，其影響至今猶存。除了皇族拓跋改姓「元」以外，其他的貴族亦須改漢姓。如丘穆陵改姓「穆」、步六孤改姓「陸」、叱羅氏改姓「羅」、獨孤氏姓「劉」，屋引氏改姓「房」，叱奴氏改姓「郎」等。今天這些姓氏在全國都不難見到。

因此，到了北魏後期，以及北魏分裂為東魏、西魏的時候，跟拓跋（元）鮮卑大致同時存在的另外一個草原民族——柔然人，就不再承認魏或拓跋鮮卑是遊牧民族了。他們把中國北方就叫做拓跋（Tabghatch），訛音作「桃花石」。所以在真正的遊牧民族眼中，已經和漢族有了深度融合的遊牧民族，不再是胡人而是「桃花石」（即「中國人」）了。

在北方戰亂的背景下，五胡十六國意味着至少有五個胡族和相當

多的少數民族政權存在過。有一部分本來在北方黃河流域定居的漢族就向北遷移躲避戰爭，也就是說「入夷狄者夷狄之」了。中原漢人也有一部分向西北遷移到了河西走廊，甚至更進一步達到今天的新疆吐魯番地區，建立起漢人的政權，在唐朝初年被滅國的麴氏高昌就是如此。所以這是一段民族大融合的時期。

蒙古大汗的繼位典禮

13 世紀的蒙古開啟了歐亞大陸歷史上交通最暢順的時代。一些西方學者把曾經盛讚羅馬帝國的專用術語「羅馬和平（Pax Romana）」一詞引用到蒙古帝國的時代，將之稱為「蒙古和平（Pax Mongolica）」。

蒙元時代，有不少歐洲人曾經到蒙古的哈拉和林進行探訪、傳教或是貿易。13 世紀時，有一位天主教方濟各修會的教士——意大利人加賓尼（Carpini）曾經記述了蒙古大汗即位的情節。多明我會的修士西蒙（Simon de Saint–Quentin）和貴族出身的亞美尼亞公教會的教士海頓（Hayton）也留下了關於即位典禮的寶貴記錄。或許因為不同蒙古大汗的繼位典禮地點和方式略有不同，也可能是因為這幾個歐洲人並沒有親自參加過典禮，聽到轉述的信息來源不同，因此他們的記錄不盡相同，甚至多有矛盾。如果他們都沒有機會親自參加，那恰恰說明了一件事——蒙古大汗即位典禮只容許蒙古的上層貴族參加。

即位典禮會佈置在一個空曠的場地，中間設華麗的寶座，前置一張白毯。即將上位的大汗端坐在毛毯上。幾位最重要的人物，或是有資格競爭大汗職位的人，或是大汗最親近的親屬，抓住毛毯的邊緣，把他舉起來，然後扶他坐上大汗的寶座。之後，大汗一般會說一些謙虛的話，

例如「其實某某人（指着某個舉他的人）也是可以做大汗的，此外，某某也是很好的汗位人選。但是，既然你們擁立我做大汗，就要聽我的指示：我叫你們做甚麼你們就必須做甚麼，我要殺誰就殺誰」。大家這時就帶着頌揚的口氣表示贊成和擁護，一致高聲歡呼。

遠在伊朗的伊兒汗國，即位儀式裏也保留了和在蒙古高原上類似的舉白氈的形式，不管是 13 世紀還是 14 世紀都有類似記錄。學者不禁要追問：這種即位儀式又是從何而來的呢？

經過學者們的考據，發現鮮卑王室還在代都（大同）的時候就有這樣的傳統，被稱為「代都舊制」。只不過當時用的是一張黑毛毯，不是白毛毯。

北魏遷都洛陽之後，皇帝即位時要坐在一張七個人抬着的黑毛氈上，被高高拋起後故意讓其摔落。此時有一個人會用綢帶絞住他的脖子，勒到半昏迷的狀態，然後問他一些問題，讓他回答。雖然北魏王室已經信奉了佛教，但這種儀式顯然是薩滿教的殘留。

鮮卑以後，突厥人也如此循例。據記載，裏海以北的可薩汗國也有舉氈、重要的人士抬着毯子上位之類的儀式。

當代學者研究發現，在契丹創始人耶律阿保機的即位典禮上，也曾經發生過類似的事情。據記載，阿保機被七個人抬在黑氈上，並被打得半昏，然後問他你預備做幾年的大汗。他已經被打得幾乎神志不清，迷糊中就答了一個不很大的數目，說是九年。按傳統，如果他過了這個年數而不退位，朝中的貴族就可以將他殺死。事實上，他九年之後並沒有退位，而是改用漢字的年號，重新開始紀元。又過了九年，他召集權貴親人，說明（甚至是祈求）他要完成上天讓他完成的事業，並預言他三年之後就會離開這個世界。結果不到三年，耶律阿保機就離奇地死亡，

史家多認為他是死於親戚之手。

所有漢文的史書上，幾乎都沒有記載這個舉氈的儀式。可能是因為漢族的官員不被允許進入最重要的大汗登基大典，也可能是出於漢族文化的考慮，不願把這些所謂蠻夷之邦的禮儀寫進正史裏，因而故意濾掉這一細節。

然而，中國北方遊牧民族的傳統除了南下中原外，也向西擴大其影響。前面提到的可薩汗國的可汗即位還有一個細節，就是每位可汗的統治年限最多是 40 年。若超過這個年限，臣民與扈從就可以殺掉他，並宣稱：「他已喪失理智，思想混亂。」這和後來契丹的情況十分相似。

另外，20 世紀的突厥學大家托甘教授（Zeki Velidi Togan）（見第 29章）在他的回憶錄裏曾提到，他小時候在烏拉爾地區的經堂學校讀書時，開學要選班長。班長必須坐在四個人高舉的毛毯子上，被班裏的其他同學掐、打，甚至還用錐子戳，有時被選的班長會疼得哭起來。托甘教授認為，這個習俗就源於古時突厥人選汗的傳統。

從拓跋鮮卑，到伏爾加河流域的可薩汗國，再到東方的契丹，一直到 20 世紀初年的烏拉爾山地區，類似的觀念及儀式跨越萬里，流傳千年，有力地體現出北方遊牧民族政治文化傳統的韌性和影響。

中原史家一般把草原遊牧民理解為很多不同的民族，而他們確實有所區別，其內部也經常因爭奪權力而衝突甚至分裂。可是在某種的程度上，草原遊牧民族也有其共用的諸多文化和傳統，同樣表現出堅韌的延續性。

漢族有秦、漢、唐、宋、明等不同的朝代，雖然也有反叛混戰的時候，但是華夏文明有明顯的延續性，也有統一性。北方的草原民族也有內在的聯繫性，因為他們畢竟是同一個地理環境所孕育出來的人羣，應該承認他們也存在類似華夏文明一樣的連續性和一定程度的主體性。

第 37 章

草原文明與草原帝國

草原生活

本書的 37 篇文字主要是記述我在草原絲路漫遊多年的經歷與心得。

長達一萬公里的歐亞大草原東起大興安嶺西部的呼倫貝爾草原，繼而通過錫林郭勒草原和蒙古的東部大草原連成一片；向西延續到準噶爾草原和哈薩克草原之後，結束於黑海—裏海大草原（又稱東歐草原）。

舊石器時代的人類很難在草原上生活，因為受氣候和地理的影響，草原上很難發展採集農業，漁獵資源也遠不如溫帶甚至寒帶的森林環境。後者豐富的動植物資源可以讓「手無寸鐵」的人羣存活，但在草原上，「手無寸鐵」的人類曾經舉步維艱。

草原文明

大約 1 萬年前，人類進入新石器時代後，發生了「第一次農業革命」，兩件前所未有的事情大大改變了人類的歷史進程：第一，人類在

土壤與氣候適合的地區從採集野生植物，開始過渡到有意識地種植農作物，從而為發展提供了基本的食物保障（全球至少有八個自發農業區）；第二，一些人羣逐漸進入草原，成功地畜養牲口，獲得穩定的動物性食物來源（歐亞大草原上出現了不少這樣的區域）。

早期人類在草原上小規模放牧，既不需要、也沒有條件走的很遠。自從馬被馴化之後，人的移動半徑大為增加，因此畜養放牧大量牲口的可能性也大為增加。之後，一些牧民逐漸發現了在冬季和夏季轉變牧場的益處，靈活架設和拆卸的帳篷的出現使牧民一年兩季的轉場變得可能。這就是遊牧生活的開始。

遊牧是隨着人的移動能力的提升而發展的，它不是最原始的生活方式。同樣，定居耕田是隨着人對季節、氣候、土壤等的瞭解，以及農作物培育技術的發展而出現的，也不是人類最早的生活方式。農耕社會以佔有的農田為基本的生產資料，遊牧社會以牧場的使用權與支配權為財富的基本來源。

在新石器時代，馬被馴化之前，也有人羣在草原上生活。這些草原上的居民與生活於草原之南，後來成為定居農耕人口的區別在於，前者的生活主要靠捕獵鼬鼠、土撥鼠等小動物，其活動範圍比農耕人口大很多。所以草原上的居民接觸各種礦物的機會，比固守在一塊土地上的農耕人口要大很多。因此，冶金技術（包括銅器的使用）最早應該為草原人口所掌握。

等到草原上的人口能夠畜養大型動物，如馬、牛或羊，並能夠製造青銅與鐵器用具之後，遊牧就成為他們主要的生產生活方式，因而逐漸形成了本書敍述的草原文明。

近 5000 年來，馬是草原文明不可分割的一部分，遊牧是草原文明

的主要生活方式，而和動物的緊密聯繫，識別金屬礦物是草原人口的共同經驗。在遊牧生活中，人與畜羣經常走得很遠，從此不再回頭，這是遊牧者的另一個特點。考古學發現，草原上有些特別的平行紋、螺旋紋裝飾陶器，曾經被遊牧者帶到很遠的地方，比如在東歐發現的平行紋與螺旋紋陶器在中國也有出土，只是時間上稍微晚一些。目前還不能確定兩邊是否各自獨立發展出這種形制的陶器。但是有一些人像之類的文物肯定是被人從一地攜帶到另外一地的──不同時代的兩個地方的人羣幾乎不可能恰巧製作出十分近似的人像。

遊牧人口所用陶器的紋飾以及紐扣、馬鞍等裝飾品所表現的藝術風格，和農耕文明藝術品的風格迥然不同。由於草原文明主要聚焦與動物的接觸，幾乎不存在對花草的形容，所以對於各種動物，特別是動物之間格殺吞噬的刻畫，是草原藝術的典型特徵。

遊牧與農耕

法國歷史學家布羅代爾（F・Braudel）對於人類文明的發展有一種傑出的理解，簡單來說便是──地理決定文明，文明決定歷史。

地中海的海岸線和氣候決定了地中海人口的生活方式──沿海貿易和簡單的農作。同時，其作物必須是能夠適應溫暖濕潤氣候的品種，比如橄欖、無花果、橘子。在歐亞大草原上，同樣的生活方式顯然是不可行的，所以就必須因地制宜進行畜牧或者遊牧。因為遊牧者需要相當多自己無法生產的生活用品，所以沿途的物資交換也成為必要的生活方式。由上可見，地中海人口和草原人口的文明要素都是由地理決定的。

整個早期人類文明的基本形式有四種：採集漁獵、農耕、遊牧與

貿易。本章只聚焦在最近幾千年來在歐亞大草原及其附近的主要生活方式：遊牧和農耕。沒有哪一個種族或族羣的基因能決定這些人應該遊牧或者農耕，這取決於其祖輩居住地的地理環境。住在草原的人們就變成了遊牧民族，因此有了遊牧的風俗，養成了遊牧者的生活習慣，由此發展出遊牧文明。農耕社會的出現和發展也是同理。因此，在遊牧和農耕社會的交界地區，即兩種地理環境的邊界地帶，兩種生產生活方式可以並存。本來屬於農耕地帶的人，一旦因故進入草原／遊牧地區，必然會採取遊牧的方式，否則就無以生存，畢竟因為氣候所限，草原上很難像在農耕區一樣種植作物。但遊牧人口進入農耕社會的限制就比較少，因為農田可以轉化為牧場。由於這個不對等的先決條件，歷史上遊牧人口進入農耕地區的情況經常發生，而農耕人口侵佔草原的行為就相對較少。

整個歐亞大陸草原帶的南北兩側，有三段是農耕人口與遊牧人口比鄰而居的地區：西邊的一段是西亞的伊朗高原；第二段是中亞的錫爾河一帶；最東部也是歷史最紛雜的一帶就在中國——從甘肅的河西走廊，到陰山與黃河河套地區，再到山西、河北的北部，這正是長城的所在之處。歷史上，中國北方是遊牧人口和農耕人口對峙時間最長久，來往最頻繁，引起過多次政權更迭的地區。所以中原華夏文明與北方遊牧文明的互動成為歷代史學家最為關注的主題之一。

如果要對歐亞大陸上農耕人口與遊牧人口的歷史做一個簡單的綜述，可以歸結為以下兩點：

第一，農耕人口儘管發展了許多技術並率先使用文字，認為自己代表了文明，而遊牧民族代表了野蠻，但是當兩邊發生軍事衝突時，遊牧人口在大多時間中都是佔據優勢的一方。這首先在於他們的半軍事化

　　　　　　　　大絲路行紀—— 漫遊草原絲路

的社會組織形式，使其動員速度快於農耕地區；其次，在冷兵器時代，機動性和作戰優勢主要來自馬匹的數量、騎兵的速度以及引弓的精熟程度。這也正是遊牧人口的軍事優勢所在。

第二，前述的軍事優勢引出的結局，即遊牧人口入侵農耕區域後，曾多次建立政權長時期統治農耕地區的人口。這個現象從鮮卑人入主中國北方（公元 4 世紀）到元朝統治全中國（公元 13—14 世紀）的大約 1000 年間頻繁出現。然而，不只在中國如此──從帕提亞（即安息）建立波斯王國（公元前 3 世紀）到蒙古人最後退出（指蒙古人完全融入伊朗人社會，在公元 14 世紀），伊朗高原大約有 1500 年的時間也處在遊牧民族的統治之下。這兩個時間長度並非歷史定律，但遊牧民族的統治者能夠既保持自己的政治文化傳統，又依照農耕人口的習俗來統治後者，卻是整個歐亞大陸多次發生的歷史現象。

地理環境決定了遊牧人口的生產生活方式。在草原上，水草豐美到足以常年蓄養大量牲口的情況並非常態，氣候乾旱、土壤貧瘠、動物因為寒冷或者缺少草場、水源而大量死亡，進而導致牧民遇到饑荒才是草原地區的常態。而在農耕地區，水災、旱災、戰爭也經常發生，但是由於人口密度比較高，定居社會的行政管理、信息傳遞、文化積累傳承比較容易，因此農耕社會總體的富裕程度和認知水準要高於遊牧民族。

這個差距就使得遊牧人口不論是出於自己的生活需要，還是掠奪的慾望，都會週期性地向農耕地區進發。而當遊牧人口佔領了農耕地區之後，他們的首領、可汗、貴族就會享受到農耕社會所提供的富裕和文化，不久亦會開始定居化及農耕化。

草原帝國

這裏所說的草原帝國未必是領土全部處於草原地帶的帝國，而是指主要的軍隊以遊牧人口為基礎，由遊牧民族實行統治的帝國。這種帝國的領土，固然包括草原，也可以包括農耕地區。

在歐亞歷史上有三位大家耳熟能詳的草原帝國建立者——公元 4 世紀的匈人（Huns）領袖阿提拉、13 世紀的成吉思汗、14 到 15 世紀的帖木兒。他們雖然都以草原牧民自居，但是他們的領土以及財富的來源卻主要是溫帶的農耕社會。

在更早期，有一批草原帝國的領土可能全部或者大致都位於草原——那便是出自中亞，同時向東西兩方發展的斯基泰人的帝國。斯基泰人是出自中亞北部，操伊朗語的遊牧民族，但他們所建的帝國曾經包括今天的伊朗和巴爾干半島的希臘和馬其頓。匈奴更是如此。匈奴後來分化為南、北兩部，其中南匈奴進入華夏社會，逐漸改為農耕定居生活。他們甚至在長城以南建立了他們自己的後漢王朝（之後被鮮卑取代）。而北匈奴可能就進入了烏拉爾山地區，一度被認為就是後來橫掃歐洲的匈人（Huns）的祖先。

對於草原帝國，有兩點比較重要的結論：

第一，草原生活方式的基本性質決定了草原政權一般都是分散大於集中。一個國家（Ulus）往往不久就分裂為數個更小的國家，其繼承權的紛爭要比農耕民族頻繁得多，因此草原帝國大都是曇花一現。然而，即便如此，這種遊牧人口所建立的統治方式和軍事能力仍然有很長的延續性。前面提到，在近代之前大約一千多年的時間內，草原人口在對農耕地區的戰爭中都具有明顯的軍事優勢。

第二就是人口的融合。無論從飲食習慣、語言、文字和宗教信仰來看，在歐亞大陸草原帶偏南的地區都有過大量而深度的血統融合與文化交流的現象。今天中國所有北方人口，也包括許多南方人口，都有北方草原民族的基因（如果這種基因能夠準確而大批量測試的話）。今天，所有中亞，以及伊朗和土耳其的大部分人口，也都具有北方草原民族的血緣。當我們說到野蠻與文明的時候，不能想當然地預設農耕人口代表文明，而草原人口就是野蠻。草原社會有自己的法律和規則，成吉思汗時代的蒙古大扎撒和 17 世紀的衛拉特法典就是很好的例證。草原民族關於財產繼承、家庭成員的倫理輩分，以及收繼婚制的法律都來自遊牧生產方式的實踐。他們的出發點和思考方式與農耕人口不同，所以兩者難分孰優孰劣。農耕人口與遊牧人口也沒有必然的先天差異。今天在溫帶地區的人口，即過去的農耕人口，大部分是早期草原民族與農耕民族的混合結果。然而，由於現代交通的便利和生產方式的改變，人類在社會行為上已逐漸趨同。故此，草原文明仍在，而草原帝國則很難再度出現在地球上了。

責任編輯	馮孟琦
裝幀設計	涂　慧
排　　版	高向明
責任校對	趙會明
印　　務	龍寶祺

大絲路行紀 —— 漫遊草原絲路

作　　者	張信剛
出　　版	商務印書館（香港）有限公司
	香港筲箕灣耀興道 3 號東滙廣場 8 樓
	http://www.commercialpress.com.hk
發　　行	香港聯合書刊物流有限公司
	香港新界荃灣德士古道 220-248 號荃灣工業中心 16 樓
印　　刷	新世紀印刷實業有限公司
	香港柴灣利眾街 44 號泗興工業大廈 13 樓 A 室
版　　次	2023 年 10 月第 1 版第 1 次印刷
	© 2023 商務印書館（香港）有限公司
	ISBN 978 962 07 5954 3
	Printed in Hong Kong